人力资源管理

（微课版）

主　编◎傅小龙　李集城　彭佳慧
副主编◎王　媛　孙跻珂　贾玙茜
　　　　陈新宇　曾红武　余思慧

清华大学出版社
北京

内 容 简 介

本书以适应"新职业教育法"关于教学改革的需要为出发点,以全面反映新知识、新技术、新信息为主要特点,内容涵盖人力资源管理认知、工作分析、人力资源规划、员工招聘与配置、员工的培训与开发、绩效管理、薪酬管理以及员工劳动关系管理八个项目,注重实用性与针对性。除了正文知识阐释,本书还设置了学习目标、思维导图、案例导入、学史明理、直通职场、实训任务、微课等内容,可满足学生深化内涵与拓展外延的个性化需求。

本书既适合作为高职院校人力资源管理等相关专业的教材,也可作为人力资源管理岗位的培训用书。

本书封面贴有清华大学出版社防伪标签,无标签者不得销售。
版权所有,侵权必究。举报:010-62782989,beiqinquan@tup.tsinghua.edu.cn。

图书在版编目(CIP)数据

人力资源管理:微课版/傅小龙,李集城,彭佳慧主编. —北京:清华大学出版社,2023.6
ISBN 978-7-302-63981-7

Ⅰ. ①人… Ⅱ. ①傅… ②李… ③彭… Ⅲ. ①人力资源管理-高等职业教育-教材 Ⅳ. ①F243

中国国家版本馆CIP数据核字(2023)第108861号

责任编辑:杜春杰
封面设计:刘 超
版式设计:文森时代
责任校对:马军令
责任印制:宋 林

出版发行:清华大学出版社
　　　网　　　址:http://www.tup.com.cn,http://www.wqbook.com
　　　地　　　址:北京清华大学学研大厦A座　　　邮　　编:100084
　　　社 总 机:010-83470000　　　邮　　购:010-62786544
　　　投稿与读者服务:010-62776969,c-service@tup.tsinghua.edu.cn
　　　质量反馈:010-62772015,zhiliang@tup.tsinghua.edu.cn
印 装 者:三河市龙大印装有限公司
经　　　销:全国新华书店
开　　　本:203mm×260mm　　　印　　张:15　　　字　　数:403千字
版　　　次:2023年6月第1版　　　印　　次:2023年6月第1次印刷
定　　　价:59.00元

产品编号:094399-01

前　言

本书以适应"新职业教育法"关于教学改革的需要为出发点，以全面反映新知识、新技术、新信息为主要特点，力图在内容与形式上有所突破和创新。

在内容上，本书坚持以学生为本的理念，注重实用性与针对性，根据学生毕业后所需的管理技能来选择教学内容，内容包含人力资源管理人员岗位所涵盖的所有典型工作过程及其典型工作任务，将提升和发展学生的人力资源管理技能、职业素养、工匠精神、爱岗敬业的高尚品质贯穿于教材开发的全过程。同时，全书融入"学史明理"等课程思政特色模块，适应时代要求，力求编写高质量教材。

在形式上，除了正文知识阐释，还设置了学习目标、思维导图、案例导入、学史明理、直通职场、实训任务、微课等内容，充分利用现代信息技术实现知识呈现的多样性和层次化，以满足学生深化内涵与拓展外延的个性化需求，力求探索一种课前、课中、课后三阶段立体化的线上线下新形态教材模式，以尽可能适应专业课程"教、学、做一体化"的需求。

本书为校企合作开发教材，共分为八个项目，包括人力资源管理认知、工作分析、人力资源规划、员工招聘与配置、员工的培训与开发、绩效管理、薪酬管理以及员工劳动关系管理。

本书由傅小龙、李集城、彭佳慧担任主编，王媛、孙跻珂、贾玥茜、陈新宇、曾红武、余思慧担任副主编。各项目编写分工为：傅小龙、李集城编写项目一，贾玥茜、傅小龙编写项目二和项目七，王媛编写项目三和项目五，彭佳慧、陈新宇编写项目四，曾红武编写项目六，孙跻珂编写项目八，余思慧负责全书案例资料的整理，最后由傅小龙、李集城、彭佳慧统稿。

本书在编写过程中参考了国内外众多有关著作、教材、论文，引用了其中的一些资料，在此表示感谢！同时，本书得到了广东职业技术学院蔡春红老师、朱荣毅老师，广东联邦家私集团有限公司人力资源总监王汉东等高职院校及企事业单位专家的支持，在此一并表示感谢。

由于编写人员水平有限，书中疏漏和不成熟之处在所难免，恳请广大学者同人和使用本教材的师生提出批评和改进意见。

编　者
2022 年 12 月

目 录

项目一　人力资源管理认知 1
　任务一　认识人力资源和人力资源管理 3
　　一、什么是人力资源 3
　　二、人力资源的特征 4
　　三、管理与人力资源管理 5
　　四、人力资源管理的发展历史 6
　任务二　认识人力资源管理人员的职业素养 10
　　一、人力资源管理人员的职责 10
　　二、人力资源管理者的必备素质 10

项目二　工作分析 14
　任务一　工作分析概述 15
　　一、什么是工作分析 15
　　二、工作分析的作用 19
　　三、工作分析的相关概念 20
　任务二　工作分析的程序 23
　　一、前期准备阶段 23
　　二、调查和分析阶段 24
　　三、编写工作说明书 25
　　四、工作说明书的保持和更新阶段 25
　任务三　工作分析的方法 27
　　一、观察法 27
　　二、访谈法 28
　　三、问卷法 29
　　四、工作日志法 30
　　五、其他方法 31
　任务四　工作说明书的编制 32
　　一、工作说明书的内容 33
　　二、工作说明书的编写要求 33
　　三、工作说明书的编制流程 34
　　四、工作说明书的应用 36

项目三　人力资源规划 40
任务一　认识人力资源规划 44
一、人力资源规划的内涵和分类 44
二、人力资源规划的目标和作用 45
三、人力资源规划的基本流程 45
任务二　人力资源环境分析 47
一、人力资源外部环境分析 47
二、人力资源内部环境分析 49
任务三　人力资源供需预测 51
一、人力资源需求预测 51
二、人力资源供给预测 53
三、人力资源供求平衡 54
任务四　人力资源规划编制与实施 55
一、人力资源规划的编制 56
二、人力资源规划的实施 57
任务五　人力资源规划评价与控制 59
一、人力资源规划评价与控制的目的 59
二、人力资源规划评价与控制的方法 60
三、人力资源规划评价与控制的内容 60

项目四　员工招聘与配置 62
任务一　认识招聘 63
一、什么是招聘 64
二、招聘的依据 64
三、招聘的有效性 65
任务二　招聘渠道选择 67
一、认识招聘渠道 67
二、内外部招聘方式的选择 68
任务三　招聘广告设计 75
一、招聘广告主要内容 75
二、招聘广告设计原则 75
三、招聘广告设计技巧 76
任务四　简历筛选 79
一、简历筛选原则 79
二、简历筛选的步骤与方法 79
任务五　人员甄选——面试 82
一、面试类型 82
二、面试流程 82

三、行为描述面试 83
　　　四、无领导小组讨论 84
　　　五、视频面试的准备与实施 89
　任务六　招聘录用与评估 91
　　　一、员工录用原则 91
　　　二、员工录用流程 92
　　　三、招聘效果评估 93

项目五　员工的培训与开发 96
　任务一　了解培训与开发 99
　　　一、培训与开发的内涵 99
　　　二、培训与开发的目的 100
　　　三、培训与开发的意义 100
　　　四、培训与开发的岗位职责 101
　任务二　培训需求分析 102
　　　一、认识培训需求分析 103
　　　二、培训需求分析的内容 106
　　　三、培训需求分析的方法 106
　任务三　制订培训计划 109
　　　一、确定培训目标 109
　　　二、培训计划的种类和内容 109
　　　三、员工培训的分类设计 111
　　　四、员工培训的方法 113
　　　五、培训成本及其核算 115
　任务四　组织实施培训 117
　　　一、组织实施培训的定义 117
　　　二、考核受训人员 118
　　　三、培训奖惩 118
　任务五　培训效果评估 119
　　　一、培训效果评估程序 119
　　　二、培训效果评估工具 120
　　　三、评估数据收集方法 121
　　　四、撰写培训评估报告 122

项目六　绩效管理 124
　任务一　绩效管理概述 125
　　　一、绩效及其特点 125
　　　二、绩效管理的概念 127
　　　三、绩效考评的概念 128

四、绩效管理与绩效考评的区别 ... 128
五、绩效管理的核心地位 ... 128

任务二 绩效管理系统设计 ... 129
一、绩效管理 PDCA 系统模型 ... 129
二、绩效管理系统设计的基本内容 ... 131
三、绩效管理总流程的设计 ... 131

任务三 绩效计划 ... 135
一、绩效计划的目的与内容 ... 135
二、绩效计划的特征 ... 136
三、绩效计划实施流程 ... 137
四、绩效合同设计 ... 138

任务四 绩效辅导 ... 140
一、绩效辅导的定义 ... 140
二、绩效辅导的作用 ... 140
三、绩效辅导的类型 ... 141
四、绩效辅导 GROW 模型 ... 141
五、绩效辅导的注意事项 ... 142

任务五 绩效沟通 ... 143
一、绩效沟通的目的和内容 ... 143
二、绩效沟通的作用 ... 144
三、绩效沟通的方式 ... 145
四、绩效沟通 BEST 法则 ... 146

任务六 绩效考评方法 ... 147
一、绩效考评方法分类 ... 147
二、品质导向主观考评方法 ... 147
三、行为导向考评方法 ... 148
四、结果导向考评方法 ... 150
五、目标管理法 ... 150

任务七 绩效反馈与改进 ... 152
一、绩效反馈面谈的概念 ... 152
二、绩效反馈面谈的目的 ... 153
三、绩效反馈面谈的内容 ... 153
四、绩效反馈面谈的步骤 ... 154
五、绩效改进计划 ... 154

项目七 薪酬管理 ... 158
任务一 薪酬概述 ... 160
一、薪酬的含义与形式 ... 160

二、制定合理薪酬制度的基本原则 161
　　三、影响薪酬制度设计的主要因素 165
　　四、薪酬设计的基础理论——公平理论 166
　任务二　企业薪酬体系的设计 168
　　一、薪酬体系分类 168
　　二、薪酬体系设计的基本流程 168
　　三、职位评价方法 172
　　四、薪酬调查 174
　任务三　福利与保险管理 179
　　一、福利管理 179
　　二、保险管理 180
　任务四　薪酬管理的基本决策 182
　　一、薪酬体系 183
　　二、薪酬水平 184
　　三、薪酬构成 184
　　四、薪酬结构 185
　任务五　奖惩管理 187
　　一、奖惩的原则 187
　　二、奖惩管理办法 188

项目八　员工劳动关系管理 191
　任务一　认识劳动关系 193
　　一、什么是劳动关系 193
　　二、特殊的劳动关系 196
　任务二　劳动合同管理 201
　　一、劳动合同的订立 202
　　二、劳动合同的履行和变更 210
　　三、劳动合同的解除和终止 214
　任务三　劳动争议处理 221
　　一、什么是劳动争议 222
　　二、劳动争议的处理方法 222

参考文献 227

项目一　人力资源管理认知

学习目标

知识目标：明确人力资源及人力资源管理概念；掌握人力资源管理发展趋势；掌握人力资源管理基本原则；明确人力资源管理从业人员岗位职责及素质要求。

能力目标：能够描述现代人力资源管理发展趋势；能够结合人力资源管理从业人员岗位职责及素质要求制订课程学习目标及计划。

素质目标：培养学生爱国敬业的社会主义核心价值观，树立正确的人才观。

思维导图

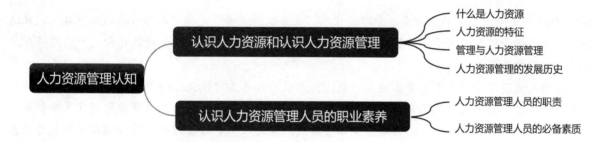

案例导入

华为之所以如此强大，主要在于其卓越的人力资源管理体系。那么，华为的人力资源管理体系是怎么形成的呢？

1. 华为人力资源管理1.0

1996年以前，华为的人力资源管理就是人事管理，还谈不上人力资源管理。那个时候，在求贤若渴的情况下，华为对应聘者仅进行简单评估，只要有一技之长，就会高薪聘用。《华为基本法》出台后，华为的人力资源管理运作才算有了哲学基础。人力资源管理实质上就是价值分配链的管理。华为认为劳动者和企业家共同为客户创造价值，华为为客户的价值增值而存在。华为定义了"奋斗"：为客户创造价值的所有细微活动。只要是对准客户价值创造的细微活动，都叫作奋斗，奋斗并非仅仅指干出惊天动地的大事。

华为也定义了"奋斗者"：基于岗位责任的绩效贡献者。在这个阶段，华为开始提供基础的人事服务，建立了一些人力资源管理的基本原则和概念。

2. 华为人力资源管理 2.0

1996—2009 年，华为的人力资源管理处于人力资源开发的阶段。人力资源部门负责人才的开发，如同研发部门负责产品和技术的开发。

华为通过不断完善与改进，逐渐建立人力资源管理制度，从而实现了对人才有效的梯队管理，并搭建了相应的机制，包括干部管理机制；同时明确规定，人力资本的增值优先于财务资本的增值。在这个阶段，华为利用人力资源管理体系进行人才开发。

3. 华为人力资源管理 3.0

2009—2013 年，华为的人力资源管理向 HRBP（人力资源业务伙伴）转型。

在这个阶段，华为的人力资源管理逐渐从专业价值走向业务伙伴，即支撑业务成功。具体来说就是"三化合一"，即自身业务差异化、支撑业务服务化和运营业务数字化。"三化合一"的建设极大提升了华为人力资源管理的效率。所谓自身业务差异化，即业务适配的差异化；支撑业务服务化，指的是专业自身的服务化，不再是管控模式，而是一种服务模式；运营业务数字化，是整体的数字化。正因为有了运营层面的数字化管理，才有了供应链中心，才可以释放大量的时间和精力做好其他的"两化"，包括 CoE（卓越中心）专家团队的建设，以及业务伙伴 HRBP 的一系列建设。这个阶段也是人力资源管理"以专业为中心"向"以客户为中心"转型的阶段。

4. 华为人力资源管理 4.0

从 2013 年开始，华为的人力资源管理逐步从"业务伙伴关系"走向"人力资源战略管理"。在这个阶段，价值链管理是人力资源价值贡献的实现路径，也就是从价值创造和价值评价这个角度将人力资源的价值贡献全部串联起来。

华为的人力资源管理不再是事后的支持职能，而成为企业主价值链上的重要一环。该阶段，华为的人力资源管理体系不仅关联客户，还直接进入企业的战略前端。华为的人力资源管理体系发展到这个阶段，已经形成了良性循环：华为人力资源管理团队通过人力资源管理体系将价值传递到最终的客户端，实现了人力资源向利益转化的畅通无阻。

这个阶段，虽然人力资源管理并不涉及具体的市场活动，不在客户层面做工作，但是所有行为和策略目标都面向客户满意度，根据客户满意度制定相应的人力资源战略，至此，华为的人力资源管理体系驶入了"与一线作战单元同进退"的快车道。这个阶段，华为的人力资源管理实现了客户价值驱动。

5. 人力资源管理干部应具备什么能力

人力资源管理干部最重要的能力，是把合适的人放到合适的岗位上，但这项任务"知易行难"。在人力资源管理中，华为首先建立了以选拔制为主体的干部发展体系管理机制，而非采用培养制。因为在华为看来，干部不是培养出来的，而是在"枪林弹雨"中拼出来的。对于人力资源管理干部而言，品德、使命感、绩效、能力和经验是必须具备的。"以奋斗者为本"这句话，从华为人力资源管理干部的角度来看，指的是所有的生产要素和生产资料，只有通过挖掘知识员工大脑里的智慧，才能实现客户价值增值和公司价值增值。华为的人力资源管理干部必须意识到，作为高科技公司，华为倡导的创新蕴藏在人的大脑里，所以对人的管理，就是对创新的管理，这既是华为的价值所在，也是华为的财富所在。清醒地认识人才的价值，始终把人才作为公司最大的财富，汇聚人才创造价值并使其最大化，以此作为华为赖以发展的基石，而非把财务资本置于人力资本之上：这是华为人力资源管理干部的价值观。

思考：

华为人力资源管理有哪些成功之处？

启示：

华为人力资源管理的成功之处在于：以客户为中心，以奋斗者为本，长期艰苦奋斗，又与时俱进，真正体现了经营的业务价值，吸引和保留核心人才、提高生产效率，持续驱动业务的成功！

资料来源：龙波. 华为的人力资源管理体系是怎么形成的？[EB/OL]. （2021-08-31）[2022-07-22]. https://baijiahao.baidu.com/s?id=1709606794580295552&wfr=spider&for=pc.

任务一　认识人力资源和人力资源管理

人力资源和人力资源管理

一、什么是人力资源

人力资源（human resources，HR）是由管理大师彼得·德鲁克（Peter F.Drucker）于1954年在其名著《管理的实践》中首次提出的概念。1965年，雷蒙德·迈尔斯（Raymond Miles）在《哈佛商业评论》上发表了一篇论文，文中提到的"人力资源"概念引起了理论界和管理者的关注。人力资源最一般的含义：智力正常的人都是人力资源。这是从原始潜在、最广义的意义上使用人力资源。专家和学者从不同的角度对人力资源进行了定义和阐释。本书主要从宏观、微观两个层面界定人力资源。

（一）人力资源的宏观定义

人力资源，是指能够推动整个经济和社会发展、具有劳动能力的人口总和。经济学把为了创造物质财富而投入生产活动的一切要素统称为资源，包括人力资源、物力资源、财力资源、信息资源、时间资源等，其中人力资源是一切资源中最宝贵的资源，是第一资源。人力资源包括数量和质量两个方面。

通常来说，人力资源的数量为具有劳动能力的人口数量，其质量指经济活动人口具有的体质、文化知识和劳动技能水平。一定数量的人力资源是社会生产的必要的先决条件。一般来说，充足的人力资源有利于生产的发展，但其数量要与物质资料的生产相适应，若超过物质资料的生产，不仅消耗了大量新增的产品，且多余的人力也无法就业，对社会经济的发展反而产生不利影响。经济发展主要靠经济活动人口素质的提高，随着生产中广泛应用现代科学技术，人力资源的质量在经济发展中将起着愈来愈重要的作用。其基本方面包括体力和智力。如果从现实的应用形态来看，则包括体质、智力、知识和技能四个方面。具有劳动能力的人，不是泛指一切具有一定的脑力和体力的人，而是指能独立参加社会劳动、推动整个经济和社会发展的人。所以，人力资源既包括劳动年龄内具有劳动能力的人口，也包括劳动年龄外参加社会劳动的人口。

（二）人力资源的微观定义

人力资源指特定社会组织所拥有的能推动其持续发展、达成其组织目标的成员能力的整合。此定义局限于在社会组织的层面讨论人力资源，故为微观定义。本书主要在微观层面使用人力资源这一定义。

二、人力资源的特征

（一）能动性

人具有主观能动性，能够有目的地进行活动，有目的地改造外部物质世界。其能动性体现在三个方面。一是自我强化：人可以通过学习提高自身素质和能力。二是功利性投向：趋利避害是动物的一种本能，但是人不会像动物那样被动地接受周围环境的影响，而是可以主动选择，积极适应。三是爱岗敬业，积极工作：创造性劳动是人力资源能动性的主要表现，也是人力资源发挥潜能的决定性因素。

（二）两重性

人力资源与任何其他资源都不同，它是属于人类自身，存在于人体之中的活的资源，因而人力资源既是生产者，又是消费者。人力资源包含丰富的知识内容，具有巨大的潜力，以及其他资源无可比拟的高增值性。

（三）时效性

人力资源与一般资源如矿产资源不同。矿产资源一般可以长期储存，不采不用，品质不会降低。人力资源则不然，储而不用，才能就会被荒废、退化。工作性质不同，人的才能发挥的最佳期也不同。一般而论，25 岁到 45 岁是科技人才的黄金年龄，37 岁为其峰值。时效性要求人力资源开发抓住人的年龄最有利于职业要求的阶段，实施最有力的激励。

（四）社会性

人力资源处于特定的社会和时代中，不同的社会形态和不同的文化背景都会反映和影响人的价值观念、行为方式、思维方法。人力资源的社会性要求在开发过程中特别注意社会政治制度、国别政策、法律法规以及文化环境的影响。

（五）连续性

人力资源开发的连续性（持续性），指人力资源可以不断开发，不仅人力资源的使用过程是开发的过程，培训、积累、创造过程也是开发的过程。

人力资源是可再生资源，通过人口总体内各个个体的不断替换更新和劳动力的"消耗—生产—再消耗—再生产"的过程实现其再生。人力资源的再生性除了受生物规律支配，还受到人类自身意识、意志的支配，人类文明发展活动的影响，新技术革命的制约。

三、管理与人力资源管理

（一）什么是管理

管理活动始于人类群体生活的共同劳动，到现今已有上万年历史。对于什么是管理，现在的专家和学者仍然各抒己见，没有统一的表述。

"科学管理之父"弗雷德里克·泰勒（Frederick Taylor）认为："管理就是确切地知道你要别人干什么，并使他用最好的方法去干。"在泰勒看来，管理就是指挥他人能用最好的办法去工作。

诺贝尔经济学奖获得者赫伯特·西蒙（Herbert Simon）对管理的定义是："管理就是制定决策。"

彼得·德鲁克（Peter Drucker）认为："管理是一种工作，它有自己的技巧、工具和方法；管理是一种器官，是赋予组织以生命的、能动的、动态的器官；管理是一门科学，一种系统化的并到处适用的知识；同时管理也是一种文化。"

亨利·法约尔（Henri Fayol）在其名著《工业管理与一般管理》中给出管理概念之后，它就产生了整整一个世纪的影响，对西方管理理论的发展具有重大的影响力。法约尔认为：管理是所有的人类组织都有的一种活动，这种活动由五项要素组成：计划、组织、指挥、协调和控制。法约尔对管理的看法颇受后人的推崇与肯定，形成了管理过程学派。哈罗德·孔茨（Harold Koontz）是第二次世界大战后这一学派的继承人与发扬人，使该学派风行全球。

斯蒂芬·罗宾斯（Stephen Robbins）给管理的定义是：所谓管理，是指同别人一起，或通过别人使活动完成得更有效的过程。

总之，管理是指在特定的环境条件下，以人为中心通过计划、组织、指挥、协调、控制及创新等手段，对组织所拥有的人力、物力、财力、信息等资源进行有效的决策、计划、组织、领导、控制，以期高效地达到既定组织目标的过程。

管理的意义在于更有效地开展活动，改善工作，更有效地满足客户需要，提高效果、效率、效益。

（二）什么是人力资源管理

人力资源管理（human resource management，HRM）是人事管理的升级，指在经济学与人本思想指导下，通过招聘、甄选、培训、报酬等管理形式对组织内外相关人力资源进行有效运用，满足组织当前及未来发展的需要，保证组织目标实现与成员发展的最大化的一系列活动的总称。它是预测组织人力资源需求并做出人力需求计划、招聘选择人员并进行有效组织、考核绩效支付报酬并进行有效激励、结合组织与个人需要进行有效开发以便实现最优组织绩效的全过程。

1. 人力资源管理的具体内容

（1）职务分析与设计。对企业各个工作职位的性质、结构、责任、流程，以及胜任该职位工作人员的素质、知识、技能等，在调查分析所获取相关信息的基础上，编写出职务说明书和岗位规范等人事管理文件。

（2）人力资源规划。把企业人力资源战略转化为中长期目标、计划和政策措施，包括对人力资源现状分析、未来人员供需预测与平衡，确保企业在需要时能获得所需要的人力资源。

（3）员工招聘与选拔。根据人力资源规划和工作分析的要求，为企业招聘、选拔所需要的人力资源并录用安排到一定岗位上。

（4）绩效考评。对员工在一定时间内对企业的贡献和工作中取得的绩效进行考核和评价，及时做出反馈，以便提高和改善员工的工作绩效，并为员工培训、晋升、计酬等人事决策提供依据。

（5）薪酬管理。包括对基本薪酬、绩效薪酬、奖金、津贴以及福利等薪酬结构的设计与管理，以激励员工更加努力地为企业工作。

（6）员工激励。采用激励理论和方法，对员工的各种需要予以不同程度的满足或限制，引起员工心理状况的变化，以激发员工向企业所期望的目标努力。

（7）培训与开发。通过培训提高员工个人、群体和整个企业的知识、能力、工作态度和工作绩效，进一步开发员工的智力潜能，以增强人力资源的贡献率。

（8）职业生涯规划。鼓励和关心员工的个人发展，帮助员工制订个人发展规划，以进一步激发员工的积极性、创造性。

（9）人力资源会计。与财务部门合作，建立人力资源会计体系，开展人力资源投资成本与产出效益的核算工作，为人力资源管理与决策提供依据。

（10）劳动关系管理。协调和改善企业与员工之间的劳动关系，进行企业文化建设，营造和谐的劳动关系和良好的工作氛围，保障企业经营活动的正常开展。

2．人力资源管理的功能

现代企业人力资源管理具有以下五种基本功能：

（1）获取。根据企业目标确定的所需员工条件，通过规划、招聘、考试、测评、选拔，获取企业所需人员。

（2）整合。通过企业文化、信息沟通、人际关系和谐、矛盾冲突的化解等有效整合，使企业内部的个体、群众的目标、行为、态度趋向企业的要求和理念，使之形成高度的合作与协调，发挥集体优势，提高企业的生产力和效益。

（3）保持。通过薪酬、考核、晋升等一系列管理活动，保持员工的积极性、主动性、创造性，维护劳动者的合法权益，为员工提供安全、健康、舒适的工作环境，以增进员工满意感，使之安心满意地工作。

（4）评价。对员工工作成果、劳动态度、技能水平以及其他方面做出全面考核、鉴定和评价，为做出相应的奖惩、升降、去留等决策提供依据。

（5）发展。通过员工培训、工作丰富化、职业生涯规划与开发，促进员工知识、技巧和其他方面素质的提高，使其劳动能力得到增强和发挥，最大限度地实现其个人价值和对企业的贡献率，达到员工个人和企业共同发展的目的。

四、人力资源管理的发展历史

人力资源管理在其发展的各个阶段呈现出不同的特点。

（一）人事管理阶段

人事管理阶段又可具体分为以下几个阶段：科学管理阶段、工业心理学阶段、人际关系管理阶段。

1. 科学管理阶段

20世纪初，以弗雷德里克·泰勒等为代表的学者开创了科学管理理论学派，并推动了科学管理实践在美国的大规模推广和开展。1911年问世的《科学管理原理》一书，奠定了科学管理理论的基础，因而泰勒被西方管理学界称为"科学管理之父"。从泰勒的科学管理理论中，我们可以看到人力资源管理理论的方法和雏形。这一时期人力资源管理思想的中心问题，就是如何管理好大机器生产组织中的人，提高生产的效率。强调产出、效率高于一切，认为管理与人性、情感、尊严、伦理无关。

2. 工业心理学阶段

德国心理学家雨果·闵斯特伯格（Hugo Munsterberg）的著作《心理学与工业效率》在1913年问世，其标志着工业心理学的诞生。工业心理学从人与工作的关系、人员的选拔和测评等方面对人事管理产生了极大的影响，使人事管理开始从规范化步入社会化的轨道。

这一阶段的人力资源管理的中心问题就是通过心理学的应用和分析，找出组织需要的最合适的人，为组织设置最适合的工作，以提高工作效率，预期最理想的效果，强调对人的需要施加符合组织利益的影响的必要性。

3. 人际关系管理阶段

1924—1932年，哈佛商学院教授乔治·梅奥（George Mayo）的"霍桑实验"揭开了对组织中的人的行为研究的序幕。实验表明人与人的关系对组织行为的决定十分重要，非正式群体对工人行为的影响是非常大的。

这一时期的人际关系学派强调：通过改善日常管理策略以及人性化、民主化方式方法，来改善企业生产经营中的劳资关系和契约化管理规范。人力资源管理开始从以工作为中心转变为以人为中心，把人和组织看作相互和谐统一的社会系统。

（二）人力资本管理阶段

20世纪60年代以后，美国经济学家西奥多·舒尔茨（Theodore Schultz）和加里·贝克尔（Gary Becker）提出了现代人力资本理论。该理论认为：人力资本是体现在具有劳动能力的人身上的、以劳动者的数量和质量所表示的资本，它是通过投资形成的。该理论的提出使人力资源的概念更加深入人心。

这一时期组织开始将人视为一种资本来进行管理，强调人作为资本参与生产活动，可以自然升值，产生利润并参与利润的分配。

（三）人本主义管理阶段

20世纪80年代以后，一种以人本主义思想为理论基础和特质的管理模式逐步凸现。以人为本的人力资源管理认为所有能适合岗位、创造绩效的员工都是企业的人才；人力资源部门不单是职能部门，还是业务部门；直线经理是人力资源管理第一责任人，人力资源部协助其招募、筛选、录用合适的候选人。

人本主义者认为，组织和企业中客户的"上帝地位"被员工取代。各类组织开始提倡以人为本的管理模式，将员工视为经营活动中最重要的、应首先考虑的因素，强调"一家人"，即所有能适合岗位、创造更持续的竞争优势的员工都是企业的人才。因此，当企业满足了员工的各种需求时，如工作环境、薪酬、尊重等，员工的工作效率、创作力将会极大提升，可以为组织的发展做出更多的贡献，最终达到员工与组织的双赢。

（四）战略人力资源管理阶段

20世纪90年代以来，人们认识到战略性地管理人力资源能够为企业提供一种持续的竞争优势。人们更多地探讨人力资源管理如何为企业的战略服务，人力资源部门的角色如何向企业管理的战略合作伙伴关系转变。战略人力资源管理理论的提出和发展标志着现代人力资源管理进入新阶段。

战略人力资源观念认为，那些掌握了知识与技能的人力资源才是一切生产资源中最重要的资源，强调企业竞争优势的获得和战略目标的实现越来越依赖于企业的快速应变能力和团队合作精神，把人力资源管理与企业总体经营战略联系在一起，科学地管理人力资源，通过规划、政策与实践，创造实施战略的适宜环境，发挥"战略伙伴"的作用，从而使组织更具竞争力。

当今，在愈演愈烈的国际市场竞争中，无论哪种类型的组织或企业，要想获得和维持竞争优势，其核心的资源都是人力资源。现代企业人力资源管理是真正以"以人为本"为核心指导思想，实行"战略性激励"型系统化整合管理。

（五）人力资源管理的新特点和发展趋势

1. 新经济时代是人才主权时代，也是人才赢家通吃的时代

在知识经济时代下，社会对知识和智力资本的需求比以往任何一个时代都更为强烈，导致知识创新者和企业家等人才短缺的现象加剧。人才的稀缺性、巨大的增值空间和人力资源的高回报性使得资本疯狂地追逐人才。在知识创新型企业中，资本追逐人力资源，将知识转化为资本，实现知识的资本化，实现知识雇佣资本。

因此，在新经济时代下，人才具有更多的就业选择权与工作的自主决定权，人才不是简单地通过劳动获得工资性收入，而是要与资本所有者共享创造成果。为此，企业要尊重人才的选择权和工作的自主权，并站在人才内在需求的角度，为人才提供产品与服务，赢得人才的满意与忠诚。

2. 人力资源管理者作为企业经营者的战略伙伴，进行的是战略型人力资源管理

以往人力资源管理部门因为不直接创造价值，只作为企业非主流的功能性部门存在。随着新经济时代的到来，人力资源管理者的管理职能将发生根本转变，逐渐从作业性、行政性事务中解放出来，从幕后走到台前，参与企业的战略性管理，把人力资源战略与企业的经营战略结合起来，支持企业实现经营目标。此时，人力资源管理者的管理职能是具有战略导向的企业经营者的战略伙伴，担负起组织重构、建立学习型组织和推动企业变革等责任。

3. 人力资源管理内容的改变

21世纪，员工成为企业的客户，向员工持续提供客户化的人力资源产品与服务成为人力资源管理的新职能，吸纳、挽留、激励、开发企业所需要的人才成为人力资源管理部门的主要任务。企业向员工提供的产品与服务包括：满足员工的事业发展期望的共同愿景，提供富有竞争力的薪酬体系及价值分享系统，满足员工的多元化需求，提供持续的人力资源开发、培训，提升员工的人力资本增值服务，授权员工参与管理，支持员工完成个人及组织发展目标。

4. 人力资源管理的核心——知识员工的管理

21世纪，国家的核心是企业，企业的核心是人才，人才的核心是知识创新者与企业家。为此，人力资源管理者要关注知识型员工的以下特点，重点开发与管理知识型员工。①知识型员工由于拥有知识资本，因而在组织中有很强的独立性和自主性，在管理中难以授权，难以协调个人对专业的执着与

企业对市场价值的追求的矛盾,难以设计知识工作、虚拟工作团队。②知识型员工具有较高的流动意愿。他们对于终身就业能力的追求增加了企业的人力资源投资风险、流动管理危机。③知识型员工的工作过程难以直接监控,工作成果难以衡量,使得价值评价体系的建立变得复杂而不确定。④知识型员工的能力、气质、贡献差异大,也表现出混合交替式的需求模式。需求要素及需求结构也有了新的变化,如利润与信息分享需求、终身就业能力提高的需求、工作变换与流动增加的需求、个人成长与发展的需求等。这都使得报酬的设计更为复杂化。⑤21世纪的知识创新型企业中,知识代替了权威。一个人对企业的价值不再仅仅取决于其在管理职位上的高低,而取决于其拥有知识和信息量的大小。知识型员工的这些新特点要求领导方式发生根本改变,要求领导者与被领导者之间建立信任、沟通、承诺、学习的互动方式,为此,人力资源管理应着重于建立知识工作系统和创新机制,实现模糊化的管理。

5. 通过管理人力资源价值链实现人力资本价值的实现与增值

价值创造就是在理念上要肯定知识创新者和企业家在企业价值创造中的主导作用,企业人力资源管理的重心要遵循帕累托"二八定律",即关注那些在企业人员数量中仅占20%的关键员工,他们不仅是80%企业价值的创造者,而且能带动其他80%的员工。在人力资源管理中要注重形成企业的核心层、中坚层、骨干层"价值创造"员工队伍,利用有效的价值评价机制,实现公平的、具有竞争力的、多元的价值分配,以此激励人才、创造人才。

6. 员工与企业关系的新模式——以劳动契约和心理契约为双重纽带的战略合作伙伴关系

这种新模式要求:一方面要依据市场法则确定员工与企业双方的权利、义务关系;另一方面,企业与员工一道建立共同愿景,在共同愿景的基础上就核心价值观达成共识,培养职业道德,实现员工的自我发展与管理。借此,企业与员工个人共同成长和发展,达到双赢的目标。

7. 人力资源管理的信息化及全球化

随着互联网和信息技术的发展,信息化已成为国家和企业增强自身竞争力的重要手段,企业的信息化过程使得人力资源也通过计算机技术与网络技术改变工作方式、提高工作效率、规范业务流程,并向企业与员工提供增值服务。人力资源的全球化表现在员工与经理人才的全球观念的系统整合与管理、人才流动的国际化、人才市场竞争的国际化、跨文化管理。

8. 人力资源管理的核心任务是构建智力资本优势,人力资源管理者的角色多重化、职业化

21世纪,企业的核心优势取决于智力资本的独特性。智力资本包括三个方面:人力资本、客户资本和组织结构资本。人力资本的核心任务是通过人力资源的有效开发与管理,提升客户关系价值。

学史明理

直通职场

任务实训

一、实训目的

1. 了解人力资源与人力资源管理的概念。

2．了解人力资源管理的发展历程与发展趋势。
3．培养团队合作精神、沟通能力。

二、实训要求

1．分组进行：每3～5人一组，选取一名组长。
2．实训形式：制作PPT，上台展示讲解。

三、实训内容

以小组为单位，收集两个企业人力资源管理的案例，并分析、点评人力资源管理特点及成功之处。

四、总结分析

完成汇报后，小组互评，教师点评。

任务二　认识人力资源管理人员的职业素养

一、人力资源管理人员的职责

人力资源管理人员的职责是指人力资源管理者需要承担的责任和任务。加里·德斯勒（Gary Dessler）在其所著的《人力资源管理》一书中将某家大公司人力资源管理者在有效的人力资源管理方面所负的责任描述为以下方面：

（1）把合适的人配置到适当的工作岗位上。
（2）引导新雇员进入组织（熟悉环境）。
（3）培训新雇员适应新的工作岗位。
（4）提高每位新雇员的工作绩效。
（5）争取实现创造性的合作，建立和谐的工作关系。
（6）解释公司政策和工作程序。
（7）控制劳动力成本。
（8）开发每位雇员的工作技能。
（9）创造并维持部门内雇员的士气。
（10）保护雇员的健康以及改善工作的物质环境。

二、人力资源管理者的必备素质

根据近年来国内外人力资源专家的研究成果以及企业的具体实践经验，人力资源管理人员的素质可划分为四大类：专业知识、业务知识、实施能力、思想素质。

人力资源管理者的必备素质

（一）人力资源管理者应该具备的基本能力

（1）具备一定的心理学知识：既然人力资源管理者日常工作面对的是各色人等，故需了解相关心理学知识，及时掌握员工的心理动态，并进行疏导与指导，协调好组织内的各类劳动关系。

（2）懂得如何制定企业的人力资源战略，这对企业人才的培养和企业后续力量的积累有很大帮助。

（3）懂得如何帮助员工制定个人的职业发展规划，并有目的地进行员工培训，这有助于增强员工的企业归属感。

（4）懂得如何分析人力资源成本，通过人力资源的优化管理为企业取得更大的效益，有助于改善企业的经营管理。

（5）具有数据汇总及分析能力。绩效管理离不开对数据的分析力，设计薪酬制度离不开对数据的掌握力。作为互联网时代的人力资源从业者，除去日常的六大模块工作内容，还需在每项工作中学会运用大数据的方法，及时对所负责的模块内容进行汇总及分析，为日常工作和管理层提供数据方面的参考。

（6）懂得如何制定员工绩效测量方法和激励政策，这能够给企业带来效益，同时最大限度地激发员工的工作热情和企业认同感。

（7）了解国家的各种劳动管理政策和法规，从企业利益最大化的角度出发制定企业的相关政策，这有利于促进企业的良好发展。

（二）人力资源管理者应该具备的基本素质

（1）个性方面：要比较乐群、灵活；具有较强的亲和力，要善于倾听和富有全局观念，心胸豁达，思维活跃；敏感度高，善于观察和分析。

（2）成就动机方面：积极主动地计划、安排，创造机会，避免问题的发生。有很强的追求成功的愿望，想方设法地把事情做得最好。遇到问题懂得寻求别人的帮助，充分利用资源。为了确保工作的顺利完成，关注细节性的问题。

（3）管理方面：能够因人而异调整自己的说话方式，用自己的想法通过各种途径来影响他人。敢于做决策，果断并坚决执行。

（4）具有团队合作的意识，善于激励团队的气氛。具有团队领导的能力，了解人性，知人善任。既有能进行战略思考的素质，又有把琐碎小事做好的能力。

（5）人际关系方面：善于倾听、理解别人，理解对方的潜在愿望。有客户服务的意识，有良好的沟通能力、表达能力。人力资源管理就是要调和资本所有者与劳动者之间的矛盾，保持融合状态，激发工作热情。

（6）个人特质方面：自信，坚持，不畏强势。随机应变，容易接受别人的意见，应时改变。控制力强，不随意暴露自己的情绪。要有中庸的态度，情绪不能让人看出波动。有一颗能够爱人的心，这样才会给能者上升的空间，才能给自己进取的时机。

（三）人力资源管理者应该具备的特殊能力

人力资源管理者除了具有基本素质和基本能力，还应具备以下特有的能力。

（1）写作能力。写作能力对于任何管理岗位都很重要。对于人力资源管理者，其写作主要体现在人力资源各模块的工作总结和制度方案设计上。写出满意的人力资源实施方案，将自己的管理思想充分表达出来，赢得同行的认可，将自己的实践经验形成理论文字供他人参考，这些都是人力资源管理者综合素质的体现。其中很大部分依赖于写作能力。

（2）语言表达能力。语言表达能力是任何一位人力资源管理者都必须具备的基本能力。在招聘面试过程中，面试官良好的语言表达是应聘者认可公司的第一步，提升公司对应聘者的吸引力，吸引应聘者进入该公司也可以通过语言上的沟通来实现。在绩效考核中，将考核内容及其意义表达清楚，赢得被考核人员的认可，是做好绩效考核的第一步。在绩效反馈中，将员工的真实绩效结果通过恰当的语言反馈出来，对于绩效差的员工又不伤害其积极性，是做好绩效管理的关键。

（3）团队协作精神。人力资源管理工作的各模块是相互联系、不可分割的统一体。对于招聘工作来讲，其与培训、档案管理、员工关系管理等工作有着紧密的关系。大型的公司在人力资源管理方面分工相对比较细致，每个人可能只负责一个模块，也可能一个模块由几个人一起负责，如果想把自己的工作做好，团队协作能力必不可少。正所谓互帮互助、共同产出，合理分配、提升收入。

（4）沟通协调能力。在一个公司中，人力资源部门只是其中之一，公司的良好运营和发展是由若干部门共同努力实现的。人力资源部门必然要与其他部门人员处理好关系，在业务上充分合作，实现业务上的通畅。例如，作为薪酬管理者，在做工资时，要与其他部门沟通协调好，将绩效工资及时反馈，最后还要将工作方案与财务部门做好对接，以保证工资及时发放。

（5）记忆力。记忆力能使一个人更加充实，在短暂的时间内快速提升个人的业务技能。作为人力资源管理者，也不例外。例如，在干部管理工作方面，如果一个人在看完一份干部任免文件后，能将其严格的格式和用语记下来，这将会大大提高其撰写干部文件的效率；在领导面前，如果能准确无误地将干部管理的有关文件表述出来，表明其对干部管理工作的政策性意识比较强，也会赢得领导的认可。

（6）服务意识。人力资源管理是一种服务性特别强的工作，虽然良好的人力资源管理能为企业在招人、用人、留人、开发人方面降低成本，但其不生产产品，不产生利润，即使是人力资源管理咨询也只是增加咨询者的成本。所以，作为人力资源管理者，应有强烈的服务意识，即辅助公司其他产出性部门提供人力资源服务，保障员工及时到位，做好员工管理工作。

（7）善于思考总结。善于思考是一个人成长最快的方法。思考能使人加深对事物的了解，能使人积累丰富的经验，也能使人触类旁通。通过思考做出的总结是珍贵的知识沉淀，更是从实践走向理论的桥梁。人力资源管理工作的思考总结有助于不断地优化工作流程，提升管理工作质量，更快提升组织的管理水平。

学史明理　　　　　　　　直通职场

任务实训

一、实训目的

1. 了解人力资源管理岗位的岗位要求。
2. 培养团队精神、分析问题的能力。
3. 培养职业认同感和职业生涯规划能力。

二、实训要求

1. 分组进行：每 3~5 人一组，选取一名组长。
2. 实训形式：每组提交一份实训报告。

三、实训内容

以小组为单位，收集人力资源管理专员岗位的相关信息，并对信息进行总结提炼，编写岗位职责说明书，如表 1-1 所示。

表 1-1 岗位职责说明书模板

人力资源管理专员岗位职责说明书		
职责与工作任务		
职责一	职责描述：	
	工作任务	
职责二	职责描述：	
	工作任务	
职责三	职责描述：	
	工作任务	
任职资格条件		
教育水平		
专业		
能力要求		
技能要求		
个人素质		
其他		
使用工具设备		
工作环境		
考核指标		

四、总结分析

完成汇报后，小组互评，教师点评。

项目二　工　作　分　析

学习目标

　　知识目标：了解工作分析的基本概念和内容；熟悉工作分析的程序；掌握工作分析的方法；编写工作说明书。

　　能力目标：能够依据企业岗位实际情况选择合适的工作分析方法；能够设计工作分析流程；能够完成岗位工作分析，并在此基础上编写工作说明书。

　　素质目标：培养学生做事守规矩、讲方法的好习惯；培养学生的文化自信与文化认同。

思维导图

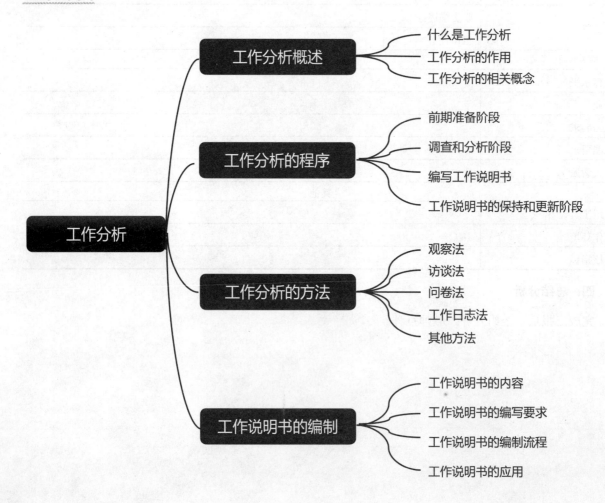

案例导入

王强到底想要什么样的工人？

"王强，我一直想象不出你究竟需要什么样的操作工人。"江山机械公司人力资源部负责人李进说，"我已经给你提供了 4 位面试人选，他们好像都满足工作说明书中规定的要求，但你一个也没有录用。"

"什么工作说明书？"王强答道，"我所关心的是找到一个能胜任那项工作的人。但是你给我提供的人都无法胜任，而且，我从来就没有见过什么工作说明书。"

李进递给王强一份工作说明书，并逐条解释给他听。他们发现，要么是工作说明书与实际工作不相符，要么是规定以后，实际工作又有了很大变化。例如，工作说明书中说明了有关老式钻床的使用经验，但实际上所使用的是一种新型数显机床。为了有效地使用这种新机器，工人必须掌握更多的数学知识。

听了王强对操作工人必须具备的条件及应当履行的职责的描述后，李进说："我想我们现在可以写一份准确的工作说明书，以其作为指导，就能找到适合这项工作的人。让我们今后加强工作联系，这种状况就再也不会发生了。"

资料来源：董克用，李超平. 人力资源管理概论[M]. 5 版. 北京：中国人民大学出版社，2019.

任务一　工作分析概述

什么是工作分析

一、什么是工作分析

工作分析（job analysis），又称职位分析、岗位分析或职务分析，是指通过系统全面的情报收集手段，提供相关工作的全面信息，以便组织改善管理效率。工作分析是人力资源管理工作的基础，其分析质量对其他人力资源管理模块具有举足轻重的影响。工作分析是在人力资源管理中，通过对工作输入、工作转换过程、工作输出、工作的关联特征、工作资源、工作环境背景等的分析，形成工作分析的结果——职务规范（又称工作说明书）。职务规范包括工作识别信息、工作概要、工作职责和责任，以及任职资格的标准信息，可为其他人力资源管理职能的使用提供方便。工作分析是现代人力资源管理所有职能（即人力资源获取、整合、保持与激励、控制与调整、开发等职能工作）的基础和前提，只有做好了职务分析与设计工作，才能据此有效完成现代人力资源管理的各项工作。

不同的企业和组织有各自的特点和亟待解决的问题。有的是为了设计培训方案，提高员工的技术素质；有的是为了制定更切合实际的奖励制度，调动员工的积极性；还有的是为了根据工作要求改善工作环境，提高安全性。因此，这些企业和组织所要进行的工作分析的侧重点就不一样。但是，一般来说，工作分析包括两个方面的内容：一是确定工作的具体特征，二是找出工作对任职人员的各种要求。前者称为工作描述，后者称为工作规范或任职说明。工作分析的责任能否完成取决于能否圆满执行程序的各个方面,主要体现在人力资源部门能否与管理人员相互配合,各司其职(见表2-1),共同完成工作分析。

表2-1 工作分析的责任划分

人力资源部门	管理人员
准备和协调工作分析过程	完成或协助完成工作分析
编写工作描述和工作要求	审核工作描述和工作要求的准确性
修改工作描述和工作要求	随工作的改变,提出新的工作分析要求
确保工作分析和管理目标的一致性	确定工作标准
对特殊情况,可寻找外界的帮助	

(一)工作描述

工作描述,即具体说明某一工作的目的和任务、工作内容和特征、工作职责和权限、工作标准和要求、工作时间和地点、工作流程和规范、工作环境和条件。在不同的企业里,工作描述的内容不完全相同,因此,工作描述没有统一的格式。但是,一份规范的工作描述书一般包括以下几项内容。

1. 工作概况

工作概况主要包括工作名称、工作编号、所属部门、直接上下级等。明确工作概况有利于对各种工作进行识别、登记、分类,以及确定这一工作和企业内外的各种工作关系。工作名称应当简明扼要,力求做到能标识工作的责任、在组织中所属的地位或部门,如"一级生产统计员""财务公司总经理"就是比较好的工作名称,而"统计员""部门经理"则不够明确。

2. 工作目的

工作目的是指用简短而精确的陈述说明企业设立这一工作的意义和目的。

3. 工作职责

这是工作描述的主体部分,说明这一工作的主要工作内容、工作权限和工作结果。描述工作职责时要注意:

(1)工作职责要有一定的概括性和重点性,而不是简单地罗列具体的工作活动。

(2)应把焦点放在工作的结果上,而不是描述如何履行职责。

(3)应按照工作职责重要性的大小逐项列出,或按照时间的先后顺序逐项列出。

(4)描述工作职责,应针对职务,而不是当时的任职者。

(5)对所描述的工作职责应提出衡量的标准或方法。

4. 工作条件和物理环境

说明执行工作的条件,包括使用的办公设备、原材料、工具和机器设备等;说明工作的物理环境,包括工作地点的温度、光线、湿度、噪声、安全条件、地理位置、室内或室外等。

5. 社会环境

说明完成工作所需要涉及的工作群体中的人数及相互关系,完成工作所要求的人际交往的数量和程度,与企业各部门之间的关系,工作地点内外的文化设施、社会习俗等。

6. 聘用条件

说明工作任职者在企业中的工作安置情况,包括工作时数、工资结构、支付工资的方法、福利待遇、该工作在企业中的正式位置、晋升的机会、工作的季节性、进修的机会等。表 2-2 是营销部经理工作描述的示例。

表 2-2 某企业营销部经理工作描述

职位名称：营销部经理	职位编号：SH-YX-0013
所属部门：营销部	职位定员：1 人
直接上级：总经理	工资等级：3～5
直接下级：销售主管、市场主管、大客户主管	薪酬类型：
审核人：	编制日期：

一、工作目的

在销售副总经理的领导下，全面负责销售部门的计划、组织、指导和控制工作。

二、工作职责

1. 协助总经理制订营销计划，为重大营销决策提供建议和信息支持。
2. 及时反馈产品改进和新产品开发的信息，并提出建议。
3. 制订本部门工作计划和预算，并组织执行。
4. 组织市场推广主产品宣传，实现公司销售目标。
5. 负责接待重要客户，与客户维持良好关系。
6. 负责组织对外报价、投标、合同谈判、合同签订等销售工作。
7. 负责客户需求预测，及时满足市场需求。
8. 组织协调各主管完成交货、验收测试、客户培训和售后服务工作。
9. 组织制定和落实各项营销管理制度和程序。
10. 指导下属制订工作计划，并督促执行。
11. 负责本部门内工作任务分工，合理安排人员。

三、工作权限

1. 具有公关活动和广告宣传的指挥权。
2. 具有总经理授权范围内的合同签订权与产品定价权。
3. 具有对直接下属的调配、奖惩的建议权和任免的提名权。
4. 具有对下属工作争议的裁决权。
5. 具有对下属管理水平、业务水平和工作绩效的考核评价权。

四、工作条件和物理环境

1. 使用计算机、一般办公设备、通信设备。
2. 75%以上的时间在室内工作，一般不受气候影响，但可能受气温影响。
3. 湿度适中，无严重噪声，无人身安全风险，无有毒气体。
4. 有外出要求，一年有 10%～20%的工作日出差在外。
5. 工作地点在本市。

五、社会环境

1. 有一名副手，营销部工作人员 25～30 人。
2. 内部协调关系：总经理、研发部、生产部、财务部、人力资源部、总经理办公室。
3. 外部协调关系：政府有关部门、重要客户、物流单位、广告单位、高校管理学院。

六、聘用条件

1. 每周工作 40 小时。
2. 基本工资 5000 元，超额完成部分按照 1‰的比例提取奖金。
3. 本职位是企业的中层岗位，可晋升销售副总经理或子公司总经理。

（二）工作规范

工作规范又称任职要求，具体说明从事某项工作的任职者所必须具备的教育背景、工作经验、生理要求和心理要求等，主要包括以下几方面的内容。

1. 一般要求

一般要求主要包括年龄、性别、学历、工作经验、知识、技能等。

2. 生理要求

生理要求主要包括健康状况、力量和体力、运动的灵活性、感觉器官的灵敏度等。

3. 心理要求

心理要求主要包括观察能力、集中能力、记忆能力、理解能力、学习能力、解决问题的能力、创造能力、计算能力、语言表达能力、决策能力、沟通交际能力、性格、气质、兴趣爱好、态度、事业心、合作性、领导能力等。

根据上述营销部经理的工作描述，也可编制其任职要求（见表 2-3）。

表 2-3 营销部经理任职要求示例

职位名称：营销部经理	职位编号：SH-YX-0013
所属部门：营销部	职位定员：1 人
直接上级：总经理	工资等级：3~5
直接下级：销售主管、市场主管、大客户主管	薪酬类型：
审核人：	编制日期：

一、一般要求
1. 年龄：30~40 岁；性别：男女不限。
2. 学历：大学本科或以上；专业：通信工程、管理或相关专业。
3. 工作经验：5 年以上工作经验，2 年以上本行业或相近行业营销管理经验。
4. 知识：精通市场营销管理知识，熟悉财务管理、法律和专业领域知识。
5. 技能：熟练使用常用计算机办公软件，具备电子商务知识，具备英语应用能力。

二、生理要求
1. 听力：正常；视力：矫正视力正常。
2. 健康状况：无传染病。
3. 外貌：无特殊要求，出众更佳。

三、心理要求
1. 具有很强的记忆能力、理解能力、学习能力、解决问题的能力、创造能力、计算能力、语言表达能力、决策能力、沟通交际能力。
2. 具有较强的观察能力。
3. 性格：外向。
4. 兴趣爱好：喜欢与人交往，爱好广泛。
5. 态度：积极、乐观、事业心强。
6. 合作性：优秀；领导能力：卓越。

四、其他要求
1. 能够随时准备出差。
2. 根据工作需要，适当加班。
3. 不可请半个月以上的假。

二、工作分析的作用

工作分析为每项工作的任职者提供了客观标准，成为企业对员工进行提升、调动或降职的决策依据。工作分析保障了同工同酬，并使员工明确工作职责和努力方向，有利于员工积极进取。

工作分析的作用如图 2-1 所示。

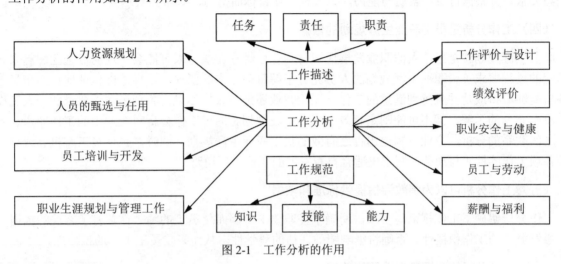

图 2-1　工作分析的作用

（一）工作分析是人力资源规划的基础

企业人力资源规划的过程，需要获得关于各种工作本身及其对于任职者要求的信息，这样才能保证企业发展战略对人力资源的需求。由于工作分析产生的任职标准对任职资格与要求做出了明确的说明，组织对员工的晋升、调配、解雇也有了客观的标准，组织根据这些客观的标准与员工的个人能力、素质与绩效进行对比分析，对员工做出晋升、调配、解雇等决策。

工作分析有助于人力资源开发与管理整合功能的实现。首先，工作分析有利于员工的组织同化。由于工作分析对工作有了明确的规范，可使员工的个人价值观服从于组织理念，其个人行为必须服从于组织的规范。其次，通过工作分析，可以发现和改进组织在分工协作、责任分配、工作环境等方面的缺陷，以达到加强沟通的目的。再次，通过工作分析，可以使组织避免触犯劳动人事方面的有关法规，避免个人与组织在劳资问题上发生冲突。我国在 1994 年颁布的《中华人民共和国劳动法》中规定了平等就业、同工同酬等条款，由工作分析产生的任职标准，对不同性别、不同民族、不同资历的人是同等适用的。

（二）工作分析有助于员工招聘和配置

通过工作分析，能够明确地规定各项工作的近期目标和远期目标，规定各项工作的要求、责任，掌握工作任务的静态特点和动态特点，提出任职人员的心理、生理、技能、知识和品格要求，在此基础上确定任用标准。有了明确而有效的标准，就可以通过素质测评对工作绩效进行评估，选拔和任用符合工作需要和工作要求的合格人员。只有工作要求明确，才可能保证工作安排准确，做到不多设一个岗，不多用一个人，使每个岗位人尽其才。

（三）工作分析有助于设计积极的员工开发计划

通过工作分析，可明确从事某项工作所应具备的技能、知识和其他各种素质条件。对于这些要求和条件，并非人人均能满足和达到，需要对员工进行不断培训、开发。因此可以按照工作分析的结果，设计和制订培训方案，根据实际工作需要和参加人员的不同情况有区别、有针对性地安排培训内容和方法，以培训促进员工工作技能的发展，提高工作效率。另外，工作分析可以使每个员工明确其工作责任与要求，并根据自身的素质与能力，为实现工作目标而努力，即做到人尽其用。

（四）工作分析是员工职业生涯规划的依据

职业生涯规划就是把个人的职业发展愿望与企业已经存在或将来可能会出现的机会匹配起来。这种匹配的过程要求负责职业生涯规划的人员充分了解每项工作的要求，这样才能保证他们指导员工从事各自能够取得成功并且感到满意的工作。无论企业还是个人，如果对各项工作的要求和个人工作的联系没有充分的了解，就不可能制定有效的职业生涯规划。通过工作分析对企业中的工作要求和各项工作之间联系的分析，企业可制定出行之有效的员工职业生涯规划，同时，也使员工有机会或有能力了解各项工作的性质与规范，制定出适合自身发展的职业生涯道路。

（五）工作分析可以为绩效评估提供标准和依据

工作分析明确了工作规范与要求，明确了任职要求，因而使员工的绩效评估有了客观的依据，有利于激发员工的工作积极性。否则将影响绩效评估的科学性，从而影响员工工作的积极性。

（六）工作分析是合理确定薪酬的基础

每个任职者所获得的薪酬高低，主要取决于其从事的工作性质、难易程度、工作强度、职责大小和工作条件等。而通过工作分析，能使各项工作在企业中的重要程度或相对价值得以明确。一般来说，工作的职责越重要，工作就越有价值；需要更多知识、经验和能力的工作对企业更有价值。因此，以工作分析为基础确定的薪酬水平有助于实现企业内部及企业间报酬的相对公平。

三、工作分析的相关概念

工作分析与职位以及职位对应的工作活动是紧密联系在一起的，因此，人力资源管理人员有必要知晓与之相关的一些概念。

1. 工作要素

工作要素是工作中不能再分解的最小劳动单位。例如，从工具箱中取出夹具，将夹具与加工件安装在机床上，开启机床，加工件等均是工作要素。

2. 任务

任务是为了达到某种目的所从事的一系列活动。它可以由一个或多个工作要素组成。例如，工人加工工件、打字员打字都是任务。

3. 职责

职责是指个体在工作岗位上需要完成的主要任务或大部分任务。它可以由一个或多个任务组成。例如，了解员工的满意度是人力资源经理的一项职责，这一职责由下列五项任务组成：设计满意度的调查问卷、进行问卷调查、统计分析问卷调查的结果、向企业高层反馈调查的结果、根据调查的结果采取相应的措施。例如，车工的责任是加工零件、检验加工件的质量、维护与保养机床；打字员的责任是完成打字、校对等任务。

4．职位

职位是由一个人完成的一项或多项相关职责组成的集合，又称岗位。职位与个体是一一匹配的，也就是说有多少职位就有多少人，两者的数量相等。例如，为了达到组织的生产目标，必须搞好生产管理，包括生产计划、生产统计、生产调度等，为此应设置生产计划员、生产统计员、生产调度员、生产科长等职位。其中，生产计划员主要负责完成生产计划的编制和监督执行任务，对生产计划的质量负责；生产统计员负责完成生产信息的收集、分析、传递等任务，对生产信息的准确性、完整性和及时性负责；生产调度员负责为实现生产计划而完成所需的动态管理与控制任务，对调度的有效性和及时性负责；生产科长负责完成生产管理各方面的协调、指导、监督和指挥任务，对整个生产管理工作的质量负责。

5．职务

职务是指主要职责在重要性和数量上相当的一组职位的统称，或指一组重要责任相似或相同的职位。例如，人力资源部设有两个副经理的职位，一个主要分管招聘录用和培训开发，另一个主要分管薪酬管理和绩效管理。这两个职位的职责重要性和数量比较一致，因此这两个职位可以统称为副经理职务。职务和职位不同，职位与员工是一一对应的，而职务却并非一一对应，即一个职务可能不止一个职位，如上面所举的例子，副经理职务就有两个职位与之对应。

在企业中，职位更强调职务的用人数量，通常把所需知识技能及所使用工具类似的一组任务和责任视为同类职务，从而形成同一职务、多个职位的情况，即一职（务）多（职）位。例如，生产计划员、生产统计员、生产调度员这些职位均可由一人或两人甚至多人共同担任，因而，这些职位分别构成对应的职务。而生产科长则由一人担任，它既可以是职位，又可以是职务。

通常，对于职位与职务可以不加区分，但职位与职务在内涵上有很大区别。职位是任务与责任的集合，它是人与事有机结合的基本单元；而职务则是同类职位的集合，它是职位的统称。职位的数量是有限的，职位的数量又称编制；一个人所担任的职务不是终身的，既可以是专任，也可以是兼任，既可以是常设的，也可以是临时的，因此是经常变化的；职位不随人员的变动而改变，当某人的职务发生变化时，他所担任的职位就发生了变化，即组织赋予他的责任发生了变化，但他原来所担任的职位依旧存在，并不因他的离去而发生变化或消失。职位可以按不同的标准加以分类，但职务一般不进行分类。

所谓职位分类，是指将所有的工作岗位（职位），按其业务性质分为若干职组、职系（从横向讲）；然后按责任的大小、工作难易、所需教育程度及技术高低分为若干职级、职等（从纵向讲），对每一职位给予准确的定义和描述，制成职位说明书，以此作为对聘用人员管理的依据。

6．职系（种）

职系（种）是指职责繁简难易、轻重大小及所需资格条件并不相同，但工作性质充分相似的所有职位的集合。例如，人事行政、社会行政、财税行政、保险行政各属不同的职系。每个职系中的所有职位，其性质充分相似。一个职系就是一个职位升迁的系统，也是一种专门职业。

7．职组

职组是指若干工作性质相近的所有职系的集合。例如，人事行政和社会行政可并入"普通行政"职组。

8．职级

职级是指同一职系中职责繁简、难易、轻重及任职条件十分相似的所有职位的集合。例如，"中教一级"与"小教高级"的数学教师属于同一职级。

9．职等

职等是指不同职系之间，职责的繁简、难易、轻重及任职条件充分相似的所有职位的集合。例如，大学讲师与研究所的助理研究员属同一职等。

可以通过关于我国部分技术人员专业技术职务的表格（见表2-4），说明职系、职组、职级、职等之间的关系与区别。

表2-4　职系、职组、职级、职等之间的关系与区别

职组	职系	职等				
		5	4	3	2	1
		职级				
		员级	助级	中级	副高职	正高职
高等教育	教师		助教	讲师	副教授	教授
	科研人员		实习研究员	助理研究员	副研究员	研究员
	实验人员	实验员	助理实验师	实验师	高级实验师	
	图书、资料、档案	管理员	助理馆员	馆员	副研究馆员	研究馆员
科学研究	研究人员		研究实习员	助理研究员	副研究员	研究员
医疗卫生	医疗、保健、预防	医士	医师	主治医师	副主任医师	主任医师
	护理	护士	护师	主管护师	副主任护师	主任护师
	药剂	药士	药师	主管药师	副主任药师	主任药师
	其他	技士	技师	主管技师	副主任技师	主任技师
企业	工程技术	技术员	助理工程师	工程师	高级工程师	正高工程师
	会计	会计员	助理会计师	会计师	高级会计师	
	统计	统计员	助理统计师	统计师	高级统计师	
	管理	经济员	助理经济师	经济师	高级经济师	
农业	农技人员	农技员	助理农艺师	农艺师	高级农艺师	
新闻	记者		助理记者	记者	主任记者	高级记者
	广播电视播音	三级播音员	二级播音员	一级播音员	主任播音指导	播音指导
出版	编辑		助理编辑	编辑	副编审	编审
	技术编辑	技术设计员	助理技术编辑	技术编辑		
	校对	三级校对	二级校对	一级校对		

学史明理　　　　　　　　直通职场

任务实训

一、实训目的

1. 了解工作分析的相关概念。
2. 明确工作分析的作用、内容。

二、实训要求

1. 分组进行,每组 5~7 人,选出一名组长。
2. 实训形式:制作 PPT 并上台演讲。

三、实训内容

以小组为单位,寻找企业、事业单位某岗位工作分析成功案例,并分析、点评其科学之处。

四、总结分析

完成汇报后,小组互评,教师点评。

任务二 工作分析的程序

工作分析是一个细致而全面的评价过程,主要包括前期准备阶段、调查和分析阶段、编写工作说明书、工作说明书的保持和更新阶段四个阶段,如图 2-2 所示。

一、前期准备阶段

这一阶段的主要任务是熟悉情况,确定工作分析的目的,取得领导的支持,确定工作分析参与者,培训工作分析人员,确定调查和分析对象的样本。其具体步骤如下。

(一)确定工作分析的目的

确定工作分析的目的是最重要的。目的也许是更新工作描述,也许是修正薪酬制度的结果,也许是重新设计岗位,也许是更好地适应战略计划进行部分调整。工作分析的目的在一定程度上决定了将使用哪种方法收集资料,并会影响工作分析计划的设计。例如,当某项工作分析是用来为新员工开发出一个专业技术培训方案时,分析者会关注于该工作的主要活动、任务和完成的标准以及对员工在知识、技能和能力方面的要求。

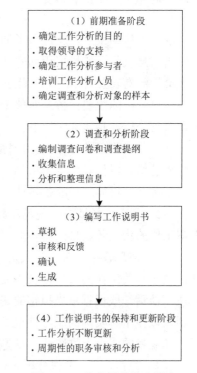

图 2-2 工作分析的基本程序

（二）取得领导的支持

不管基于什么目的，首先要获得高级管理人员的支持。当涉及工作的改变或组织结构的变化时，获得高级管理人员的支持是必需的；而当员工的消极、抵触情绪增长时，来自高层或部门负责人的支持是非常有用的。

（三）确定工作分析参与者

工作分析参与者的确定，一方面要考虑工作分析的目的，另一方面要考虑用来进行分析的实际方法。一般而言，工作分析的负责人通常是熟悉工作分析的人力资源管理部门的专业人士，有时候也需要外部专家帮助主持或协助某些特殊分析方法的应用。一般情况下，工作分析的参加者主要由分析的对象——任职者、任职者的直接主管上级和部门经理等构成。

（四）培训工作分析人员

工作分析人员素质的高低对于工作分析的成败起决定作用。因此，必须对工作分析人员进行有针对性的专业培训，使他们明确工作任务，掌握分析方法，具备胜任工作分析的能力。

（五）确定调查和分析对象的样本

把要进行分析的工作分解成若干元素和环节，确定履行职务的基本难度；考虑对象的代表性，确定调查和分析对象的样本。

二、调查和分析阶段

准备工作结束后，就进入了调查和分析阶段。根据选用的分析方法列出进程表。要有充足的时间分配给信息收集。如果采用问卷法，最好让职工将填好的问卷先交给他们的主管看一下，再上交给分析人员。问卷表要附带对完成此表的方法的解释。

调查阶段的主要任务是对整个工作过程、工作环境、工作内容和工作人员等主要方面做一个全面的调查与分析，具体工作如下。

（1）编制各种调查问卷和调查提纲。充分利用现有文件与资料（如岗位责任制、工作日记等）进行分析总结，以便对所要分析的岗位的主要任务、责任、流程等有一个比较深入系统的了解和认识。在此基础上，再编制和准备各种调查问卷和调查提纲。

（2）到工作场地进行现场观察。了解工作流程，记录关键事件，调查工作必需的工具与设备，并考察工作的物理环境与社会环境。

（3）信息收集。对主管人员、在职人员广泛进行问卷调查，并与主管人员、"典型"员工进行面谈，收集有关工作的特征以及需要的各种信息，征求改进意见，注意做好面谈记录，注意面谈的方式方法。谈话一般根据事先拟定的调查问卷和调查提纲进行，可以分三个层面进行：一是与基层管理者谈话，以便了解实际的职务情况；二是与实际任职者谈话，以详尽了解其具体工作状况；三是选择与同类任职者的代表人物谈话，以更准确全面地了解实际的工作状况。

（4）若有必要，工作分析人员可直接参与要调查的工作，或通过实验的方法分析各因素对工作的影响。

（5）仔细审核已收集的各种信息。如果有必要，可以进行第二次现场考察，以验证谈话所获得的信息。

（6）创造性地发现有关工作和任职人员的关键信息。

（7）归纳、总结工作分析所需要的材料和要素。

分析阶段是在相关数据收集好后，按照工作种类、工作组类别、部门类别进行分类，对有关工作特征和工作人员特征的调查结果进行深入全面的总结分析。这一阶段的主要任务是认真审核、整理在调查阶段所获得的各种信息，创造性地分析、发现有关工作和人员的关键成分，归纳、总结工作分析的必需材料和要素，主要包括岗位名称、工作任务与职责、劳动强度、工作环境和任职资格等。通过深入全面的总结分析，获得对有关工作特征和人员特征的详尽的信息资料并形成分析报告。

三、编写工作说明书

先前的工作分析是为起草工作说明书而准备的。工作说明书应由工作分析人员来写，之所以不让管理人员和职员自己写，大致有以下两个理由：首先，不易形成固定的格式和内容，两者对工作说明的合法性很重要。其次，管理人员和职员的写作能力各不相同，且他们所写的内容有可能只反映了他们能够完成的事情和个人的资格能力，而不是工作的要求。

这一阶段的任务就是根据分析阶段所获得的信息编制可供操作使用的"工作描述"与"工作规范"，并对工作分析本身进行总结评述，为今后的工作分析工作提供经验与信息基础。其具体步骤如下：

（1）草拟"工作描述"和"工作规范"。根据工作分析的内容，用经过分析处理的信息，草拟出"工作描述"和"工作规范"。

（2）对比。将草拟的"工作描述"和"工作规范"与实际工作进行对比，根据对比结果决定是否需要进行再次调查研究与修正。

（3）修正。修正"工作描述"和"工作规范"草稿，对于特别重要的岗位，可能还需要多次修订与完善。

（4）编写并完善工作说明书。将"工作描述"和"工作规范"合并，汇总形成最终的"工作说明书"，并将其应用于实际工作，同时注意收集应用的反馈信息，不断完善。工作说明书起草好后，现有管理人员都要审阅一遍，至于是否交由员工再审阅，则取决于企业管理风格和企业文化。

所有工作完成后，人力资源部门将工作描述交给管理人员、主管、员工。主管和员工一起讨论最终的工作说明成果，这有助于主管和员工对它形成一致的理解，有助于业绩评估和其他人力资源活动。

四、工作说明书的保持和更新阶段

工作说明书完成后，还要建立一个系统，以维持它的正确性。另外，由于企业会不停地变化，所以整个分析的系统过程需要进行相应更新。

人力资源部门的相关人员要承担确保工作说明书准确性的责任。在这个过程中，员工和他们的管理人员扮演着重要角色，因为他们清楚地知道什么时候发生了变化。另一个有效的办法是在其他人力资源活动中使用工作说明书。例如，当出现了职位空缺时，在招募新人之前要重新修改工作说明书。

类似地，一些企业的管理人员在业绩评估时要参阅工作说明书，从而可以识别工作说明书是否能充分说明工作、是否要修改。另外，在进行人力资源计划时通常要开展综合的、系统的复审活动。许多企业每三年或技术发生变化时就开展一次彻底的审查活动，更普遍的是当发生了组织性变化时，审查活动也随之开展。

学史明理

直通职场

任务实训

一、实训目的

1．掌握工作分析流程。
2．明确工作分析流程的重要性。

二、实训要求

1．分组进行，每组 5~7 人，选出一名组长。
2．实训形式：制作 PPT 并上台演讲。

三、实训内容

材料：

某家居企业是珠三角地区知名的行业头部企业，采购部有 8 名采购专员，主要负责家具辅料的采购，采购专员每天的第一件事就是对当日应到的物料和应采购的物料进行数据整理。物料到达时，采购专员需要根据采购协议核查物料的品质、数量是否准确，若发现来料异常要及时与供货商进行反馈，沟通解决方案，减少双方的损失。采购物料前，采购专员会收到来自采购部经理的采购计划，根据计划首先要对物料的市场价格水平进行调查，与长期合作伙伴企业（供应商）进行协商沟通订货，明确订货数量、到货日期、价格等多方面信息，签订采购协议；后期要时刻跟进采购进度，与供应商负责人沟通进度。

采购专员的任职要求是：物流管理、公共关系等相关专业，大专及以上学历，有相关工作经验，或对物流采购工作有一定认识，受过物流采购、沟通技巧、合同法等方面的培训；个人性格开朗大方，善于交流、有责任心和团队意识；具有一定的协调能力和公关能力。

要求：

试从几种不同的工作分析时机出发，分析、设计出在其工作分析实施过程中所需要注意的重点、难点、侧重点都是什么。

提示：

新成立企业，由于战略调整/业务发展，需要更新工作分析；或因建立制度（如晋升、考核、培训等机制），需要进行工作分析；而从未进行过职位分析的企业则需要进行职位分析。

四、总结分析

完成汇报后，小组互评，教师点评。

任务三　工作分析的方法

工作分析方法

　　工作分析的信息可以通过多种方式予以收集。西方发达国家经过人力资源专家与企业的共同努力，已经形成许多较为成熟的方法，如以工作为中心和以人为中心的方法。我国的人力资源管理在工作分析方面尚处于起步阶段，许多企业往往只限于岗位规范的规定，还达不到工作分析的要求。最常用的工作分析方法主要有观察法、访谈法、问卷法、工作日志法等。

一、观察法

　　观察法是指工作分析人员通过在工作现场对员工正常工作的状态进行观察，从而获取工作信息的方法。通过对信息进行比较、分析、汇总等方式，得出工作分析的成果。观察法的适用范围是有限的，许多工作循环持续时间较长，不易完整地观察到全过程。所以观察法适用于重复性的工作，且要和其他方法相结合。例如，体力工作者和事务性工作者（如流水线工人、搬运员、操作员、文秘等职位）适合用观察法。

　　管理人员或职业分析师通过观察部分工作执行情况，同时借用其他方法对工作情况、工作环境进行大概了解。不同时刻多次观察，也有助于其他方法的实施效果。

　　工作抽样是观察法的一种，它不要求对整个工作循环过程的每个细节都观察到，相反，管理人员可以借助抽样数据决定一个工作日的内容和节奏。另一种观察法是员工日志法，它要求员工将自己工作的情况持续地记录在工作日志上，不过它在提供有效信息的同时可能会加重员工的负担，因为员工要填写详细的日志，他们会认为这是在浪费工作时间。

小资料 2-1

工作分析观察提纲（部分）

被观察者姓名：＿＿＿＿＿＿＿＿　　　　日　期：＿＿＿＿＿＿＿＿

观察者姓名：＿＿＿＿＿＿＿＿　　　　　观察时间：＿＿＿＿＿＿＿＿

工作类型：＿＿＿＿＿＿＿＿　　　　　　工作部分：＿＿＿＿＿＿＿＿

观察内容：
1. 什么时候开始正式工作？_____
2. 上午工作多少小时？_____
3. 上午休息几次？_____
4. 第一次休息时间从_____到_____
5. 第二次休息时间从_____到_____
6. 上午完成产品多少件？_____
7. 平均多长时间完成一件产品？_____
8. 与同事交谈几次？_____
9. 每次交谈约多长时间？_____
10. 室内温度_____度。
11. 上午接了几次电话？_____
12. 上午喝了几次水？_____
13. 什么时候开始午休？_____
14. 出了多少次品？_____
15. 搬了多少次原材料？_____
16. 工作地噪声是多少分贝？_____

二、访谈法

访谈法是通过工作分析人员与员工面对面的谈话来收集工作信息资料的方法。它是工作分析中大量运用的一种方法。因为对于许多工作，分析者不可能实际去做（如飞行员的工作）或者去观察（如建筑设计师的工作）。在这种情况下必须去访问实际工作者，了解他们所做工作的具体情况，从而获得工作分析所必需的资料。访谈法包括个别员工访谈法、集体访谈法和主管访谈法。个别员工访谈法适用于各个员工的工作有明显差别，且工作分析的时间又比较充裕的情况。集体访谈法适用于多名员工从事同样工作的情况。使用集体访谈法时应请主管出席，或者事后向主管征求对收集到的材料的看法。主管访谈法是指与一个或多个主管展开面谈，因为主管对于工作内容有相当的了解。主管访谈法能够减少工作分析的时间。

通常员工和他们的主管都要被约请面谈，以此了解工作情况。在某些情况下，有可能采取全体人员座谈法，这对那些难以定义性质的工作较为适合。

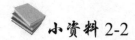小资料 2-2

提高访谈质量的方法和技巧

（1）尊重访谈对象，接待要热情，态度要诚恳，用语要适当。
（2）营造一种良好的气氛，使访谈对象感到轻松愉快。

（3）调查者应启发、引导访谈对象，对重大问题应尽量避免发表个人观点与看法。

（4）尽量与访谈对象处于同一位置，尤其是普通的员工，要想办法打消他们的顾虑，并在工作中信守对这些普通员工的承诺，要注意非语言交流。

（5）鼓励访谈对象用自己习惯的方式表达想法。

（6）灵活安排时间，让访谈对象确定日程。

（7）协助者应起到一定的引导作用。

访谈法是工作分析中最常用的信息收集方法，尽管它不如问卷调查法那样具有完善的结构，但能通过面对面交换信息，对对方的工作态度与工作动机等较深层次的内容有比较详细的了解，因此，它有问卷调查法不可替代的作用。

工作分析专家与任职者面对面谈话，从中可以得到任职者以下四方面的信息：工作目标，即组织为什么要设置这个工作（岗位），并根据什么予以报偿；工作的范围，即工作在多大的范围内进行，员工行为的最终结果是什么且如何度量；工作的性质；工作的责任目标。

面谈需要专门的技巧，工作分析专家一般要接受专门的训练。访谈时，即使访谈者具有良好的专业素质，也往往会因为访谈所得信息的不确定性、量大且条理性差而在随后的整理过程中备感头痛。访谈过程涉及的问题往往较多，为了避免遗漏，保证信息采集的质量，最好事先拟订一份比较详细的访谈问卷或访谈提纲，这样便于记录、归纳和比较信息，并能更好地将访谈内容限制在与工作有关的范围内。

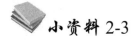
小资料 2-3

工作分析访谈提纲（部分）

访谈人：_____　　　访谈时间：_____

被访谈人：_____　　　职位：_____

在本公司任职时间：_____年_____月在本公司

职位任职时间：_____年_____月

工作地点：_____

联系电话：_____

工作内容：_____

与其他部门的联系：_____

所需资源：_____

技能与能力要求：_____

其他事项说明：_____

三、问卷法

问卷法是工作分析人员通过结构化的问卷要求任职者和他们的主管以书面形式记录有关工作分析

的信息的方法。调查问卷的设计是问卷法成败的关键，所以问卷一定要设计得完整、科学、合理。工作分析人员首先要拟订一套切实可行、内容丰富的问卷，然后由员工进行填写。问卷的问题一般集中于各种工作的性质、工作的特征、工作人员的特征或业绩评价标准等方面，提问的方式可以是封闭式的，也可以是开放式的。封闭式问题要求答卷者从问卷提供的选项中进行选择，主要用于任务分析和能力分析。另外，对于一些事实性的问题应尽可能采用封闭式问题，这样问卷结果就具有较高的统一性，也相对客观，便于分析。开放式问题允许答题者按自己的观点和想法回答，也可以作为封闭式问题的补充，便于获取更广泛的信息。因为员工对工作与问卷上的问题有不同的理解，读写水平也有差异，所以问卷法通常与观察法和访谈法结合起来使用。

问卷法的优点是：

（1）它能够从许多员工那里迅速得到进行工作分析所需的资料，可以节省时间和人力。这种方法一般比其他方法费用低、速度快。

（2）调查表可以在工作之余填写，不会影响工作时间。

（3）这种方法可以使调查的样本量很大，因此适用于需要对很多工作者进行调查的情况。

（4）调查的资料可以数量化，由计算机进行数据处理。

问卷法的缺点是：

（1）设计理想的调查表要花费很多时间、人力和物力。而且，问卷的设计比较费工夫，且由于它属于一种"背靠背"的方法，不易了解对方的工作态度与工作动机等较深层次的内容。

（2）调查表由工作者单独进行填写，缺少交流，因此被调查者可能不积极配合与认真填写，从而影响调查的质量。

以下展示一份员工填写的工作分析调查问卷。

调查问卷

四、工作日志法

工作日志法又称现场工作日记法，是由员工本人自行记录的一种信息收集方法，由任职者将自己每天所从事的每一项活动按时间顺序以日志的形式记录下来，要记录的信息一般包括所要进行的工作任务、工作程序与工作方法、工作职责、工作权限以及各项工作所花费的时间等，一般需要填写工作日志10天以上。这种方法提供的信息完整详细，且客观性较强，适用于对管理或其他随意性强、内容复杂的工作进行分析。需要注意的是，工作日志应该随时填写，例如以10分钟、15分钟为一个周期，而不应该在下班前一次性填写，以保证填写内容的真实性和有效性。

就工作本身而言，从事这项工作的人对这一工作的情况和要求最为清楚，因此，由工作者本人进行记录是最有效和最经济的，对于那些有经验的工作者而言，即使某些工作没有在工作日志填写期内发生，也可以根据以往的经验将一个完整工作周期内的主要工作内容补充完整。当然，这种方法也可能会因记录者本身或多或少的主观色彩而造成记录偏差，这一问题可以通过由工作者的直接上级来进行必要的检查和校正得以解决。

工作日志的对象可以是先进的、一般的或后进的工人，也可以是运转的设备。工作日志记录的范围可以是个人的，也可以是集体的；记录的内容可以是典型的，也可以是全面的。采用工作日志的方法甚至可以对全体员工的工作信息进行采集、整理和分析，并在个人工作信息整理和分析的基础上，形成岗位工作清单和部门工作清单，具体采用何种形式收集哪些信息，都要根据工作分析的目的和要求来决定。

工作日志法的概念和操作看起来十分简单，但在实际操作过程中由于涉及人员多、员工个人素质参差不齐、信息记录需要有一定的规范和要求、过程枯燥易导致填写人推诿应付等，会直接影响到工作日志能否获得真实有效的工作信息，进而影响到其后的工作信息汇总以及对工作信息的各类分析。因此，在采用工作日志法来收集工作信息时，必须做好充分的准备工作，以确保整个日志填写工作及随后的信息整理分析过程顺利进行。下面是某企业在使用工作日志法进行工作信息收集时所编制的工作日志填写指南，希望能够对读者有所借鉴。

工作分析操作指南

工作日志法若运用得好，可以获得更准确的大量信息。但是从工作日志法中得到的信息比较零乱，难以组织；且任职人员在记工作日志时，有夸大自己工作重要性的倾向；同时，这种方法会加重员工的负担。因此，在实际的企业管理中，工作日志法很少得到采用。

五、其他方法

（一）参与法

参与法又称职务实践法，顾名思义，就是工作分析人员直接参与员工的工作，扮演员工的工作角色，体会其中的工作信息。参与法适用于专业性不是很强的职务。与观察法、问卷法相比较，参与法获得的信息更加准确。需要注意的是，工作分析人员需要真正地参与工作去体会工作，而不是仅仅模仿一些工作行为。

（二）文献资料分析法

如果工作分析人员手中有大量的工作分析资料，例如同类企业已经做过相应的工作分析，则比较适合采用本方法。这种方法最适用那些比较常见且非常正规、已有一定历史的工作。

（三）专家讨论法

专家讨论法是指请一些相关领域的专家或者经验丰富的员工进行讨论来进行工作分析的一种方

法。这种方法适用于发展变化较快或岗位职责还未定型的企业。由于企业没有现成的观察样本,所以只能借助专家的经验来规划未来希望看到的职务状态。

在组织中,工作分析人员不单使用一种方法来获取信息,也常将各种方法结合起来使用,其使用效果通常会更好。如分析事务性工作和管理工作时,工作分析人员可以采用问卷法,并辅以面谈和有限的观察;在研究生产性工作时,可采用面谈和广泛的工作观察法来获得必要的信息。工作分析人员需要把多种分析方法结合起来进行有效的工作分析。

学史明理

直通职场

任务实训

一、实训目的

1. 了解并掌握各类工作分析方法的基本概念、原理、操作方法。
2. 能够较为熟练地应用主要的几种工作分析方法。

二、实训要求

1. 分组进行,每组 5~7 人,选出一名组长。
2. 实训形式:制作 PPT 并上台演讲。

三、实训内容

以小组为单位,在全校范围内,学生可对自己感兴趣的岗位进行工作分析。小到学委、班长,大到校长、书记,从实际情况出发,量力而行,自选职位、自选方法进行工作分析,并汇总展示数据、材料,收集结果。

四、总结分析

完成汇报后,小组互评,教师点评。

任务四 工作说明书的编制

工作说明书的编制

工作说明书是用文件形式来表达的工作分析的结果,基本内容包括工作描述和任职者说明。工作描述一般用来表达工作内容、任务、职责、环境等,而任职者说明则用来表达任职者所需的资格要求,如技能、学历、接受的训练、经验、体能等。事实上,表达准确的工作说明书一旦编写出来,该工作的等级水平层次就客观地固定下来了;工作评价则是对这种客观存在的准确认识。

一、工作说明书的内容

工作说明书主要由基本资料、工作描述、任职资格说明、工作环境四大部分组成,如表 2-5 所示。

表 2-5　工作说明书的内容

项　　目	内　　容
基本资料	工作名称、直接上级职位、所属部门、工资等级、工资水平、所辖人员、定员人数、工作性质
工作描述	• 工作概要,即用简练的语言说明工作的性质和中心任务 • 工作活动内容,包括:各工作活动基本内容、各活动内容占工作时间的百分比、权限、执行依据和其他 • 工作职责,要逐项列出任职者的工作职责 • 工作结果,要说明任职者执行工作应产生的结果,以定量化为好 • 工作关系,包括:工作受谁监督、工作的下属、职位的晋升与转变关系、常与哪些职位发生联系 • 工作人员使用的设备和信息说明,主要指所使用的设备名称和信息资料的形式
任职资格说明	• 所需最低学历 • 接受培训的内容和时间 • 从事本职工作以及相关工作的年限和经验 • 一般能力 • 兴趣爱好 • 个性特征 • 职位所需的性别、年龄规定 • 体能要求 • 其他特殊要求
工作环境	• 工作场所,指在室内、室外还是其他特殊场所 • 工作环境的危险性说明,指危险存在的概率大小、对人员可能造成伤害的程度、具体部位、已发生的记录、危险性造成原因等 • 职业病,即从事本工作可能患上的职业病的性质说明及轻重程度表述 • 工作时间要求,如正常工作时间、额外加班时间的估计等 • 工作的均衡性,工作是否存在忙闲不均的现象及发生的频率 • 工作环境的舒适程度,即是否在恶劣的环境下工作,工作环境给人带来的愉快感如何

二、工作说明书的编写要求

工作说明书在组织管理中的地位是十分重要的。它不仅能帮助任职者了解自己的工作,明确其责任范围,还能为管理者的某些重要决策提供参考。因此,编写工作说明书应遵循特定的要求,才能保证其更好地发挥对任职者和管理者的指导与参考作用。

一般地,工作说明书的编写应当遵循如下要求。

(一)清晰

这要求整个工作说明书中对工作的描述清晰明了,任职者读过后,可以无须询问他人或查看其他说明材料就能明白自己应该做什么、如何做等。工作说明书中忌使用原则性的评价和专业难懂的词汇。

（二）具体

工作说明书中的措辞应尽量选用一些具体的动词，如"安装""加工""传递""分析""设计"等，同时指出工作的种类、复杂程度，需任职者具备的具体技能、技巧、应承担的具体责任范围等，还应当注意组织中基层（或一线）员工的工作更为具体，因此，其工作说明书中的描述也应更具体详细。

（三）简短扼要

这要求工作说明书中的语言应尽量简单明确，避免使用冗长的词句。

（四）客观

在编写工作说明书的过程中，应建立企业工作分析系统，由企业高层领导、典型职务代表、人力资源管理部门代表、外聘的工作分析专家与顾问共同组成工作小组或委员会，协同工作，完成整个编写工作。

（五）统一

工作说明书的具体形式可能有多种，但其核心内容不应当改变。工作说明书中的重要项目，如工作名称、工作概要、工作职责、任职资格等，都必须建立统一的格式要求，注重整体协调，否则难以发挥工作管理作用。

三、工作说明书的编制流程

工作说明书的编制流程如图 2-3 所示。

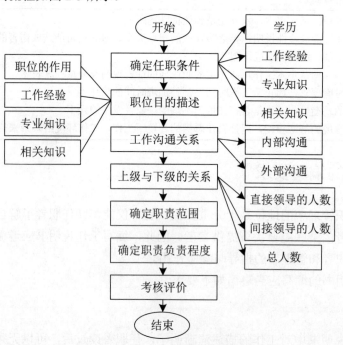

图 2-3　工作说明书的编制流程

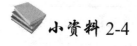 小资料 2-4

工作说明书范例

企业可根据工作分析的目标选择编制合适的工作说明书，如表2-6和表2-7所示。

表2-6 简单的工作说明书范例

部　　门：办公室	职位：办事员
职位等级：七级	职系：行政管理

工作内容：负责公司人事及总务管理事项

1. 人员招募与培训
2. 人事资料登记与整理
3. 人事资料统计
4. 员工请假、考勤管理
5. 人事管理规章草拟
6. 人员的任免、调动、奖惩、考核、薪资等事项办理
7. 劳工保险与退保等事宜
8. 文体活动与员工福利事项办理
9. 员工各种证明书的核发
10. 文具、设备、办公用品的预算、采购、修缮、管理
11. 办公环境安全及卫生管理工作
12. 公司文书、信件等的收发事宜
13. 书报杂志的订购与管理
14. 接待来访人员

职务资格：

1. 大学本科毕业，曾任人事及总务工作两年以上
2. 大专毕业，曾任人事、总务工作六年以上
3. 现任职位等级七级以上
4. 具有高度服务精神与善于处理人际关系者
5. 男性为佳，女性亦可

表2-7 详细的工作说明书范例

基本资料							
职务	职称	工资等级	工资水平	定员	所属部门	分析日期	分析人

续表

工作描述			工作执行人员的资格条件		
工作概要			执行工作的条件		需求程度
工作时间	1. 正常班（实际劳动时间/小时）		智力条件	基础知识	
	2. 早到（约/分）			作业知识	
	3. 加班约/小时/周			规划能力	
	4. 轮班（ ）			注意力	
工作姿势	1. 坐（ %）			判断能力	
	2. 立（ %）			语文能力	
	3. 走动（ %）			领导能力	
	4. 蹲、弯腰（ %）			控制能力	
工作程序及方法	1. （ %）		身体条件	体力	
	2. （ %）			运动能力	
	3. （ %）			手眼配合能力	
	4. （ %）			效应	
工作环境	分类	程度		身体疲劳程度	
	温度			精神疲劳程度	
	湿度			熟练期	
	粉尘		经验	同类工作	年
	异味			相关工作	年
	污秽				
	噪声				
	危险性				
使用设备：			备注：		

四、工作说明书的应用

工作分析是现代人力资源管理的基础，工作分析结果在人力资源管理的各项功能中发挥着不可或缺的作用。工作分析结果集中体现于工作说明书，工作说明书在人力资源管理系统中的具体应用，归纳起来有如下几点。

（一）职位分类

利用工作说明书，可以根据各种职务的工作内容性质或任职资格要求的共通性，将不同的工作归纳到相应的类别中去，如工勤系列、职员系列、财务系列、营销系列、技术系列、技工系列等。对职位进行分类是组织薪酬体系设计的一个基础要求，通过职位分类可以为不同的职位系列设置不同的成长通道，有利于企业确定薪酬的倾斜政策以及对专门人才的培养。

（二）工作评价

工作说明书是工作评价的基础性文件，没有标准的工作说明书来提供标准化的工作信息，在组织中，尤其是在规模庞大、层级关系复杂的组织中就不同工作在组织中的相对价值进行排序，简直是不可想象的。工作评价是建立健全薪酬体系的关键所在，而工作分析又是工作评价的基础，从这一意义上说，一个系统而科学的工作分析过程是薪酬体系建设的必由之路。

（三）工作设计与再设计

通过工作分析，可以对工作内容、工作职责、工作关系、工作流程、工作环境和条件等各个方面进行系统审视，通过改进不合理之处来提高员工的工作满意度，提高员工的工作效率。另外，利用工作分析提供的信息，可以对工作所要完成的具体任务及采用的方法进行重新确认，有助于组织通过工作的丰富化和工作的扩大化来对工作进行再设计，使得人与工作能够更好地匹配。

（四）绩效评价

绩效评价的过程就是将员工的实际工作绩效同要求其达到的工作绩效标准进行对比的过程。而雇员应当达到何种绩效标准以及需要完成哪些特定活动，都需要通过工作分析来确定。工作分析可以帮助我们确定一项工作的具体内容，根据这些内容，可以制定出符合组织要求的绩效标准，根据这些标准对员工工作的有效性进行客观的评价和考核。

（五）员工培训

工作分析以及作为工作分析结果的工作说明书显示了工作本身要求雇员具备哪些技能，可以帮助我们判断从业人员是否符合工作的要求以及员工目前的能力与工作要求的差距，从而能够了解雇员的培训需求，并根据培训需求制订培训计划，确定培训方针、培训内容和培训方式，决定受训人员，评价培训效果等，真正使培训具有针对性、及时性和有效性。

（六）员工调动与安置

通过工作分析，有助于我们根据组织与个人情况判断一个人是否适合一项工作，在不需要培训的情况下，可以为员工提供不同的工作机会，提高人与工作的适应性，使每一个员工在既能胜任又符合自己特点的工作中发挥作用。

（七）招聘与录用

通过工作分析，明确不同工作的任职资格，规定符合工作要求的人员录用标准，可以客观、公正地评价求职人员，从而使甄选录用工作科学化、正规化，避免经验主义和录用中的盲目性，保证了人适其职，从源头上对工作绩效的影响因素进行控制。

（八）劳动安全

通过工作分析，可以全面了解不同工作的危险程度，从而采取有效的安全保护措施。同时，一旦发生事故，也可以根据工作分析的信息，科学地分析和判断事故的原因，为事故的处理提供有效的依据。

工作说明书的应用如图2-4所示。

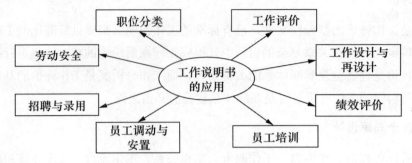

图2-4　工作说明书的应用

工作分析是人力资源管理活动的基础，也是组织进行公平管理的基础。工作分析提供的信息集中体现于工作说明书，它所提供的信息对员工的报酬、考核、晋升、职业发展等具有直接的影响。一般来说，工作分析结果的应用都不是独立进行的，不同的应用之间互相联系、互为支撑，例如工作分类和工作评价常常交织在一起，两者又同时为绩效评价提供支持。

　　学史明理　　　　　直通职场

任务实训

一、实训目的

1．了解工作说明书编制的基础知识、相关概念，掌握工作说明书的编制方法、流程等。

2．能根据情况编制工作说明书。

二、实训要求

1．分组进行，每组5~7人，选出一名组长。

2．实训形式：制作PPT并上台演讲。

三、实训内容

材料：

某家居企业是珠三角地区知名的行业头部企业，小苑是公司的一名采购专员，主要负责采购皮料，已经在此工作两年多了，工作能力出众，多次受到采购部经理钱某的肯定。

小苑每日到岗的第一件事就是对今日应到的物料和应采购的物料进行数据整理。物料到达时，小苑需要根据采购协议核查物料的品质、数量是否准确，若发现来料异常，要及时与供货商进行反馈，沟通解决方案，减少双方的损失。采购物料前，小苑会收到来自钱经理的采购计划。根据计划，前期要对物料的市场价格水平进行调查，与长期合作伙伴企业（供应商）进行协商沟通订货，明确订货数量、到货日期、价格等多方面信息，签订采购协议；后期要时刻跟进采购进度，与供应商负责人沟通进度。

2024 年，市场采购部计划部门编制为 8 名采购专员，任职要求是物流管理、公共关系等相关专业，大专及以上学历，有相关工作经验，或对物流采购工作有一定认识，受过物流采购、沟通技巧、合同法等方面的培训；个人性格开朗大方，善于交流，有责任心和团队意识，具有一定的协调能力和公关能力。

要求：

请根据上述案例描述，为公司采购专员编制工作说明书。

四、总结分析

完成汇报后，小组互评，教师点评。

项目三　人力资源规划

学习目标

知识目标：了解人力资源规划的基本概况；掌握人力资源环境分析方法；掌握人力资源供需预测方法；把握人力资源规划编制与实施的基本程序；掌握人力资源规划评价与控制方法。

能力目标：能够正确分析组织内外部环境；科学地预测组织未来的供给和需求；能够编制简单的人力资源规划方案；能够完成人力资源规划评价与控制的基础工作。

素质目标：学习和借鉴古人人才规划的智慧，培养学生的文化自信与文化认同；在实训中培养人际交往能力、组织协调能力、问题分析能力、沟通交流能力。

思维导图

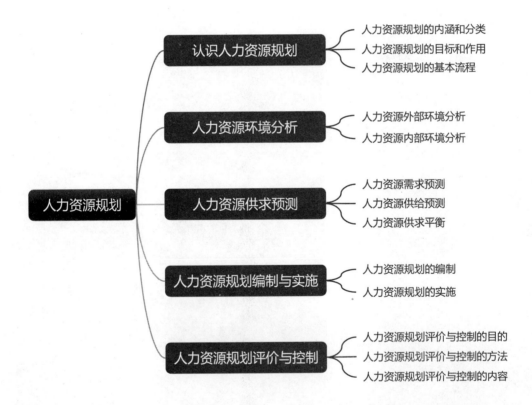

案例导入

2020年以来，在新冠肺炎疫情的冲击之下，餐饮行业受到的影响是最大的。海底捞也不例外。2022年

3月23日，海底捞发布了2021年全年业绩公告，根据这份年报，海底捞2021年营业收入为411.12亿元，比2020年增收了43.7%。然而增收不增利，继2020年利润断崖式下降后，2021年最终亏损41.61亿元，如果换算到每一天，海底捞都要亏损1100多万元。

谈到海底捞，你会想到什么？是不是极致的服务、火锅和员工的激情？疫情期间，海底捞在创始人的带领下，每个员工像一把钢刀，最终形成合力，这种合力造就了很大的竞争力，促进企业达成目标。

一、走出人才困境：海底捞的人才体系核心

海底捞自1994年成立第一家店至今，全球直营门店超过千家。在这28年中，海底捞逐步拥有了咨询公司、物流公司和科技公司等很多子品牌。在海底捞的发展路径中，关键核心是人才机制。海底捞凭借以下三点保证人才得以不断输出。

1. 高效运营的体系

海底捞将人、财、物、法、环几大内容尽量做到标准统一，可复制化，建立了一套高效的运营体系。

2. 人才在业务之前

将企业战略分解到业务战略，进而对接人才战略。想要开店，必须先有人，构建人才梯队，激活人才竞争力，最终达到提升组织活力的目的。

3. 出业绩更要出人才

海底捞每家店长都背着两个指标：一是门店业绩指标，二是人才培养指标。在当下环境，真正的经营高手一定是把人才培养放在战略高度，完成公司战略解码与执行。

二、激活员工的要素

"95后""00后"已成为主要职场人群，他们在选择工作时，不会为追求物质享受而牺牲人性价值，而是将自我成长与发展作为寻找工作的重要条件。比起挣钱，他们更在意成长的空间和价值体现。

调查报告统计，目前"00后"找工作最看重的是职场"成长"，占比67.24%，位居第一。如果希望员工可以推动企业发展，就既要思考员工的需求和意愿，又要保证员工在职场中获得成长和价值体现。

1. 始终创业理论

始终创业理论又称Day1理论，即每天都是第一天，最早由亚马逊创始人杰夫·贝佐斯提出。

贝佐斯认为，世界上的公司分为两种：第一种是Day1，第二种是Day2。前者每天都有新突破，充满激情和活力；后者墨守成规，停滞在过往的成功经验中。因此，企业一定要让员工勇于尝试，不断试错。培训体系构建和人才培育发展绝不仅仅是培训部与人力资源部的事，一定是一把手工程，要有一位强大的发起人。

在海底捞扩张期，对每家门店后备店长的培养过程，集团和总公司高管都会高度关注，每个阶段都会梳理人才培养进度与数据反馈。如果只是将人才培育完全交给培训部或人力资源部，员工看在眼里与心里，很清楚这只是走形式；而当公司一把手或拥有强大号召力的发起人全程关注并给予及时反馈时，员工就会意识到个人发展和公司发展紧密关联。

2. 定义组织里的成功

有些企业因为岗位缺人，情急之下随便找一个人上岗，这样很容易进入"因人定岗"的误区。正确的做法是"因岗定人"。每个岗位都有对应的职责与胜任能力，满足企业的发展基因。组织可以针

对每个岗位设计成长的路径、胜任的能力与标准,让员工在工作中清晰地知道每个阶段目标达成的要求。提升组织驱动力,要将作战单元最小化,有针对性地培养,细化到每个岗位、每位员工身上。

3. 本组织与外组织的不同

在人才培养中,企业不仅要关注员工的技能培训,更不能忽略企业文化的传承与赋能。要将企业文化作为企业发展基因与人才培育的有效链接,让员工更深刻透彻地理解文化是推动企业发展的原动力,是创始人的核心思想。将"员工能够干出绩效"的导向与"员工在组织里能够获得成就的感受",以及"给他创造能够获得成功价值的路径"有机融合,组织的投入产出会更加高效。

三、如何持续激活人才

海底捞极度关注员工的意愿,关注当下时代的年轻人想获得成长与价值体现的需求。以下的杨三角理论是激活人才的常用方法,适合正在成长期和扩张期的企业。

杨三角理论要点如下。

会不会:解决员工能力维度。如果员工不会做某件事,可以通过培训、考试、师傅带徒弟的方式,让员工具备这种能力。

允不允许:需要一套成体系的机制保证。

愿不愿:解决员工意愿维度,我会但是我不想做,或是不想将事情做好。

四、海底捞更聚焦于如何激活员工意愿

人才培育的四个关键要素,由培训、考核、竞争、激励组成。会不会的问题可以通过培训解决。绩效考核对应员工的控制力,长期激励对应员工的推动力,晋升和淘汰对应员工的压力。员工所需要的能力和动力不是恒定值,随着企业的发展,会不断发生变化。在变化中,控制力——绩效考核,推动力——长期激励,压力——晋升淘汰的机制制定规则与标准也会调整。

绩效考核要根据员工的工作职责、工作流程和工作标准制定有效的考核项。更多的时候,员工仅会关注企业对他的考核项是什么。激励方式的变化,需要平衡非物质激励和物质激励,以达到即时反馈与延迟满足的作用。晋升与淘汰也需要依据企业人才储备现状,适度调整人才选拔的门槛要求、晋升路径的构建与晋升条件,同时结合人才布局的合理性。

五、海底捞人才培育的核心机制

海底捞通过调动员工意愿与提升能力构建自己的人才培育机制。

1. 持证上岗,让每个员工清晰了解目前自身的能力差距

一德:新员工从进入海底捞,到发展为优秀员工,再到可以晋升,首先看人品,是否能做到德位相配。通过观察员工日常行为,采用调研方式,对标员工的素质与人品。人品永远是海底捞最先考量的要素之一。二强:如何定义员工在岗位的能力?首先要在自身岗位干得优秀,其次还可以通过轮岗与学习掌握更多岗位能力。三胜任:管理岗位必须要有对应的胜任能力,企业还需要定制培训项目以提升管理者的管理与运营能力。

2. 驾校模式

新手学车第一天不会直接开车上路,而是先学习交通法理论知识,然后考试,再依次完成各科目学习和考试。全部流程结束后,会获得不同驾驶车型的驾照,驾照上会有实习期。拿到驾照不一定是合格的驾驶员,但想成为驾驶员就必须要有驾照。员工在晋升时,一定要先学习理论知识,通过自我

学习与理论考试，进入实操环节，在师傅的带领下，完成业务轮岗。与此同时，海底捞会通过完善的机制，降低员工在成长过程中犯错误的风险。驾校模式让人才培养的路径更清晰，让员工准确了解每个阶段达成的要求，将理论知识与实践考核相结合，便于组织识别人才的整体能力状态。通过驾校模式，可以更加有效地识别高潜人才，激发员工意愿，形成你追我赶的氛围，涌现更多的潜力股。

3. 裂变机制，先关注人才培育，再关注人才复制

在人才复制前，先将能力从原有的 0.5 标准提高到 1，再将 1 作为人才复制的基础标准值。企业可参照人才储备"用一备二培三"的原则，对标扩张时的实际人才数量与质量标准，通过个人维度、团队维度、企业维度三大机制，构建属于企业的高潜人才池，形成长久稳定的造血系统。

计件工资：可以更好地调动员工的积极性，倡导多劳多得，与员工入职时间和经验没有太大关系。当员工掌握更多岗位技能，实际工作中出现某个岗位人员缺编或需要顶岗时，可以通过自身价值体现，获得更多收益，还可以激发员工主动性，在管理中起到榜样与标杆作用。

赛马与 ABC 机制：赛马的目的在于让优秀人才更快涌现，同时企业可依据人才缺口情况随时调整相马与赛马的节奏。通过赛马机制的执行，门店会形成 ABC 等级，高潜人才池同样会形成不同等级的员工，不同等级相应设定不同的奖励或惩罚标准。在裂变过程中，充分营造竞争环境，让门店之间、员工之间形成良性竞争。

拓店原则：在高效人才机制运营体系保障下，将人才培养过程中能标准化、量化的内容提炼萃取，总结出一套适合自身企业人才发展的方法论。结合流程化操作、制度化管理、数据化考核、跟踪式监督的管理四要素，推动业绩达成与人才复制的精准交付。

4. 用非物质激励为物质激励加杠杆

管理者要与员工建立情感账户，而情感账户的维护就像存款一样，要遵循"先存后取、多存少取"的原则。执行非物质激励时要掌控好四大反馈：表扬与奖励，批评与惩罚。对于表扬，不要只关注特别优秀的人，有些人并不优秀，但进步非常快，也要予以表扬。对于批评，要做到能不批评就不批评，能不当面批评就不当面批评，如果非要公开批评就不要点名，点名批评需提前沟通。

资料来源：海底捞的人才管理案例[EB/OL]．（2022-04-23）[2022-08-22]．http://www.hrsee.com/? id=3581．

思考：

疫情之下，海底捞是如何在竞争激烈、复杂多变的市场环境中求得长期生存和持续发展的？企业为什么需要这样做？

启示：

凡事预则立，不预则废。一个组织或企业要生存或者发展，拥有合格高效的人员结构，就必须进行人力资源规划。首先，任何企业和组织都处在一定的外部环境中，而这些大环境的各种因素均处于不断变化和运动的状态，这些环境中的政治、经济、技术等一系列因素的变化，势必要求企业和组织做出相应的变化，而适应这种环境的变化一般都需要人员数量和结构的变化。其次，组织和企业内部的各种因素同样无时无刻不在运动和变化着，人力因素本身也会处于不断变化中，如离退休、自然裁员、减员、招聘、工作岗位调动等。

任务一　认识人力资源规划

什么是人力资源规划

一、人力资源规划的内涵和分类

（一）人力资源规划的内涵

人力资源规划的定义有广义与狭义之分。广义的人力资源规划是指企业所有人力资源计划的总称，是企业战略规划与战术计划的总和。狭义的人力资源规划是指为了实现企业总体发展战略和生产经营总目标，根据企业内外环境的变化，通过科学的方法，对企业未来的人力资源供给和需求做出预测，并制订一系列有效的人力资源规划方案，使企业人力资源供求达到平衡，从而实现人力资源的有效配置。具体包含人力资源状况分析、人力资源需求预测、人力资源供给预测以及制订人力资源规划方案四个部分。

（二）人力资源规划的分类

1．按照人力资源规划时间分类

企业人力资源规划可以分为长期规划（5年以上的计划）、中期规划（1~3年的计划）和短期规划（6个月~1年的计划）。

2．按照人力资源规划用途分类

企业人力资源规划可分为战略层规划、战术层规划和操作层规划。战略层规划是与企业长期战略相适应的人力资源规划，是关于企业人力资源总体需求和供给、人力资源结构的人力资源政策和策略，通常规划时间幅度较大。战术层规划是将战略层中的目标和政策转变为详细的目标和政策，通常规划时间幅度较小、内容较细。操作层规划是人力资源规划工作中具体的行动方案，内容最为细致。

3．按照人力资源规划内容分类

企业人力资源规划可分为企业整体规划、企业组织规划、企业制度规划、企业人员规划、职业生涯规划。企业整体规划是指根据企业总体发展目标设定的长期性、整体性的战略规划、方针和政策。企业组织规划是指有关企业组织结构设计和再造的规划，涉及企业各个层级组织结构的整合与变革。企业制度规划是指为了保证企业生产经营目标得以实现，各项人力资源管理活动能正常开展而制定的各项人力资源管理制度。企业人员规划是指围绕企业人力资源数量、结构、供给、需求、岗位分析、费用管理等资源配置的相关规划。职业生涯规划是指对职业生涯以及人生进行持续、系统的规划过程，包含职业定位、目标设定及通道设计三个要素。

二、人力资源规划的目标和作用

（一）人力资源规划的目标

（1）配合企业的生存和发展需要。
（2）适应国家政治、经济、法律环境变化。
（3）推动其他人力资源工作进程。
（4）改善组织内部人力资源结构。
（5）提高组织人力资源配置效率。

（二）人力资源规划的作用

1. 有助于企业适应环境的变化

任何组织和企业自成立之日起，时时刻刻都处于不断变化的环境之中，这种变化包括内部环境变化与外部环境变化。随着市场经济的不断完善，各种经济政策出现利好的同时，也加剧了企业自身的压力。企业本身想要发展良好，拥有稳定的人才供给，就必须提前制定一套与企业总体发展战略和生产经营总目标相配套的人力资源规划，才能应对永不停歇的变化。

2. 有助于企业应对岗位空缺

人力资源需求预测就是在明确企业战略的前提下，确定部门岗位需求，对企业未来各个部门、岗位人才数量和质量的需求进行预测，以确保企业业务的正常运作，减少出现岗位空缺或饱和现象。特别是规模较大的企业，工作岗位分工较为明确，工作专业化程度较高，新员工适应岗位要求的时间较长，因此需要提前做好人力资源规划。

3. 有助于企业实现战略目标

企业的生存和发展离不开企业的总体规划，而企业制定总体规划的目的是使其内部的各种资源（人、财、物、信息）彼此协调并达到最佳配置状态。人力资源作为所有资源中最具创造力的一种资源，是企业总体规划的核心部分。任何企业在制订组织目标、任务和计划时都需要考虑人力资源的供给和需求状况，有效的人力资源规划有助于企业实现战略目标，避免环境变化带来的风险。

三、人力资源规划的基本流程

1. 信息收集与整理

人力资源规划的第一步是收集企业的内部环境信息和外部环境信息，并对信息进行整理与分析。企业的内部环境是指组织内部的战略、结构、企业文化、企业其他部门及非正式组织等。企业的外部环境是指政治、法律、经济、人口、技术、社会文化与自然环境等。

2. 人力资源供需预测

人力资源供需预测包括需求预测和供给预测。需求预测是指企业按照自身的发展规划，为实现企业生产经营目标，对人力资源需求的结构和数量进行预测。供给预测包括内部人力资源供给预测和外部人力资源供给预测。其中，内部人力资源供给预测是指组织内人力资源拥有量的预测；外部人力资源供给预测是指组织能够从外部劳动力市场上获得的劳动力数量和质量的预测。

3. 人力资源供求平衡分析

掌握了人力资源供需预测后，需要根据组织的具体情况制定相应措施，以实现组织内人力资源供需的平衡。一般情况下，企业人力资源供给和需求之间会呈现出供求平衡、供不应求、供过于求、结构失衡这四种关系。由于受到复杂环境的影响，供求平衡很难达到，且不可能长期存在，需要企业随时做出规划与调整。

4. 人力资源规划的制定与实施

根据企业达到供需平衡的需要，制定各种具体规划、制度与政策，包括人员晋升规划、人才补充规划、培训与开发规划、职业生涯规划等。

5. 人力资源规划的反馈与评估

企业的人力资源规划制定后并不是一成不变的，在具体实施过程中，需要及时对结果做出反馈与评估，然后根据反馈结论不断调整，使其更好地促进总体发展战略和生产经营总目标的实现；同时，要运用科学的方法建立反馈评估机制与标准，确保反馈与评估结论的有效性。

学史明理　　　　　　　直通职场

任务实训

一、实训目的

1. 了解人力资源规划的基本流程。
2. 掌握人力资源规划信息收集与整理的方法。

二、实训要求

1. 分组进行：每 3～5 人一组，选取一名组长。
2. 实训形式：提交调研报告。

三、实训内容

以小组为单位，选择一家身边的企业，通过档案记录法或调查研究法收集该企业员工的相关信息，包括企业员工的数量、质量、层级、结构等方面。

四、总结分析

按要求提交调研报告，小组互评，教师点评。

任务二　人力资源环境分析

人力资源环境分析是指对人力资源管理活动产生影响的各种因素的分析，一般分为外部环境分析和内部环境分析。常用的分析方法包括 PEST 分析模型和 SWOT 分析法。

一、人力资源外部环境分析

（一）人力资源外部环境

人力资源规划的外部环境主要包括宏观的政治环境、法律环境、经济环境、人口环境、技术环境、自然环境、社会文化环境以及企业所处的产业环境、竞争环境。

1．政治环境

政治环境是指一个国家或地区一定时期内的政治形式、体制、党和政府的方针政策及其变化。它决定了国民经济的发展方向和速度，也直接关系到社会购买力的高低和市场消费需求的变化。安定团结的政治局面不仅有利于经济的发展和人民收入的增加，还会间接影响国民的消费与储蓄状态，使市场需求发生变化，从而改变企业的生产与经营状况。

2．法律环境

法律环境是指一个国家或地区一定时期内调整市场经济体制内企业生产经营活动的法律关系。法律的调整对象是社会关系，"经济"就是人民围绕社会物质财富的生产、交换、分配和消费过程所进行的各种社会关系的总和。调整经济是法律的一项重要功能，法律对市场经济的调整，表现为多个法律部门的综合运用、协调作用，主要包含民商法、经济法和其他法律部门三个层次。其中，在对市场经济进行规制的法律体系中，民商法和经济法处于基本法的地位，此外还包括劳动与社会保障法、自然资源与环境保护法等。

3．经济环境

与政治环境和法律环境相比，经济环境对企业生产经营的影响更直接、更具体，企业能否盈利在很大程度上会直接受到国家经济状况和经济实力的影响。经济环境主要包含以下方面：社会经济结构，包括产业结构、分配结构、交换结构、消费结构、技术结构；经济发展水平；经济体制；宏观经济政策，包括产业政策、国民收入分配政策、价格政策、物资流通政策；当前经济状况，包括税收水平、通货膨胀率、贸易差额、汇率、失业率、利率、政府补助等；其他一般经济条件，包括工资水平、供应商及竞争对手的价格变化等。

4．人口环境

人口环境是指人口的数量、分布、年龄和性别结构等情况。人口环境既是企业生产经营活动必要的人力资源条件，又是企业产品销售和获得劳务的市场条件。人力资源规划过程中需要特别关注的是人口环境中处于劳动力市场中的人口情况，如劳动年龄人口结构比。

5．技术环境

1988年，邓小平在会见捷克斯洛伐克总统胡萨克时提出了"科学技术是第一生产力"的重要论断，并指出："世界在变化，我们的思想和行动也要随之而变。"企业想要在当今社会基业长青，在竞争中取胜，就必须要适应技术环境的变化。关注科技变化、加大科技投入、引进科技人才、掌握科学技术，通过生产技术的进步增强竞争优势、提高劳动生产率、降低生产成本、制造出更加优良的产品，获得更大的市场。

6．自然环境

自然环境是指组织所处的各种自然条件的总和。自然环境会通过自然资源、自然变迁、自然灾害和地理环境这四个方面影响企业的生产经营活动。自然资源是企业重要的生产要素之一，一定范围内自然资源的存量和质量会对企业的生产行为、产品质量带来重要影响。自然变迁带来的气候变化、温度变化会带动企业的生产与营销行为做出改变。自然灾害、公共卫生安全等大范围、持续性的破坏会对企业的生产经营带来压倒性的影响，同时会为某些行业的发展带来机遇和挑战。地理位置会通过影响企业所处的空间形式而改变企业生产经营的行为特征。

7．社会文化环境

社会文化环境是指一个国家或地区的民族特色、文化传统、价值观、宗教信仰、教育水平、风俗习惯等特征。当今社会，文化环境对企业的影响越来越深刻，经济文化一体化已成为全球各个国家的发展方向。其中，文化创意产业就是一个典型代表，在中国它正逐渐发展成为一个潜力巨大的新经济门类，由此衍生的文化创意产品也呈现井喷之势。企业应当充分挖掘当地传统文化资源，提供切实符合消费者文化需求的产品与服务。

8．产业环境

产业环境是指一个国家或地区的产业结构及配套产业政策、产业生命周期、产业市场状况和产业进出障碍等情况。企业在进行产业结构分析时，首先应正确把握国家和地区产业结构变化的基本趋势，顺应投资发展趋势；同时，还要正确判断产业的生命周期，避免选择夕阳产业。确定进入的产业后，企业还需对产业内同类产品的供需状况做出基本判断，评估产业市场状况，最后从规模经济、消费者心理学、资金需求、渠道管理等方面展开进出障碍分析。

9．竞争环境

竞争环境是指企业所在行业及其竞争者的参与、竞争程度。竞争环境是企业生存与发展的外部环境，不断变化的竞争环境在为企业带来威胁的同时，也会为企业带来新的发展机会。一般认为，每个行业都面临着五种竞争势力：现有企业的竞争、来自新的竞争者的威胁、买家的议价实力、供应商的议价实力、来自替代产品或服务体系的威胁。企业在分析竞争环境时，需要对以上五种竞争势力展开分析。

（二）人力资源外部环境分析方法

PEST分析模型是一种应用于企业宏观环境的分析工具，其中P指政治（politics），E指经济（economy），S指社会（society），T指技术（technology）。PEST分析法可用于分析影响企业的宏观力量以及相关因素，其模型如图3-1所示。其中，政治环境（P）是指企业所在国家或地区的党政制度、方针政策；经济环境（E）包括宏观环境与微观环境，宏观环境反映国家经济发展水平与速度，微观环境反映企业所处地区的收入水平、消费储蓄偏好、就业状况等；技术环境（T）主要指企业所在行业内的技术发展状况；社会环境（S）是指一个国家或地区居民的受教育程度、文化水平、宗教信仰、民族特色、风俗习惯、价值观念等。

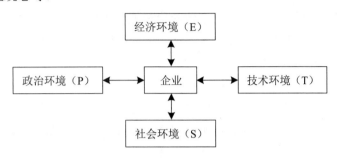

图 3-1　PEST 分析模型

PEST 分析模型常用于分析企业外部宏观环境对人力资源管理的影响，分析方法相对简单，可通过头脑风暴法完成。常用领域包括人力资源规划、企业战略规划、市场规划等。

二、人力资源内部环境分析

（一）人力资源内部环境

企业内部影响人力资源管理的因素构成了人力资源管理的内部环境。人力资源内部环境主要包括企业战略、组织结构、企业文化、人力资源存量、企业其他部门等。

1．企业战略

企业战略立足于企业自身的资源禀赋，是对企业未来经营方式、增值模式的选择和规划。企业战略的定位将影响企业的经营业务和内部环境。致力于"创新发展"的"进攻型企业"以市场为导向，不断追寻产品市场先机，往往表现出更快的成长性、更复杂的业务结构、更大幅度的业绩波动和更频繁的组织结构调整等；而致力于"稳健发展"的"防御型企业"以成本管理为导向，在已有的生产线上更加追求企业稳定的增长，因此，其经营业务模式往往较为固定。不同的企业战略模式决定了企业对人才的需求与管理，即企业战略决定人力资源管理战略。因此，人力资源规划过程中应当首先对企业战略展开分析。

2．组织结构

组织结构是保障企业正常生产经营活动而设置的各类职能部门及规划的基本结构。现代企业的组织结构承担着企业的决策支持、实施与控制等多项任务，在设计组织结构时，应当坚持战略目标原则、分工协作原则、权责对应原则、精简高效原则与权力制衡原则。历史上出现过的组织结构有直线制、职能制、直线职能制、事业部制、矩阵制等形式。当企业的外部环境或内部环境发生变化时，需要及时对组织机构进行调整与设计。

3．企业文化

企业文化是企业组织在经济活动中创造形成并赖以遵守的价值观念、规章制度、行为准则及固有习惯。企业文化在组织管理中的作用主要表现为激励、凝聚、规范与稳定。其中，激励作用是指企业文化对员工工作动机的正向激发，一般通过企业家精神、企业目标、企业理想、企业核心价值观等要素，规范和引导员工在工作中的行为。凝聚作用是指通过企业经营作风、社会责任等企业行为文化培养和引导员工的向心力与凝聚力。规范作用是指通过企业的制度文化建设，培养员工形成以维护企业整体利益和社会公共利益为核心的行为规范，使企业和员工在复杂多变的竞争环境中始终保持正直、良好的作风与状态。稳定作用是指企业文化对组织长期的影响和渗透作用，这种稳定性会通过潜移默化的方式间接影响员工个人的思想与行为。

4．人力资源存量

人力资源存量是指企业在特定时间、特定空间范围内的人力资源的数量与质量，包括企业的外部人力资源存量和内部人力资源存量。人力资源内部环境分析时特指内部人力资源存量状况，分析时需要先梳理组织结构，再以组织结构为单位对企业现有人力资源状况进行盘点。通过对企业现有人力资源数量、质量（素质）、结构的分析判断实现企业发展战略时的人才需求与实际之间的差距。

5．企业其他部门

人力资源规划是针对企业整体展开设计的，涉及主体包含组织内的所有部门与人员。同时，人力资源管理部门的特殊性决定了它与企业其他部门的关系紧密，每个工作环节都需要企业其他部门的配合与帮助。因此，在制定人力资源规划时，需要对企业其他部门开展调研，充分分析其他部门对人才的需求。

（二）人力资源内部环境分析方法

SWOT 分析法又称道斯矩阵，常用于企业人力资源管理信息的综合比较分析，是管理科学领域常用的分析工具之一。其中，S 表示优势（strength），W 表示劣势（weakness），O 表示机会（opportunity）；T 表示威胁（threats）。使用 SWOT 分析法进行人力资源环境分析时，S 和 W 表示组织内部的优势和劣势，O 和 T 表示组织外部的机会和威胁。这种分析方法可以帮助组织明确自身拥有哪些优势和劣势，面临外界的哪些机会与威胁，为人力资源规划提供正确的决策依据。

学史明理

直通职场

任务实训

一、实训目的

1．了解人力资源环境分析的内容。

2．掌握人力资源环境分析的方法。

二、实训要求

1. 分组进行：每3～5人一组，选取一名组长。
2. 实训形式：提交人力资源环境分析报告。

三、实训内容

以小组为单位，选择一家身边的企业，运用科学的方法对其人力资源内部环境和人力资源外部环境展开分析，并提交一份分析报告。

四、总结分析

按要求提交分析报告，小组互评，教师点评。

任务三 人力资源供需预测

人才盘点

一、人力资源需求预测

（一）人力资源需求预测的内容

人力资源需求预测是指通过科学的方法预测一个组织未来某一段特定时期内所需员工的数量和结构。需求预测过程中不需要考虑组织现有人力资源的状况，是按照组织自身发展规划，对实现组织发展目标所需的人力资源总体情况做出的预测与评估。

（二）人力资源需求预测的主要方法

在进行人力资源需求预测时，主要采用定性分析和定量分析两种方法。根据统计学中的定义，定性分析是指通过逻辑推理、哲学思辨、历史求证、法规判断等思维方式，着重从质的方面分析和研究某一事物的属性；定量分析是指分析一个被研究对象所包含成分的数量关系或所具备性质间的数量关系。在人力资源需求预测的主要方法中，定性分析法包括经验判断法和德尔菲法，定量分析法包括比例分析法、趋势预测法及回归分析法。在实际运用过程中，建议将定性分析法和定量分析法结合使用，以充分发挥各自优势，提高需求预测的准确性。

1. 经验判断法

经验判断法是指由组织中的中高层管理者根据个人工作经验及判断对组织及部门未来一定时期内人力资源的数量和结构做出预测。在实际操作中，由各部门负责人根据部门近期的工作情况对部门未来短期内的工作情况做出预测，再将结果汇总到组织高层管理者处，最终由组织高层管理者对组织未来短期内的人力资源需求情况做出预测。这种方法较为简单，但分析结果受主观判断影响较大，准确度不稳定，适用于生产经营稳定、组织规模较小、管理者经验丰富的短期人力资源需求预测。

2. 德尔菲法

德尔菲法又称专家预测法。它的做法是：邀请某专业领域的知名专家学者、经验丰富的管理者共同组成研究小组,在小组成员彼此无交流的情况下,分别各自回答问题,再由工作人员收集小组成员的答案进行汇总,将意见不统一的问题形成新的问题并再次传递给小组成员。如此反复几轮后,当所要研究的问题得到趋于相同的答案时讨论结束。最后,组织根据小组成员给出的答案做出预测。这种方案在实际操作中需要注意:专家人数为20~30人;专家学者与经验丰富的管理者占比均匀;采用匿名回答方式;为研究小组提供充分的材料和信息。德尔菲法准确度的稳定性高于经验判断法。

3. 比例分析法

比例分析法是一种基于关键经营或管理指标与人均生产率之间的固定比例关系,以预测组织未来一段时期内人力资源需求的方法。这种方法在使用过程中,假定组织的生产经营与管理过程是稳定不变的。例如,某高校现有50 000名学生和200名专职辅导员,根据教育部的规定,高校专职辅导员师生比不低于1∶200,那么,该所高校的专职辅导员人数就应达到250名以上。又如,某房产公司的实际销售额与销售人员人数之间存在相对稳定的比例关系,该公司在经营正常的情况下,每名销售人员年均工作业绩为600万元销售额,如果公司在下一年想要实现3000万元的年销售额,则公司需要雇佣同类型销售人员5名。这种方法使用较为简单,但由于人均生产率会受到技术进步或其他因素的影响,因此,基于历史数据得出的比例无法保证未来人力资源需求的准确性。

4. 趋势预测法

趋势预测法的本质是时间序列分析法。它是依据组织历年对人力资源的需求来预测组织未来一段时期内人力资源需求数量和结构的方法。具体做法是:以时间或相关经济指标为横坐标,以组织或部门的员工人数为纵坐标,根据过去十年的人力资源数据绘制出图3-2所示的散点图。这种方法在使用过程中,假定组织的生产技术与设备、经营环境与方式均保持不变,这种假设势必会影响需求预测的准确性。

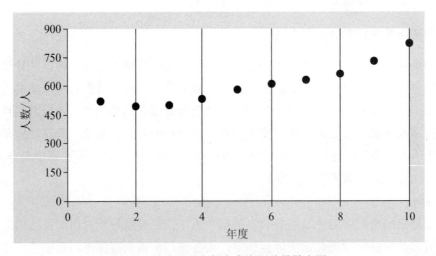

图3-2 某公司近十年人力资源总量散点图

5. 回归分析法

回归分析法是研究变量间统计关系的常用方法,属于定量预测。主要做法是:收集企业历史数据,分析哪些因素与人力资源需求数量的相关性高。通过建立人力资源需求数量与其影响因素之间的函数关系,将这些影响因素未来的估值代入函数,从而计算出组织未来的人力资源需求数量的值。在建立回归方程时,首先要确定自变量,根据自变量的数量,回归方程可分为一元回归方程和多元回归方程;根据回归方程的复杂程度,可分为线性回归方程与非线性回归方程。通常,自变量数量越多、回归方程越复杂,对因变量的预测准确度就越高。在实际操作中,为了降低分析难度,通常选择线性回归方程。以一元线性回归方程 $y=a+bx$ 为例,式中:

$$b = \frac{\sum_{i=1}^{n} x_i y_i - \bar{x}\sum_{i=1}^{n} y_i}{\sum_{i=1}^{n} x_i^2 - \bar{x}\sum_{i=1}^{n} x_i}$$

$$a = \bar{y} - b\bar{x}$$

将相关数据代入公式,计算出 a 值和 b 值,即可确定回归方程的系数,从而计算出未来人力资源需求的数量。

二、人力资源供给预测

(一)人力资源供给预测的内容

人力资源供给预测是指一个组织对未来某一特定时期内能够获得的人力资源数量、质量与结构等情况所做出的预测与评估,包括内部人力资源供给预测和外部人力资源供给预测。

一般情况下,组织获得的外部人力资源供给主要来自院校毕业生、退役军人、失业人员以及准备更换工作的人。这类人力资源供给来自外部劳动力市场,数量充沛,能够满足企业对人才的需求。预测外部人力资源供给时,需要考虑国家未来的经济形势、产业结构、教育规模以及地区经济发展水平、人口结构、劳动力参与率等因素。

组织获得的内部人力资源供给主要来自组织内部现有人才体系。预测未来组织内人力资源供给状况时,除了要了解组织现有的人力资源基本状况,还要了解现有员工的职业生涯规划。通过建立人力资源管理信息系统,可跟踪记录员工现有类型、能力、技能、经验、培训经历及职业发展方向等,用于评价现有员工的人力资源供给状况。目前,国内外使用最广泛的 ERP 系统有 SAP、Oracle、用友、Kingdee 等。

(二)人力资源供给预测的主要方法

与人力资源需求预测法相似,人力资源供给预测时也会采用定性的主观判断法和定量的历史统计模型分析法。其中,较常用的两种方法是人员替换分析法和马尔科夫分析法。

1. 人员替换分析法

人员替换分析法又称接班人计划法。它的做法是:针对组织中某个特定职位,通过职位预期目标分析、候选人工作现状分析,确定未来承担该职位的合格候选人名单。这种方法属于主观预测法,它强调组织重要职位人选从组织内部诞生,是一种有效的员工激励方式,候选人熟悉企业文化、了解组织特点,相比于外部"空降兵"能够更快胜任组织的重要职位。

2. 马尔科夫分析法

马尔科夫分析法(Markov Analysis)又称马尔科夫转移矩阵法,是指在马尔科夫过程的假设前提下,通过分析随机变量的现时变化情况来预测这些变量未来变化情况的一种预测方法。它的基本思路是:找出组织过去人事变动的规律,以此来预测组织未来人事变动的趋势,用于组织内部人力资源供给预测。在实际操作中,假设一定时期内从低一级向上一级或从某一职位转移到另一职位的人数是起始时刻总人数的固定比例,在给定各类人员起始人数、转移比率和未来补充人数的条件下,就可以确定各类人员的未来分布状况,做出人员供给的预测。此外,通过转移矩阵数据分布,还可以发现某一职位上员工的职业发展通道或岗位离职的可能性。需要注意,马尔科夫分析法适用于具有一定规模且人员流动比率相对稳定的组织。

三、人力资源供求平衡

完成人力资源需求预测和供给预测后,组织就可以对两组预测数据进行对比分析,可分别从数量和结构的角度对组织中不同部门、职位中现有人力资源状况做出判断。当人力资源处于供求平衡状态时,组织无须采取任何行动措施;当人力资源处于供求不平衡状态时,组织需要找到问题的症结点,运用人力资源供求平衡的基本对策和方法实现动态供求平衡。

(一)人力资源需求大于供给的调整对策

当一个组织出现人力资源需求大于供给的状态时,往往意味着组织当前对人才的需求旺盛,通常这种状态下的组织正处于高速扩张的发展阶段。此时,企业应立即采取相应措施快速补充人力资源。常见的做法有以下几种。

1. 扩大招募范围

外部招聘是组织获得大量人力资源最快的途径,在此之前,组织要做好雇主品牌建设,打造良好的企业形象吸引优秀的求职者。此外,返聘组织中已退休的劳动力资源也是快速补充人力资源的良好途径,这类劳动力资源熟悉组织生产经营模式,可以减少组织的培训成本。

2. 引入业务外包

将企业中的非核心业务外包给专业公司,可以适当降低组织对人力资源的需求。业务外包可以通过规模化或专业化降低组织的生产经营成本,同时获得更高质量的技术与服务,这是一种很好的选择。

3. 提高劳动生产率

通过提高生产技术、优化工艺流程、延长工作时间等方式可以显著提升组织的劳动生产率,从而降低对人力资源的需求。

(二)人力资源需求小于供给的调整对策

当一个组织出现人力资源需求小于供给的状态时,往往意味着组织当前正面临着整体经济滑坡或生产规模缩减的状况。在这种情况下,组织内部现有人力资源供给已超过组织未来的人力资源需求,需要采取温和的措施来调节供求之间的关系。常见的做法有以下几种。

1. 停止招聘

在一段时间内组织停止对外招聘,通过员工自愿离职或退休的方式实现自然裁员,减少人力资源供给。

2. 鼓励提前退休

通过制定优惠政策,鼓励组织内接近退休年龄的员工提前退休,这种优惠政策付出的成本低于组织继续雇佣员工的劳动力成本。

3．缩短工作时间

通过缩短员工工作时间降低劳动力成本的方式，降低组织人力资源供大于求产生的裁员风险。

4．裁员

裁员包括临时性解雇和永久性裁员两种类型，是解决组织内部人力资源供大于求问题操作最简单、见效最快、员工受伤程度最高的方式。

学史明理

直通职场

任务实训

一、实训目的

1．了解人力资源供给预测的内容。
2．掌握人力资源供给预测的马尔科夫分析法。

二、实训要求

1．分组进行：每 3~5 人一组，选取一名组长。
2．实训形式：第一步，进行人力资源调查；第二步，编制人员变动矩阵表；第三步，预测未来的人员变动（供给量）情况。

三、实训内容

让学生以小组为单位，选择一家自己熟悉的企业开展研究，运用马尔科夫分析法预测企业内部的人力资源供给状况。每组参与者通过对企业的实地调研及员工访谈，收集企业在多个层次的人力资源流动情况，对组织内部未来的人力资源结构做出预测。

四、总结分析

按要求提交人力资源供给预测报告，小组互评，教师点评。

任务四　人力资源规划编制与实施

人力资源规划是组织总体战略规划的一部分，是为了实现组织未来的生产经营目标而预先准备的人力资源计划。通过预测组织人力资源供给和需求的变化随时调整人力资源政策，以满足组织和员工共同发展的需求。为了实现人力资源规划的目标，编制过程会将这种目标分解到人力资源管理的各项职能中，实施过程会通过人力资源的调整降低竞争环境的复杂性与不确定性对组织带来的制约作用。

一、人力资源规划的编制

通常,组织的人力资源规划编制可按照环境评估、目标设定、职能规划、实施控制四个步骤进行。

(一)环境评估

企业的生产经营过程必然会受到内外部环境的影响,环境的变化迫使企业必须随时做出改变,在适应中谋求生存与发展。人力资源规划编制的首要任务就是对组织所处的环境展开评估,其中,内部环境评估主要关注企业战略、企业文化、企业员工的数量与结构、职业生涯规划等影响因素;外部环境评估主要关注政治方向、经济政策、人口政策、教育政策、科技发展等影响因素。

(二)目标设定

企业总体战略目标决定人力资源战略目标,人力资源战略目标决定人力资源规划方向。因此,企业人力资源规划的编制应当以企业总体战略目标为导向,将人力资源战略目标分解为短期目标、中期目标和长期目标,在此基础上按照人力资源管理工作职能编制相应的人力资源规划目标,全力配合组织总体目标的实现。

(三)职能规划

根据人力资源管理工作的六大基本职能,一套完整的人力资源规划应当包含以下具体规划。

1. 人员配置规划

这项规划应以工作岗位分析为基础,采用科学的方法,经过岗位调查、岗位分析、岗位设计、岗位评价和岗位分类等环节,制定岗位工作说明书。再根据岗位工作说明书制订人才招聘与配置计划,实现人岗匹配。

2. 培训与开发规划

这项规划的主要内容是如何合理地配置组织培训资源,通过培训需求分析、培训计划制订、培训实施及培训效果评估这四个工作环节,实现组织总体目标和员工个人发展目标。

3. 薪酬激励规划

该项规划主要围绕企业的薪酬政策、薪酬水平、薪酬结构展开设计,目标是设计出合理的薪酬规划,增强企业对外竞争性,能够留住人才,并给予员工合理公正的薪酬、优厚的福利待遇及舒适安全的工作环境。

4. 绩效考核规划

该项规划主要通过对员工个人或部门综合素质、行为态度及工作业绩的全面监测与考核,不断激励员工,改善工作行为,提高综合素质,充分调动员工或部门工作积极性、主动性与创造性,为企业和个人创造更多的价值。这项规划应全程以实现组织总体战略目标为导向,并随时根据组织总体战略目标的变化做出调整。

5. 职业生涯规划

该项规划主要围绕实现员工个人职业发展需求与组织人力资源需求做出有计划的管理,通过员工和企业的共同努力,帮助员工个人完成职业生涯规划,并监督、引导员工实现其职业生涯规划,最终实现员工个人职业生涯与组织职业生涯一致的目标。

6．其他规划

其他规划包括如何妥善处理组织内部的员工关系、矛盾纠纷等，以营造和谐、团结的组织氛围为目标。

（四）实施控制

人力资源规划编制完成后，需要通过规划的可行性分析，才能在组织中推行实施。可行性分析主要围绕计划的范围、目标、经济合理性、技术难度等方面展开，以此来判断规划项目是否应该进行，一般由公司高层管理者决定。实施过程需要人力资源管理部门对规划项目进行实时监测与评估，并根据评估结果进一步修正与完善规划项目。

二、人力资源规划的实施

（一）人力资源规划的实施原则

在人力资源规划实施过程中，应当遵守系统性原则、目的性原则、适应性原则及发展性原则。

1．系统性原则

人力资源规划涉及的部门与员工数量较多，实施过程中涉及多个流程与阶段，应当坚持系统性原则，关注整体实施效果。

2．目的性原则

实施过程中，应当明确企业面临的哪些问题可以通过调整人力资源政策解决，以解决这些问题为目标有效实施人力资源规划方案。

3．适应性原则

企业进行人力资源规划的本质原因是企业面临的内外部环境发生了变化，为了更好地适应这种变化，在人力资源规划实施过程中应当对可能出现的情况做出风险预测与分析，并提出应对方案与策略。

4．发展性原则

人力资源规划的目标是帮助企业和员工共同发展，两者之间是相辅相成、相互促进的关系。实施过程中除了要关注企业生产经营目标，还要关注员工个人职业发展目标，如果忽视了员工的利益，将会阻碍企业总体发展目标的达成。

（二）人力资源规划的实施者

人力资源规划工作是企业战略规划工作的一部分，其实施过程涉及多个职能部门，需要所有部门管理者、员工全力配合以达成规划目标。人力资源规划的实施者主要包括以下几类。

1．企业高层管理者

任何一份规划的实施都需要企业高层管理者在资金、政策等方面予以支持与协助，失去企业领导的支持，再好的规划都无法有效实施。企业高层管理者在人力资源规划的实施过程中主要负责规划审批、组织协调与规划评估等工作。

2．人力资源管理者

随着现代企业的发展，人力资源管理者不再是传统人事工作的执行者，其职能角色已经转变为组织战略业务合作伙伴（HRBP）。在人力资源规划的实施过程中，人力资源管理者除了要完成人力资源管理基础职能的规划工作，还要负责指导、监督、协调组织各部门规划工作的实施，并收集实施过程中发现的问题与意见，及时调整和完善组织的人力资源规划。

3．职能部门管理者

人力资源规划涉及组织内的多个职能部门，其实施过程需要职能部门管理者承担规划的管理工作，如解读部门规划工作、调整部门人员配置、修改部门考核方式等；同时还需要职能部门管理者仔细观察实施过程中出现的问题并做好记录，提出完善建议并形成实施报告反馈给人力资源部门。

4．企业员工

作为人力资源规划工作的实施受体之一，企业员工应该正确理解组织的人力资源规划目标、内容及重要性，在实施过程中积极配合部门主管的要求调整个人工作行为、态度，以实现个人职业发展目标。

（三）人力资源规划实施的步骤

1．执行

具体实施过程，需要根据制定好的人力资源规划文件严格执行。在开始执行前要注意做好准备工作，主要包括资源准备、组织准备、思想准备及制度准备等。在执行过程中要时刻坚守严谨、踏实的工作态度，确保每个规划流程高效落实。

2．监控

监控环节是通过给予人力资源规划实施者一定的外部压力，确保规划方案严格落实的关键步骤。监控者应为实施者的上级领导或平级同事，以避免出现下级监控上级的情况出现。监控前需要明确检查对象和内容，对标流程逐条检查，切忌敷衍了事，流于形式。监控后要及时与实施者交流沟通，使其明确发现问题所在。

3．反馈

反馈是人力资源规划实施过程中的重要环节。通过实施反馈，可以了解到在实际操作中哪些规划方案是合理的，哪些方案是不切实际、不够全面的。需要注意，在反馈过程中要确保获取信息的有效性，做好信息的分类和处理工作，剔除虚假信息，保留真实信息。

4．修正

培训规划方案在实施过程中，由于受到环境变化的影响，需要人力资源管理者根据反馈得到的有效信息，对规划内容进行不断调整与修正，当涉及规划中较大的项目变动时，人力资源规划的编制者需要及时与高层管理者沟通、协调，在获得批准后再修正方案。

学史明理

直通职场

任务实训

一、实训目的

1. 了解人力资源规划实施的工作流程。
2. 掌握人力资源规划实施的监控方法。

二、实训要求

1. 分组进行：每5～7人一组，选取一名组长，组建公司。
2. 实训形式：模拟组建公司并进行角色分工与扮演；开展调查研究并形成相关研究报告。

三、实训内容

以小组为单位，组建一家人力资源管理咨询公司，选择一家附近熟悉的企业，与企业高层管理者或人力资源管理者建立联系，通过资料收集与实地调研访谈，对该公司人力资源规划的实施进行监控。设定监控指标，产生内部分析材料，为该公司提出人力资源规划实施的改进建议，最终形成一份完整的报告。

四、总结分析

实训过程可锻炼学生的人际交往能力、组织协调能力、问题分析能力、沟通交流能力以及研究报告撰写能力。按要求提交人力资源规划实施监控报告，小组互评，企业和教师点评。

任务五　人力资源规划评价与控制

人力资源规划评价与控制是一个有机关联、相互协调与互动的功能系统。高效运转的人力资源规划评价与控制系统能够为人力资源规划的实施提供客观、准确的反馈信息和动力信息，从而保障整个人力资源规划过程的运行效率。

一、人力资源规划评价与控制的目的

在制定和实施人力资源规划的过程中，评价和控制是必不可少的环节，该环节是西方发达国家近20年来人力资源的实践领域。其中，人力资源规划评价是考查分析企业实施人力资源规划的内在基础，将人力资源规划的预期结果与实施结果进行比较分析的管理活动。人力资源规划控制是针对实施过程进行纠正、调整、完善的管理活动。

人力资源规划评价与控制的目的是缓解以下三个痛点。

（一）组织内部的不稳定性

组织是企业人力资源规划实施的具体场所，由于受到资源、环境等条件的限制和影响，组织内部呈现出极大的不稳定性。为了适应组织内部的不稳定，人力资源规划方案要随时进行动态调整，完成这一过程需要人力资源规划的评价与控制系统。

（二）规划本身的不全面性

任何一个组织在人力资源规划制定之初都容易受到客观原因和主观判断的影响，难免会出现一些不足与缺陷，无法做到尽善尽美。因此，在实际实施过程中需要对其进行不断的修正、补充与完善，这一过程就是人力资源规划控制的工作过程。

（三）人力资源的特殊性质

人力资源规划的本质是为了缓解企业未来环境的变化而进行的预先设定，而人力资源这种特殊的资源本身就具备能动特性，这种能动性在人力资源素质结构、内外部流动和供需调节中都需要借助动态的评价与控制系统进行稳定与平衡。

二、人力资源规划评价与控制的方法

参考国外丰富的管理实践经验，国内常见的人力资源规划评价与控制的方法包括关键指标评价与控制法和问卷调查评价与控制法等。

（一）关键指标评价与控制法

关键指标评价与控制法是通过使用绩效管理中常见的关键指标来判断组织内部人力资源规划的实际情况。常见的绩效指标包括求职雇佣率、培训转化率、员工需求满足率、薪酬核算准确率等。通过观测可量化关键指标的变化情况，评价和控制组织人力资源规划方案。

（二）问卷调查评价与控制法

问卷调查评价与控制法是进行人力资源评价与控制的常用方法，员工作为人力资源规划的参与者，其对规划工作的合理性与成效性拥有绝对发言权。通过实名问卷或匿名问卷等方式，收集员工在实际工作中对组织人力资源各项工作的看法，有利于组织对人力资源规划做出准确的评价与控制。

三、人力资源规划评价与控制的内容

随着经济一体化、市场全球化的深入推进，人力资源规划从制定、实施到评价与控制的周期越来越短，规划工作的频率越来越高，这为人力资源规划评价与控制工作提出了更高的要求。根据成功企业的管理经验，企业常用的人力资源规划与控制内容如下：

(1) 组织内外部环境的分析与预测是否准确、客观。
(2) 组织是否拥有明确的战略规划和充足的资金保障。
(3) 组织是否拥有有效的管理能力和执行能力。
(4) 组织的战略目标是否可量化和分解。
(5) 各管理层级的领导能否准确解读和实施规划。
(6) 组织结构与人力资源规划是否相互适应。

（7）企业文化与人力资源规划是否相互适应。
（8）人力资源规划与总体战略目标是否有较高的关联度。
（9）组织中各项岗位的工作说明书是否清晰。
（10）组织经营目标与员工个人发展目标是否一致。
（11）各部门人力资源规划目标是否完成。
（12）人力资源规划产生的实施成本与规划预算是否基本一致。
（13）人力资源规划的核心任务是否得到组织的支持。
（14）人力资源规划实施过程中的信息沟通渠道是否通畅。
（15）是否需要对规划实施人员开展相关培训。
（16）人力资源规划工作者的工作效率与工作态度。
（17）组织高层管理者对人力资源规划的重视程度。
（18）组织人力资源的实际流动率、缺勤率、招聘雇佣率与预测值是否一致。

学史明理　　　　　　　　直通职场

任务实训

一、实训目的

1．了解人力资源规划评价与控制的过程。
2．掌握人力资源规划评价与控制的方法。

二、实训要求

1．分组进行：每 5～7 人一组，选取一名组长，组建人力资源管理咨询公司。
2．实训形式：模拟组建公司并进行角色分工与扮演；模拟完整的人力资源规划评价与控制工作流程。

三、实训内容

以小组为单位，组建一家人力资源管理咨询公司，选择一家附近熟悉的企业，通过小组讨论，确定该公司的人力资源规划关键指标，通过实地调研及员工访谈，收集相关数据。根据各小组确定的关键指标，评价该公司的人力资源规划工作成效，并给出改进意见或建议，形成完整的书面材料。

四、总结分析

实训过程可锻炼学生的人际交往能力、组织协调能力、问题分析能力、沟通交流能力以及研究报告撰写能力。按要求提交人力资源规划评价与控制的分析报告，小组互评，企业和教师点评。

项目四　员工招聘与配置

学习目标

知识目标：明确人员招聘概念；掌握提升招聘有效性的途径；掌握招聘渠道；掌握招聘广告设计；掌握招聘流程和面试方法。

能力目标：能够依据企业实际情况选择合适的招聘渠道；能够设计招聘广告；能够组织面试并为企业选拔合适的员工。

素质目标：培养公平公正的社会主义核心价值观；从党的人才篇章中学习人力资源管理智慧，培养学生正确的人才观；培养正确的党史观，厚植爱党爱国情怀；培养学生的文化自信与文化认同。

思维导图

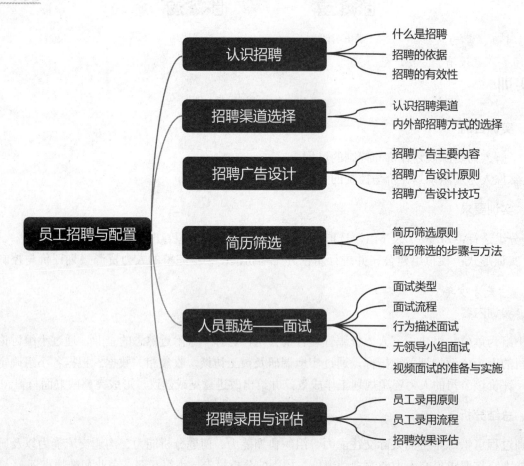

案例导入

继2022年4月25日发布"天才少年"全球召集令后,7月22日傍晚,"华为招聘"推送了一篇题为"天才少年计划让我遇见自己,放大自己!"的微信文章,官宣全球招聘"天才少年"。文章嵌入了"华为招聘"视频号上的一则《在创新突破中寻找天才少年》的招聘短片,2019年加入华为"天才少年"计划的北京大学博士毕业生李屹出镜,讲述他在华为的"天才少年"之路。与此同时,部分已入职华为一两年的"天才少年"纷纷公开亮相于华为心声社区、微信公众号等平台,畅谈他们入职华为后所从事的工作、对华为人才培养的建议以及工作感受等。

华为"天才少年"项目是华为创始人兼总裁任正非在2019年发起的用顶级挑战和顶级薪酬,吸引顶尖人才的项目。华为招聘的"天才少年"不限学历、不限学校,只要在数学、计算机、物理、材料、芯片、智能制造、化学等领域有相关知识和技术能力就有机会加入,华为可以给"天才少年"提供世界顶级的资源和平台,拥有与世界顶级的导师通力合作的机会。华为因对"天才少年"开出高年薪而备受社会关注。年薪分为三档,最高档为182万元~201万元;第二档为140.5万元~156.5万元;第三档为89.6万元~100.8万元。

2022年6月10日,华为心声社区披露了任正非对"天才少年"的最新选拔标准,他说:"我们公司的天才少年,最重要的是看他的破题能力,而不是他的综合素质。"

7月4日,华为再次公开任正非内部讲话纪要。任正非表示,进入华为公司,就没有"天才少年"这个名词了,也没有博士、学士之分,也没有年轻专家、老专家之分。"天才少年"进入华为后也需要成长,不可能永远当少年,最终还是要看实际发挥的价值和贡献。

资料来源:华为年内二度招聘"天才少年",欲加快关键技术领域攻关速度[EB/OL].(2022-07-25)[2022-07-27]. https://baijiahao.baidu.com/s?id=1739327864135399780&wfr=spider&for=pc.

思考:

华为"天才少年"项目推出的背景是什么?招聘依据是什么?

启示:

人才、科研投入和创新精神是华为赖以生存和发展的基础,华为人才招聘与引进与其战略目标是一致的。"天才少年"项目势必将为其全球化战略布局,继续引领技术制高点的战略目标实现提供人力资源支撑。

任务一 认识招聘

招聘与招聘的有效性

招聘是组织人力资源管理的基础工作,只有把人招对了,才能有效地用人、育人和留人。招聘具有内在的规律性,组织只有按照一定的程序,遵循一定的原则,才能保证招聘的成效。

一、什么是招聘

　　人员招聘是企业为了弥补岗位空缺而进行的一系列人力资源管理活动的总称。它是人力资源管理的首要环节，是实现人力资源管理有效性的重要保证。

　　人员配置是企业为了实现生产经营的目标，采用科学的方法，根据"岗得其人、人得其位、适才适所"的原则，实现人力资源与其他物力、财力资源的有效结合而进行的一系列管理活动的总称。

　　从广义上讲，人员招聘包括招聘准备、招聘实施和招聘评估三个阶段；狭义的招聘即指招聘的实施阶段，其中主要包括招募、筛选（或称选拔、选择、挑选、甄选）、录用三个具体步骤。就招聘者而言，其使命在于"让最适合的人在最恰当的时间位于最合适的位置，为企业做出最大的贡献"。

　　人员的招聘是人员配备中最关键的一个步骤，因为这一工作的好坏不仅直接影响人员配备的其他方面，而且对整个管理过程的进行，乃至整个组织的活动，也都有着极其重要和深远的影响。"得人者昌，失人者亡"，这是古今中外公认的一条组织成功的要诀。

二、招聘的依据

（一）企业现状和企业文化

　　1．行业特点

　　了解企业所处的行业及行业特征，了解企业生产产品的特点和技术含量，以及对技术、管理人才的要求。

　　2．企业现状

　　企业现状包括企业的发展史，企业目前所处的发展阶段；企业的主要产品、市场、主要客户，以及客户特征；企业的竞争优势，即企业吸引人才优势，以及企业的软件和硬件环境。

　　3．企业文化

　　企业文化包括企业的价值观和理念，以及贯穿、执行的现状；企业的管理模式、管理水平、执行力；企业的管理氛围；企业的人际关系；企业的沟通模式和沟通渠道。

　　4．人力资源现状

　　人力资源现状是指企业人力资源现有的各个规章制度和配置状况、企业的招聘人才与企业的理想队伍和实际需求之间的差距。

　　5．招聘现状

　　招聘现状是指企业对人才需求的总体状况，即人才引进难易程度，招聘体系和制度的现状，招聘人员的现状。

（二）企业组织架构和工作说明书

　　1．组织架构

　　分析界定的组织资源和信息流动的程序，明确组织内部成员个人相互之间关系的性质，明确每个成员在组织中具有什么地位、拥有什么权利、承担什么责任、发挥什么作用。

2．工作说明书定义

组织结构设计中的工作说明书，通常对各职位已有了明确的规定。在人员招聘时，可以通过职务分析来确定某一职务的具体要求。职务分析的主要内容有：这个职务是做什么的？应该怎样做？需要一些什么知识和技能才能胜任？有没有别的方法实现目标？如果有的话，那么新的要求又是什么？

三、招聘的有效性

有效的招聘实际是指组织或招聘者在适宜的时间范围内采取适宜的方式实现人、职位、组织三者的最佳匹配，以达到因事任人、人尽其才、才尽其用的互赢目标。

（一）招聘有效性的标准

招聘的有效性主要体现在以下五个方面：

（1）能及时招聘到满足企业所需的人员。

（2）被录用人员的数量、质量、层次和结构符合企业的要求。

（3）招聘成本符合最小化原则。

（4）人岗匹配、人事相宜。

（5）离职率低。

能否招聘到合适的人员，不仅关系到企业后备人才的储备，而且影响到企业的稳定运行。如何提高招聘的有效性，已不仅仅是人力资源部门所必须面对的问题，也成为企业高层及用人部门主管关注的焦点。

（二）提升招聘有效性的途径

人员招聘的有效性是一项系统工程，它要求企业站在战略的高度，以人为本，结合企业的实际，制定人才引进的战略规划，并通过科学的招聘方法，使之有效地落实在招聘计划中。为实现有效招聘，须注意从以下几方面着手。

1．重视人力资源规划

人力资源规划为企业的招聘活动提供了准确的信息和依据，可以说它是招聘工作的方向指引。因此，人力资源工作者要深入了解企业的发展方向，结合企业人力资源规划，有远见地预先制订详细而系统的人才招聘计划，同时争取得到企业高层的支持，以此保证企业在不同发展时期，随着组织结构的调整，企业人员也做出相应调整，使不同岗位始终都有最合适的人员。

2．制定科学明确的工作说明书

工作说明书为招聘提供了选才标准，体现了按事选人、因岗择人的原则。

3．完善企业的有关制度

建立有竞争力的薪酬体系、客观公平的绩效评估体系、行之有效的激励体系，给一流的人才以一流的待遇，是吸引、留住高素质员工的重要手段。需要注意，除了有诸如薪水、奖金、津贴、福利等物质报酬的需求，还要有工作的胜任感、成就感、责任感和受重视等精神报酬。企业必须认识到精神报酬的重要意义，创造一切机会和条件，保证员工能够施展他们的才华，如让他们参与决策，承担更重要的任务，给他们更大的工作自由和权限，用优厚的精神报酬防范人员的流失。

4．合理组建招聘团队

招聘团队一般由人力资源专业人员、用人部门主管或企业高层组成。实际上，只有用人部门对自己需要什么样的员工最清楚，而且招进来的员工的素质和能力将直接关系到用人部门的工作成效。因此，在招聘过程中，应该让用人部门参与进来，特别是在技能考核中，用人部门能够发挥不可替代的作用。这样，人力资源部门与用人部门在招聘过程中进行紧密的联系与配合，可有效提高招聘的质量。

5．选择合理的招聘方式和渠道

一般来说，企业招聘员工的方式主要分为内部招聘和外部招聘两种。从内部招聘的人员对企业情况熟悉，招聘成本也较低，能马上适应新的工作，同时对员工激励性强，但选择内部招聘时一定要注意招聘的公开性与公平性，否则会适得其反。外部招聘则可以为企业带来新思想、新观点，激发现有员工队伍的活力。另外，企业在招聘之前，要考虑不同招聘渠道的招聘效果。

6．推行基于胜任力的行为面试

面试是招聘体系中最重要的一环，决定着企业能否成功吸引并甄选到合适人员。要从胜任力的角度对管理类、市场运营类、技术开发类等职位所需的能力进行细化和量化，如管理类职位的胜任力可分成决策能力、执行能力、人际影响力、团队精神、交流倾听能力、危机处理能力、目标意识、时间管理能力、创新能力等逐项展开分析，这样对人才的甄选就会更加有效、客观、公平和科学，不仅能为企业成功选聘人才，也为有效降低人员流失率做好铺垫。行为面试是应用较为广泛的人才测评工具，在人力资源管理中的员工招聘、选拔和任用中发挥着越来越重要的作用。而胜任力是预测未来工作绩效的有效指标，现在许多企业尝试采用基于胜任力的行为面试来选聘人才。

7．建立储备人才库

一家重视未来储备人才建设的企业必将赢得未来的商战。对于前来应聘但由于客观因素而未能录用的应聘者，人力资源管理者最好做好记录，此类人才虽然暂时不能在企业就职，但是最好定期联系一次，与其沟通本企业的发展，并获得对方最新的联系方式，在合适的时候引进，这既能节省招聘时间，也大大降低了招聘成本。

重视人员的招聘、实现有效招聘可为企业源源不断地输送优质的人力资源，只有这样，企业才能生产出高质量的产品，实现高效率经营，从而在竞争激烈的市场中立于不败之地。

学史明理

直通职场

任务实训

一、实训目的

1．了解招聘有效性的标准与要求。
2．明确提升招聘有效性的方法，明确本项目的学习目标与要求。

二、实训要求

1. 分组进行：每 3~5 人一组，选取一名组长。
2. 实训形式：制作 PPT，上台展示讲解。

三、实训内容

以小组为单位，收集两个企业招聘成功的案例，并分析、点评其成功的原因。

四、总结分析

完成汇报后，小组互评，教师点评。

任务二　招聘渠道选择

招聘渠道选择

企业的招聘渠道多种多样，渠道选择是否正确决定了招聘的效果。不同的招聘渠道有着不同的效果，需要人力资源管理者根据实际的招聘需求来选择，合适的就是最好的。每个企业都需要合适的人才，而合适的人才都是从哪里来的？作为公司的招聘人员，就必须了解每一个招聘渠道，以招到合适的人才。

一、认识招聘渠道

在招聘实施工作中，招聘渠道的选择是直接影响招聘效果的重要一环。招聘渠道可分为内部招聘和外部招聘。

（一）内部招聘

所谓内部招聘，就是当公司出现空缺的职位时，主要通过提拔内部员工来解决招聘问题。内部招聘有广义和狭义之分：广义上的内部招聘是指公司内部员工自荐或推荐亲朋好友及子女到公司工作；狭义上的内部招聘是指招聘范围仅限于公司内部在岗员工，相当于人员内部调动。

1. 内部招聘的优点

（1）招聘成本和效率。从内部培养和选拔人才，直接成本比较低，效率也相对较高。

（2）选拔的效度与信度。企业和员工之间的信息是对称的，用人风险比较小，成功率较高。企业对内部员工的工作态度、素质能力以及发展潜能等方面有比较准确的认识和把握。

（3）员工激励。内部选拔能够给员工提供更大的成长空间，使员工的成长与组织的成长同步，容易激励和鼓舞员工士气，形成积极进取、追求成功的氛围，达成美好的愿景。

（4）价值观念。经过长期的磨合，员工与企业在同一个目标基础上形成趋同的价值观，相互比较信任，员工已融入企业文化，认同组织的价值观念和行为规范，对组织的忠诚度较高。

（5）学习成本。内部员工对企业的现有人员、业务模式和管理方式非常熟悉，易于沟通和协调，因而可以更快地进入角色,学习成本更低,有利于发挥组织效能。

2．内部招聘的缺点

(1)由于新的岗位总是有限的,内部员工竞争的结果必然是有人欢喜有人忧,有可能影响员工之间的关系,甚至导致人才流失,这是企业很不愿意看到的结果。

(2)企业内部存在的"小团体"现象,不利于个体创新和企业的成长。

(二)外部招聘

1．外部招聘的优点

(1)外部招聘是一种与外部信息交流的有效方式,企业在招聘的同时可借机树立良好的外部形象。新员工能够带给企业不同的经验、理念、方法以及新的资源,使企业在管理和技术方面都能够得到完善和改进,避免"近亲繁殖"带来的弊端。

(2)外聘人才可以在无形中给组织的原有员工施加压力,形成危机意识,激发斗志和潜能。压力带来的动力可以使员工通过标杆学习而共同提高。

(3)外部人才的挑选余地比企业内部大得多,能招聘到更多的优秀人才,包括特殊领域的专才和稀缺的复合型人才,可以为企业节省大量内部培养和培训的费用。

2．外部招聘的缺点

(1)由于信息不对称,往往造成筛选难度大、成本高,甚至出现"逆向选择"。

(2)外聘员工需要花费较长时间进行磨合和定位,学习成本高。

(3)外聘人员可能由于本身的稀缺性导致较高的待遇要求,打乱企业的薪酬激励体系。

(4)外聘可能挫伤有上进心、有事业心的内部员工的积极性和自信心,或者引发内外部人才之间的冲突。

(5)"外部人员"有可能出现"水土不服"的现象,无法融入企业。

二、内外部招聘方式的选择

内部招聘与外部招聘各有其优势与不足,而且两者在一定程度上可以实现优势互补,因此企业在进行人员招聘时要进行综合考虑,通常选用内外部结合的方式效果最佳,既可以发挥内部招聘、外部招聘各自的优势,又可以在一定程度上避免其不足。具体的结合力度取决于企业对经营环境、发展战略计划、招聘的岗位以及相关因素的考虑和决策。唯一的原则是人员招聘最终要有助于提高企业的竞争能力和适应能力。

(一)内部招聘来源的选择

1．内部晋升

内部晋升是指企业内部符合条件的员工,从现有的岗位晋升到更高层次岗位的过程。当企业有职位空缺时,可以先考虑内部员工。对企业来说,这是比较经济的做法,当然也是聪明的做法。尤其是在招聘难度较高的情况下,它能够缩短招聘周期、降低招聘成本。这种做法给员工以升职的机会,会使员工感到有发展的机会,对激励员工非常有利。另外,内部提拔的人员对本企业的业务比较熟悉,能够较快适应新的工作。然而内部提拔也有一定的不利之处，如内部提拔的不一定是最优秀的，还有可能在少部分员工心理上产生"他还不如我呢"的思想。任何人都不是十全十美的。一个人在一个企业工作的时间越长，别人看他的优点越少，而看他的缺点越多，尤其是在他被提拔的时候。因此，许多企业在出现职位空缺后，往往同时采用两种方式，即从内部和外部同时寻找合适的人选。

2．工作调换

工作调换又称"平调"，是在内部寻找合适人选的一种基本方法。这样做的目的是填补空缺，实际上它还起到许多其他作用，如可以使内部员工了解企业内其他部门的工作，与本企业更多的人员有深入的接触、了解。这样，一方面有利于员工今后的提拔，另一方面可以使上级对下级的能力有进一步的了解，也为今后的工作安排做好准备。

3．工作轮换

工作轮换和工作调换有些相似，但又有些不同。例如，从时间上来讲工作调换往往较长，而工作轮换则通常是短期的，有时间界限。另外，工作调换往往是单独的、临时的，而工作轮换往往是两个以上的、有计划进行的。工作轮换可以使企业内部的管理人员或普通人员有机会了解企业内部的不同工作，给那些有潜力的人员提供以后可能晋升的条件，同时也可以减少部分人员由于长期从事某项工作而带来的烦躁、厌倦等感觉。

4．人员重聘

有些企业由于某些原因会有一批不在岗位的员工，如下岗人员、长期休假人员（如曾因病长期休假，现已康复，但由于无位置还在休假）、已在其他地方工作但关系还在本单位的人员（如停薪留职）等。在这些人员中，有的恰好是内部空缺职位需要的人员。他们中有的人素质较好，对这些人员的重聘会使他们有再为企业效力的机会。另外，企业使用这些人员可以使他们尽快上岗，同时减少培训等方面的费用。

内部招聘的做法通常是企业在内部公开空缺职位，吸引员工应聘。这种方法起到的另一个作用就是使员工有一种公平合理、公开竞争的平等感觉，它会使员工更加努力奋斗，为自己的发展增加积极的因素。这无疑是人力资源开发与管理的目标之一。

但在采用内部招聘时，需注意以下问题：

（1）减少主观的影响。从企业内部选拔人才，绝不是要主导者把眼光仅盯在整天围着自己身边转的几个人身上，而是在全企业、各层次和范围内科学地考查和鉴别人才。

（2）不要求全责备。从企业内选拔人才，不要因为对员工过于了解而对他们求全责备。

（3）不要将人才固定化。不能用一个固定不变的模式套人才，要唯才是举、唯才是用，为组织的发展出谋划策、积极贡献力量者，都应在被选择之列。

（4）全方位地发现人才。管理者可从员工的工作实践、部门推荐、员工档案、考绩等多种途径全方位地发现人才。通过多种途径，考查、了解人才的方方面面，最终选定适合之人。

（二）外部招聘来源的选择

外部招聘则主要是吸收外部新鲜血液来解决招聘问题。根据招聘对象的不同，外部招聘可以分为校园招聘和社会招聘，简称校招与社招。校招时间较为固定，多在春季和秋季入学前后，以校园宣讲会、校园招聘会和专场招聘会的方式进行。此外，企业官网可以开放校招通道，高校 BBS 亦可发布招聘信息。其招聘周期较短，竞争较为激烈。除了能集中进行人才选拔，校招还能很好地进行雇主品牌宣传，为未来吸引和储备人选打好基础。至于能进入什么样的高校，争取到什么样的学生资源，就要看企业实力和招聘团队的能力了。与校招不同，社招周期较长，职位序列较多，招聘难度更大，招聘需求多变，需持续保持招聘状态。这是大多数企业补充人员的主力方式。

根据招聘场景的不同，外部招聘又可以分为线上招聘和线下招聘。

1. 线上招聘渠道

线上招聘可利用企业自己的官网，优势是费用低，缺点是对企业知名度要求高，否则信息点击可能受到限制。在实际操作中，更多的企业通过专门的招聘平台和网站发布招聘信息。

（1）招聘网站。企业可以根据地域、行业、职位的不同，选择不同的招聘网站发布职位信息。发布职位的目的其实就是吸引候选人，也就是获取更多的简历。能够获得多少简历、简历质量如何，取决于企业的信息发布渠道。

①传统招聘网站：如智联招聘、前程无忧以及中国人才热线等，可在全国范围内进行综合性人才招聘。下面具体对比一下各主流招聘网站的优劣情况（见表4-1）。

表 4-1　主流招聘网站的优劣对比

渠道名称	优　势	劣　势	费用/千元
前程无忧 （51job）	1. 行业覆盖面广，简历量巨大 2. 符合绝大多数行业中的基层岗位需求 3. 搜索引擎较好，简历匹配度和质量较高 4. 每天可免费刷新职位一次 5. "无忧精英"板块针对高层和精英的招聘需求（企业和猎头）	1. 企业资质审查不严谨，有鱼龙混杂的现象 2. 价格偏高 3. 同一账号不能多人同时登录	5.8～13.8
智联招聘	1. 行业覆盖面广，整体简历量大 2. 中基层招聘效果较好 3. 价格优势越来越弱 4. "智联卓聘"面向求职者、猎头、企业的高层和精英招聘需求 5. 审核企业资质严谨	1. 专业性、针对性较弱，搜索结果匹配度不高 2. 简历库没有前程无忧大 3. 收费越来越贵 4. 企业方刷新简历要扣点数，没有免费刷新量	0.5～6.0
58同城 赶集网	1. 拥有大量基层人才，对招聘效果有一定的保障 2. 初期使用免费 3. 广告投放多，知名度较高	1. 对企业资质审核不严谨，有鱼龙混杂的现象 2. 简历质量不高，筛选简历比较耗时间	5.8～10.8
中国人才 热线	1. 简历数量和质量尚可 2. 适合中基层招聘 3. 每天都有一次免费刷新职位的机会	1. 无批量导出简历的功能 2. 企业需要实名认证才能使用	2～10
中华英才网	1. 网站流量处于行业平均水平之上，相较其他普通网站有优势 2. 可免费发布10个职位，企业注册便可使用 3. 可通过App免费与求职者沟通	1. 无过滤简历功能，筛选简历比较麻烦 2. 近几年影响力大不如前，优质人才不多	2.4～19.8

续表

渠道名称	优势	劣势	费用/千元
卓博人才网	1. 简历数量和质量处于行业平均水平 2. 职位推送方式多，既可以通过站内，又能通过邮件 3. 付费后发布职位数量不受限制	1. 不提供职位置顶服务，无免费与求职者沟通的服务 2. 为企业提供子账号，但单个账号不能同时登录 3. 无套餐出售，可根据企业需求提供相对优惠的报价	视企业需求而定
一览英才网	1. 为企业提供一定的免费额度，如职位模板、邮件接收简历、简历推荐、保面试等服务 2. 职位推广包含在套餐里，不单独计费 3. 服务比较全面	1. 网站流量处于行业平均水平，活跃用户较少 2. 企业需要通过认证并签订纸质合同，购买相应的服务之后才能享受其招聘服务	3.2~4.8
Boss直聘	1. 用户量大，简历多 2. 免费沟通，次数不限 3. 用工方和求职者直接聊天沟通，没有第三方介入 4. 每天可以免费发布10个职位信息，普通简历免费	1. 需双方确认意向，花费时间较长 2. 持观望态度用户多，需多轮次沟通 3. 精准搜索需要付费 4. 没有设置简历分类和人才信息审查	6.8~16.8

②地方人才网站。它主要指各地人才交流中心搭建的平台，热度和质量相对一般。对于一些欠发达地区，地方人才网站的招聘效果可能不错。

③垂直招聘网站。这类网站利用爬虫程序到其他招聘网站去搜集职位，初期的商业模式是竞价排名、网络广告，之后逐渐演变为可以吸纳简历，发布招聘信息。垂直招聘搜索的亮点来自各大招聘网站丰富的信息，它没有自己的数据库。垂直招聘搜索的核心是搜索，而不是招聘。垂直招聘模式更专注某个行业、特定人群或某个特定区域的招聘服务。优点是：目标性更强，更专业，提供平台服务的企业只专注一个特定领域，用户群体垂直，它能更集中精力去提升招聘服务的专业性与针对性，从而增强用户的体验效果及招聘效果。缺点是：市场规模有限，商业模式存在一定的瓶颈。代表性的平台有拉勾网、猎聘网、南方人才网等网站。以下是主流垂直招聘网站对比分析（见表4-2）。

表4-2 主流垂直招聘网站对比分析

渠道名称	优势	劣势	针对行业及招聘对象	费用/千元
拉勾网	1. 职位投放有针对性，简历数量和质量比较高 2. 只针对北京、上海、杭州、广州、深圳、成都等热门城市 3. 提供普通招聘（对小型企业基本够用）和线上猎头（服务佣金比较低）两种服务方式，但付费服务只有一个套餐（年均2万元左右）	1. 必须注册才能进入网站 2. 被动发布需求，等待网站推广和求职者投递 3. 线上猎头没有提供候选人入职后的保证期，所以企业要承担入职者短期内离职的风险	互联网行业初、中、高级岗位相关人才	0~19.8

续表

渠道名称	优　势	劣　势	针对行业及招聘对象	费用/千元
聘宝	1. 人工智能猎头形式招聘，比较专业 2. 人才质量较高，面试约谈成功率不错	1. 只支持国内一线城市 2. 影响范围不大，简历库相对有限	游戏人才和IT行业各等级人才	6～12
猎聘网	1. 付费服务，对企业没有免费额度可试用 2. 简历质量比较高 3. 面试快，根据职位年薪确定扣费额度，既可自己选择意向猎头，也可在中途更换猎头	1. 猎头资格鱼龙混杂，有些职位招聘并未授权给猎头，导致信息不对称 2. 信息刷新不及时，可先做意向沟通，避免浪费金币 3. 面试快，不以最终录取扣费，双方约见即扣费	行业覆盖较广，直接垂直面向求职者；是企业中高端职位招聘需求的补充方式之一	9.8～30

④行业招聘网站。如中国卫生人才网、中国汽车人才网等。可以根据所属行业，选择对应的专业网站，进行专业人才招聘。

⑤毕业生招聘网。应届生求职网和实习僧都是针对大学生求职群里的网站，用户群体都比较可观。而且两个网站都有校园招聘和宣讲会的模块，企业可以提前发布招聘需求，吸引求职者，为宣讲会和招聘会奠定基础。除了这两大专业招聘网站，前程无忧、智联招聘、Boss直聘等主流网站都有众多的应届毕业生求职者，两者可以互为补充，以达到更理想的效果。

（2）社交媒体。在社交网络开展具体的招聘行为就是社交招聘，即利用社交网络开展招聘工作。社交网络是典型的"参与性系统（system of engagment）"，在这个系统中用户成为网络的节点"node"，也就是说不管是企业的招聘人员，还是求职者，都是网络"节点"，这些节点既是信息的传播者，又是信息的创造者。这也就意味着在这个网络中存在着人与人之间的互动，而不仅仅是"职位广告"与"简历"的展示。雇主的招聘人员可以通过社交网络发布招聘需求信息，这些信息将被作为信息源（feed）通过社交网络"人际关系链"传播，这些信息被企业招聘人员的"关注者（followers）"或者说"粉丝"进行转发、评论，从而被下一度（粉丝的粉丝）进行评论与转发，按照社交网络的基本原理"6度分割理论"，企业招聘人员发出的招聘信息在原则上可以被任何一个潜在的求职者收到，只需要通过中间6个特殊节点的人转发。任何一个求职者通过6个中间人，都可以链接到任何一个企业的招聘人员或者业务部门负责人（hiring manager）。一旦链接起来，这些人之间就可以通过相互评论或私信等方式进行沟通。

社交招聘的优势在于，在会员活跃度较高的社交网站上，企业对某个人才的了解不再局限于"简历"的层面，其"人脉圈"的显示也是一个人职业经历和能力的良好佐证。

职场社交App：LinkedIn、脉脉、赤兔等。可定期发布信息，展示企业形象，吸引相应的候选人，或者定向寻找潜在人选。

综合社交App：微博、微信等。可以在微博发布信息，也可以在微博找人。微博的陌生人社交模式，更有利于扩散消息。而相对封闭的微信，则可精准推送招聘信息。

各类社群：QQ群、微信群、各类"圈子"，都可以作为信息发布及简历收集地。例如招聘互联网人才，可以加入互联网人力资源群，以及互联网人才群。群内人力资源管理者可以互换简历，也可与从业人员直接交流。

相对于传统的简历式招聘模式，通过人际网络实现对接，其成功率更高，两者的比例在 2∶8 左右，甚至更高。社交招聘网站对比分析如表 4-3 所示。

表 4-3　社交招聘网站对比分析

渠道名称	优　势	劣　势	针对行业及招聘对象
脉脉	1. 集职场社交、职场招聘于一体的职场社交平台 2. 功能强大 3. 用户存量大	1. 需要添加好友验证，周期长 2. 活跃用户量少	行业分布广，适合中高层人才招聘
领英	1. LinkedIn（领英）旗下知识分享平台 2. 实名制职场社交 App 3. 全球范围内中高层人群相对活跃，适合此类招聘	1. 功能相对少 2. 活跃用户量少	各行业中高端人才和海外人才招聘
大街网	1. 招聘应届生效果较好，资源丰富 2. 中小规模招聘无须付费	1. 招聘成熟工作者效果不理想 2. 简历反馈率很低 3. 推送的简历匹配度低	应届生招聘效果好

随着职业社交网站和猎头招聘网站的服务模式、盈利模式日渐清晰，招聘市场针对低端（传统招聘）、中低端（传统招聘+职业社交网站）、中高端（职业社交网站）和高端（职业社交网站+猎头网站）四大领域细分的趋势也日益明朗化。

2. 线下招聘渠道

最早的招聘活动是以招聘会的形式存在的。各大城市的人才交流中心、各高校的就业中心都会定期举办人才交流会。随着互联网的兴起，尤其是移动互联网时代的到来，传统招聘会逐渐失去了活力，但仍然可以作为一个补充渠道。

尤其是一些专业集会、论坛峰会和研讨会，这些不以招聘为目的的活动常常可以帮助招聘方储备合适的人选。线下招聘渠道优劣对比如表 4-4 所示。

表 4-4　线下招聘渠道优劣对比

渠道名称	优　势	劣　势
现场招聘会	1. 企业和求职者可当面沟通了解 2. 企业形象展示平台 3. 适合基层岗位招聘	1. 复试爽约率高 2. 去招聘市场时间成本高 3. 一场招聘会的招聘效果很难预测
职业介绍中心	1. 根据需求推荐，效率相对较高 2. 费用低廉 3. 适合低端岗位招聘	1. 不稳定，离职率高 2. 人才来路五花八门，需严格筛选，避免用工风险
报纸/专业杂志/电视广告等媒介	1. 易吸引素质较高的人才，适合高层人才和稀缺专业技术人才招聘 2. 有一定的广告价值，对展示企业形象有帮助	1. 版面或时长有限，有些内容无法展示 2. 看报纸的人越来越少，传媒渠道越来越丰富，选择难度大，制作成本高

续表

渠道名称	优 势	劣 势
内部推荐	1. 质量有保证 2. 成本低 3. 上手快	1. 推荐人选资源有限 2. 存在关系户，给日后管理带来某些麻烦

学史明理　　　　　　直通职场

任务实训

一、实训目的

1．掌握各招聘渠道的特点及适用性。
2．掌握招聘渠道选择的影响因素。

二、实训要求

1．分组进行：每 3～5 人一组，选取一名组长。
2．实训形式：制作 PPT，上台展示讲解。

三、实训内容

材料：

某企业是广东省佛山市一家集全品类家私研产销于一体的大型集团公司。因业务发展需要，现招聘以下岗位。

1．招商专员（20 人，出差岗）

工作职责：负责国内市场的招商加盟，开拓新客户，协助做好新店开张筹备相关工作。

任职要求：大专学历及以上，专业不限，熟悉办公软件操作；具备较强的沟通和谈判能力，能接受全国性中长期范围出差。

2．营销专员（10 人，出差岗）

工作职责：负责终端营运管理指导、销售培训，协助解决产品配套、销售提升、活动策划执行、投诉等方面的问题。

任职要求：大专学历及以上，专业不限，熟悉办公软件操作；具备较强的沟通和谈判能力，能接受全国性中长期范围出差。

3．家居顾问（10 人）

工作职责：负责门店客户咨询工作，为客户提供专业家具产品配套服务，协助处理客户订单跟进工作。

任职要求：大专学历及以上，专业不限，熟悉办公软件操作；沟通协调能力强，性格开朗，愿意与人沟通，愿意往销售管理方向发展。

要求：

以小组为单位，为企业此次招聘选择合适的招聘渠道，并分析原因。

四、总结分析

完成汇报后，小组互评，教师点评。

任务三　招聘广告设计

招聘广告设计与制作

人才市场如沙场，对求职者如是，对招聘方亦如是。酒香也怕巷子深，如何通过有吸引力的招聘广告，在激烈的招聘竞争中抢得企业所需的人才？

一、招聘广告主要内容

传统的招聘广告主要内容一般包括：
（1）本企业的基本情况。
（2）招聘岗位职责和工作任务。
（3）招聘岗位的任职资格条件。
（4）薪酬待遇。
（5）简历投递方式、联系方式。
（6）面试需带的证件、材料。
（7）其他注意事项。

二、招聘广告设计原则

招聘广告的设计原则与其他广告基本相同，应符合 AIDA（attention，interest，desire，action）原则，即引起注意原则、产生兴趣原则、激发愿望原则、采取行动原则。

（1）attention 原则。一则好的招聘广告必须能吸引眼球，这就要求广告能用独特的格式、篇幅、标题、字体、色彩或图案进行设计，再配合合适的媒体与广告位，才会取得好的效果。

（2）interest 原则。如果只让大家对你有所关注，但产生不了兴趣，也就失去了意义。要想在引起注意的基础上让受众产生兴趣，就必须设计出能够使人产生兴趣的点或面，例如语言的表述要力求生动形象，有时还需带些幽默感。

（3）desire 原则。求职者看到广告后，如何使他们产生申请的愿望，除了以上所列内容，还要来点实际的，即能够满足他们需求的内容。人的愿望大多来自内部需要和外部刺激，内部需要是他们是否想找招聘方能提供的工作（职位），外部刺激就是要让他们看到应聘该职位能得到的好处，如培训进修的机会、优越的工作环境。

（4）action 原则。招聘广告的最终目的就是在广告公布后很快收到大量符合条件的申请信与简历。

要做到这一点就需要简单明了地写明联系人与联系方式,包括电话、传真、电子信箱、通信地址等,以便求职者利用他们习惯的方式与招聘方联系。

三、招聘广告设计技巧

有吸引力的招聘信息应该根据行业从业人员、岗位特性和发布渠道的受众不同,采取不同的版本和风格。吸引人的招聘广告到底应该怎么写呢?

(一)招聘广告的标题

一个好的标题应该具备四大功能:吸引注意、筛选求职者、传达信息和吸引阅读。这四个功能都聚焦于一个问题,就是要与候选人高度匹配,对候选人来说,这个招聘广告看起来要"与我有关"。人总是关注自己想关注的内容,对自己没有任何直接利益关系和生存关系的事情,都会略过。

候选人的身上都会带着他们的个性和出生地等一切能够定义他们是谁,他们来自哪里,他们的个性怎样的标签。当招聘方把招聘广告中包含这些用户所具备的标签的事项让目标人群看到的时候,就更容易引起其关注。

常见标签属性运用如下:

(1)群体:"80后""90后",大学生,某区域的,蓝领,白领,有PS经验,熟悉操作。

(2)年龄:30岁,20岁,58岁之类。

(3)场景:上班,上学,工作,娱乐,运动,休息,空间场景(室内,室外,家里,公司)。

因此,招聘标题首先一定要简洁醒目,才能吸引人。其次标题需要个性化,通过标题能勾起用户的好奇心。例如:"90后"的舞台;您知道我在等你吗;找工作=找对象,只找自己想要的;高薪不是问题,问题是你敢来吗;选择××,选择美好人生;急缺销售人员,之前的都当老板去了。

(二)招聘广告的开头

招聘广告的开头主要叙述招聘原因,再引出招聘广告正文。常见的有以下两种开头方式。

1. 引子式

直接干脆,三言两语。直接引出招聘正题,简洁明快,以招聘信息的发布为主。这种方式比较适合知名度较高的企业采用。

2. 简介式

在开头部分,首先对本企业进行简要介绍,使应聘者对招聘企业有一个大致的了解。这种开头方式对知名度不高或新办企业来说比较适合,适当的自我介绍可使应聘者在做出选择时有依据。

(三)招聘广告的正文

在这个互联网信息泛滥的时代,作为企业内负责招聘的人力资源管理者必须要形成一个新观念:其实招聘也是一种营销。求职是双向选择,既然是双向选择,就必须学会营销自己,证明自己比别的公司有优势,证明自己比别的公司更值得选。所以招聘广告的正文尤为重要。

1. 表现出企业的亮点

企业的亮点一直是吸引求职者前来应聘的重要因素。如果企业已经有一定的知名度,在朋友圈招聘信息中可以只放名字和招聘区域。否则，就要加一句话简介，如"××省××业领导品牌"或者"N家分公司，注册资金×××"等，言简意赅地展示企业的亮点。

2．职位名称要说清楚

职位的描述应具体清晰，最好能让人从职位名称中一下子就明白该职位的大概方向。例如，"高级会议讲师"就比"美容讲师"的描述更令人一目了然。

3．岗位职责描述精准

每一个职位的职责描述都要精准。这个职位的日常工作是什么？怎样融入团队？为什么求职者希望得到这份工作？在描述每个岗位时，要尽量将岗位向应聘者"推销"出去，以吸引具备相应能力的求职者应聘这个岗位。

4．注明薪资待遇

要想吸引人才，薪酬待遇十分重要。大多数求职者在招聘广告中如果没有看到薪资的相关信息，就不会投简历应聘这个职位。因此，对于每个职位的薪资待遇，企业最好注明一个大概的范围。

5．公司地点写完整

在招聘信息中，应该包括关于公司地点的准确描述和前往公司的交通指南。要知道，互联网是全球性的，地球上任何一个地方的人都可以通过互联网看到你的招聘广告。

6．增加内容的趣味性

在这个日新月异的互联网时代，循规蹈矩的招聘信息效果有限；而独具趣味性的招聘启事往往更加容易吸引求职者的关注。尤其是对广告、设计等要求具有较强创意性的企业来说，如果招聘广告读上去有趣、好玩，则更容易抓住求职者的心。

7．配图不可缺少

为了迎合现在刷朋友圈的求职者的阅读习惯，招聘信息一定要配图，才有助于增加点击量。在网站上配上公司形象照、前台照、大型活动照等能突出公司特点的图片，会比较诱人。如果想别具一格地吸引新时代求职者，也可以放一些有趣好玩的表情包图片，或者好看又符合文案的插画。

学史明理

直通职场

任务实训

一、实训目的

1．了解招聘的有效性标准与要求。
2．明确提升招聘有效性的方法，明确本项目的学习目标与要求。

二、实训要求

1．分组进行：每3～5人一组，选取一名组长。

2. 实训形式：制作 PPT，上台展示讲解。

三、实训内容

材料：

某企业是广东省佛山市一家集全品类家私研产销于一体的大型集团公司。因业务发展需要，现需要通过校园渠道招聘以下岗位。

1. 招商专员（20 人，出差岗）

工作职责：负责国内市场的招商加盟，开拓新客户，协助做好新店开张筹备相关工作。

任职要求：大专学历及以上，专业不限，熟悉办公软件操作；具备较强的沟通和谈判能力，能接受全国性中长期范围出差。

2. 营销专员（10 人，出差岗）

工作职责：负责终端营运管理指导、销售培训，协助解决产品配套、销售提升、活动策划执行、投诉等方面的问题。

任职要求：大专学历及以上，专业不限，熟悉办公软件操作；具备较强的沟通和谈判能力，能接受全国性中长期范围出差。

福利待遇：

（1）有竞争力的薪酬体系，每年 1～2 次调薪机会，五险一金。

（2）福利性美味餐厅，免费空调宿舍（2～4 人间，配热水、免费 Wi-Fi）。

（3）免费上下班车，每年各种不定期旅游/户外拓展。

（4）享 8 天带薪春节假，每年 5～7 天灵活的带薪年假。

（5）花园式工作环境，免费健身房，每月均有丰富的员工活动。

（6）提供完善的职业发展路径、在职培训及晋升平台。

晋升平台：

完善的在职培训体系，明确的职业发展通道（见图 4-1）。

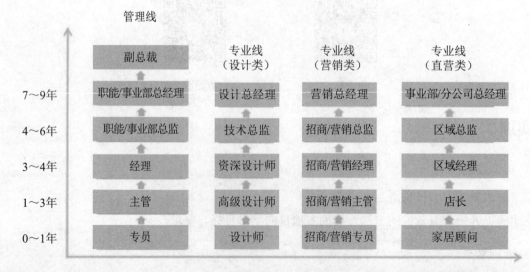

图 4-1 职业发展通道

招聘流程：

（1）宣讲会/简历投递：关注宣讲行程，提前投递简历。

（2）人力资源部初试：宣讲结束后，进行第一轮面试。

（3）专业复试：初试通过后，进入业务部门专业复试。

（4）录用信：面试结束后，一般在3个工作日后通过电子邮箱发放录用信。

（5）签订三方协议：收到录入信后，结合学校和公司要求签订三方协议。

要求：

以小组为单位（每3~5人一组，每组选取一名组长），为此次招聘设计校园招聘广告。

四、总结分析

完成汇报后，小组互评，教师点评。

任务四　简历筛选

一、简历筛选原则

茫茫简历中，人力资源管理者如何快速地发现对眼的人呢？下面来介绍人力资源管理者在筛选简历时应遵循的原则。

选人要看三匹配，即人岗匹配、人企匹配、人人匹配。

人岗匹配是指求职者的能力素质和岗位任职资格要求相匹配，即人能胜任岗位工作的能力。

人企匹配是指求职者和企业双方都有意愿合作，求职者的价值理念与企业文化、经营理念相匹配。

人人匹配是指融入团队的能力和意愿。

匹配中能通过简历筛选获知的人岗匹配信息包括求职者的知识，如学校专业；求职者的能力，如企业经历、工作年限、工作内容等；求职者的身体条件，如性别、健康程度等。通过对简历的分析判断，能预测到人企匹配、人人匹配的信息有求职动机、职业性向、工作价值观、职业规划、求职意愿等。

二、简历筛选的步骤与方法

简历筛选的步骤

（一）了解职位需求

阅读并充分理解职位描述中该职位的职责和要求，其中要求包括硬性要求、非强制性要求和软性要求。例如，A公司的市场运营岗位硬性要求为经常出差，所以基本只招男性。

（二）粗筛简历——着眼否定项，迅速排除

这项任务可用系统协助筛选，每份简历所需时间约2秒。这一步要进行的操作是：迅速剔除不符合硬性条件的简历。首先需要明确哪些是硬性条件，如年龄、地点、技能、专业认证、工作年限、教

育背景等。可利用人力资源管理系统的线上简历列表,直接过滤掉不符合条件的候选者。

(三)细选简历——着眼关键点,二次淘汰

这一步要做的是:寻找履历中含有关键要素的候选者,排除与目标职位关系不大的候选者。这一步要关注求职者当前工作的公司和职位及工作起始时间、过往工作的公司和职位及工作起始时间、教育背景。应重点关注以下两点:工作经验或学历是否满足岗位要求,相关的经历是不是近期的。招聘方应注意:简历不需要与所有关键词都吻合,以免错过一些优秀的、但并非高度吻合的求职者。

(四)精读简历——分析软条件,精准锁定

这一步实现的目标是:判断应聘者是否有岗位所需的软性条件,如能力、经验和个性等。为分析应聘者是否具备所需的工作经验、工作能力、适应能力、沟通合作能力等,可重点解读以下各方面内容。

1. 既往公司的规模和性质

了解候选者既往公司的规模、性质、知名度等信息,有助于分析候选者过往工作的强度、难度、作风和方式,进而判断其是否具备足够的专业能力、适应能力等。该判断具有一定的普遍性,例如曾在大型企业工作的人更熟悉标准化的流程,有良好的工作习惯,而具有小型企业工作经验的人一般实操能力较强。

2. 既往工作的职责、内容、取得的成就和管理经验

根据应聘者曾经担任过什么职位,参与过什么项目,承担过什么角色,可判断其获得的经验。与此相比,更有参考价值的是看简历中此项工作的具体内容,如"负责日常××工作"这样笼统的描述并没有太大的帮助,但如果工作内容中出现取得的成就以及工作收获等,可知晓应聘者是否对某行业有充足的经验和能力。

其中,如果取得的成就是量化的,那么更具有可信性。特别要注意,对于管理岗位,关注候选者曾经管理的团队大小、职务功能范围,对判断其是否具有一定的管理能力和经验尤为重要。

3. 教育背景和专业认证

对应届毕业生来说,他们的教育背景有较高的关注优先级,学历、在校表现可在一定程度上代表其学习态度和学习能力;对于技术性强的岗位,如研发人员、程序员、会计师等,是否专业对口、是否具备必要的专业认证则至关重要。

4. 跳槽频率和职业发展

人力资源管理者需留意候选者的跳槽频率、总工作时长、每段工作的时间以及工作衔接时间等。如果候选者每段工作的时长均小于三年,通常意味着候选者的工作稳定性较差,可能导致招聘成本较高。另外,如果存在较长的"工作间隔",也应引起注意。

同时,求职者的职业选择也应被关注,如果工作行业分布很广,意味着求职者没有对职业进行很好的规划,专业能力相对欠缺,不适用于强稳定性和强专业性的岗位。但另一方面,也可说明求职者具有良好的横向视野。

5. 简历的版面、出现的疑问和错漏

排版工整美观、没有错漏的简历,可体现出求职者态度认真、处事严谨以及逻辑性强。如果简历中出现自相矛盾或不符合常理的地方,如工作时间缺乏连贯性、个人成就和履历不匹配等,都应当细

致推敲。

以上就是实现快速筛选简历的方法与技巧，可概括为准备工作、粗筛、细选和精读四个步骤。快速的简历筛选是实现高效人才招聘的前提，也是企业在招聘人才博弈中取得胜利的关键。

学史明理　　　　　　　　直通职场

任务实训

一、实训目的

1．掌握简历的筛选方法。
2．掌握简历的筛选技巧。

二、实训要求

1．分组进行：每 3~5 人一组，选取一名组长。
2．实训形式：制作 PPT，上台展示讲解。

三、实训内容

材料：

某企业是广东省佛山市一家集全品类家私研产销于一体的大型集团公司。因业务发展需要，现需要通过校园渠道，招聘以下岗位。

1．招商专员（20 人，出差岗）

工作职责：负责国内市场的招商加盟，开拓新客户，协助做好新店开张筹备相关工作。

任职要求：大专学历及以上，专业不限，熟悉办公软件操作；具备较强的沟通和谈判能力，能接受全国性中长期范围出差。

2．营销专员（10 人，出差岗）

工作职责：负责终端营运管理指导、销售培训，协助解决产品配套、销售提升、活动策划执行、投诉等方面的问题。

任职要求：大专学历及以上，专业不限，熟悉办公软件操作；具备较强的沟通和谈判能力，能接受全国性中长期范围出差。

要求：

以小组为单位，为此次招聘工作设计简历筛选流程与标准。

四、总结分析

完成汇报后，小组互评，教师点评。

任务五　人员甄选——面试

面试是通过面谈或线上交流（视频、电话）的形式来考查一个人的工作能力与综合素质的活动，通过面试可以初步判断应聘者是否可以融入自己的团队。这是一种经过组织者精心策划的招聘活动。在特定场景下，面试是以面试官对应聘者的交谈与观察为主要手段，由表及里测评应聘者的知识、能力、经验和综合素质等有关素质的考试活动。

一般来说，面试有以下几个目的：

（1）考核求职者的动机与工作期望。

（2）考核求职者的仪表、性格、知识、能力、经验等特征。

（3）考核笔试中难以获得的信息。

一、面试类型

按照不同的标准，面试可划分为不同的类型。

按结构化程度，面试可分为结构化面试、非结构化面试和半结构化面试。结构化面试又称"标准化面试"，要求事先准备好所提的全部问题、各种可能的答案、评分标准和操作程序等；非结构化面试可以即兴、随机地和应聘者讨论各种话题，内容可以任意展开，可以追踪提问；半结构化面试是上述两者的结合。按目的的不同，面试可分为压力面试和非压力面试。前者是将应聘者置于紧张的气氛中，人为施加心理压力，测试应聘者承受压力、情绪调节及应变的能力；后者是在没有人为制造压力的情景下进行面试。按参加人员多少，面试可分为个别面试、小组面试、集体面试和依序面试。个别面试是一对一的面试；小组面试是多对一的面试；集体面试是多对多的面试；依序面试是一个应聘者按次序分别面对几个考官的面试。

二、面试流程

面试的具体步骤为：

（1）面试准备。确认工作说明书、查阅背景材料、列出问话提纲、设计提问方法、对重点问题或疑点做记号、预见问题、制定评价表、准备面试资料和环境。

（2）开始面试。先自我介绍，随即以一般社交话题开始交谈。

（3）正式面试。先易后难，广泛而深入地发问；察言观色，密切注意应聘者的行为与反应；注意所问问题、问题间变换、问话时机及对方的答复；给应聘者提问机会，并回答应聘者提问。

（4）结束面试。表示面试即将结束，询问是否要提问，并给应聘者补充说明或修正错误的机会；随后稍作总结，表示面试结束。

（5）面试评价。根据面试记录，使用面试评分表把评语式评估和评分式评估结合起来，对应聘者进行评估。

三、行为描述面试

行为面试法

行为描述面试简称 BDI（behavior description interview）面试，是一种特殊的结构化面试。与一般的结构化面试不同，它采用的面试问题都是基于关键胜任特征的行为性问题。

行为描述面试法是基于行为的连贯性原理发展起来的。面试官通过求职者对自己行为的描述来了解两方面的信息：一是求职者过去的工作经历，面试官可判断他选择本企业发展的原因，预测他未来在本企业中发展的行为模式；二是了解他对特定行为所采取的行为模式，并将其行为模式与空缺职位所期望的行为模式进行比较分析。面试过程中，面试官往往要求求职者对其某一行为的过程进行描述，如面试官会提问"你能否谈谈你过去的工作经历与离职的原因""请你谈谈你昨天向你们公司总经理辞职的经过"等。在提问过程中，行为描述面试所提的问题还经常与应聘者过去的工作内容和绩效有关，而且提问的方式更具有诱导性。例如，对于与同事的冲突或摩擦："你与你同事有过摩擦吗？举例说明。"这种提问方式显然不如"告诉我，与你工作中接触最少的同事的情况，包括问题是如何出现的，以及你们之间关系最紧张的情况"更能激起应聘者真实的回答。可见，行为描述面试的实质如下：用过去的行为预测未来的行为；识别关键性的行为要求；探测行为样本。

行为描述面试可以从以下几个方面来进行：

（1）收集过去行为的事例，判断行为答复。要了解应聘者是否能真的像他们所描述的那样去做，最好的方法就是收集过去行为的一些事例。应聘者曾经做过的一些事例要比他们告诉你"经常做、总是做、能够做、将会做、可能做或应该做"更为重要。通常应聘者给出的非行为性（理论性）的回答频率偏高，他们给出的观点往往并不一定是他们真正做过的事例。面试官应综合应聘者实际描述的内容和曾经做过的事例来做出正确的判断。

（2）提出行为性的问题。通常，行为性问题的提出带有这样的语气，如："请谈谈你在……时遇到的情况，你是怎样处理的"，"你是否遇到过……的情形？请谈谈其中一例"。

（3）利用标准化的评定尺度。在采用行为描述面试法时，不同的面试官可能会用不同的行为标准对求职者进行评定，为了保证评定结果的信度和效度，进行面试前必须制定一个标准的评定尺度。

（4）行为描述面试法遵循的原则。行为描述面试法遵循 STAR 面试法则（见图 4-2）。

STAR 法则＝情境（situation）＋任务（task）＋行动（action）＋结果（result）

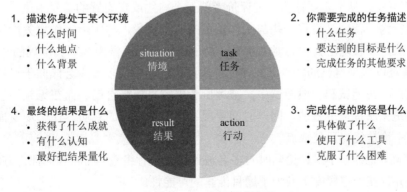

图 4-2　STAR 面试法则

四、无领导小组讨论

（一）概念

无领导小组讨论

无领导小组讨论（leaderless group discussion，LGD）是评价中心方法的主要组成部分，是指由一定数量的一组被评人（6～9人），在规定时间内（约1小时）就给定的问题进行讨论，讨论中各个成员处于平等的地位，并不指定小组的领导者或主持人。通常，被评人通过讨论得到一个全体成员一致认可的用于问题解决的决策方案，评价者通过对被评人在讨论中的语言及行为的观察评价被评人的领导能力、人际沟通技巧、主动性、口头表达能力、说服力、自信心等能力。一般情况下，无领导小组讨论都要进行录像，然后评价人员根据录像内容进行评价。领导小组根据讨论的主题有无情境性，可以将讨论分为无情境性讨论和情境性讨论。无情境性讨论一般针对某一个开放性的问题来进行，例如"好的管理者应具备哪些素质？"，或一个两难问题，例如"在企业，管理者应该更重公平还是更重效率？"。情境性讨论一般是把应聘者放在某个假设的情境中来进行，例如假定各个应聘者均是某公司的高级管理者，让他们通过讨论去解决公司的裁员问题，或解决公司的资金调配问题等。

（二）无领导小组讨论的优缺点

目前，许多企业在高级人才招聘、职务晋升中选择使用无领导小组讨论法。该方法被认为是企业招聘、选拔中高层管理人才的最佳方法，被越来越多的企业人力资源部门所关注，它具有以下优点。

（1）具有生动的人际互动效应。针对小组要讨论的题目，各被评价者需要从与他人的沟通中得到信息并表现自己，这种交叉讨论、频繁互动的过程有利于评价者从整个讨论过程中捕捉被评价者的语言表达能力、人际影响力、领导风格等。基于这一特点，无领导小组讨论适用于那些经常需要人际沟通的岗位员工的选拔，如人力资源部主管、销售部经理等，而对于较少与人打交道的岗位，如财务管理人员和研发管理人员的选拔，无领导小组讨论一般不合适。

（2）能在被评价者之间产生互动。评价者不参与探讨，被评价者面对的不再是应聘企业的工作人员，心理状态有所改变，能够表现出比较正常的行为状况，对一些笔试和面试不能考查或难以考查的能力或素质，可以通过这种方法得到评价。被评价者之间相互作用，各自的特点在与他人沟通中得以表现，大致可考查他在团队工作中的特点。

（3）讨论过程真实，易于客观评价。被评价者就一个问题或在设置的情景中进行讨论，使他们能表现出更多的真实行为。特别是设置一些与工作相关的典型情景，与实际工作相关性高，因而被评价者容易接受这种方法，并表现出真实的能力水平，易于评价者对其做出客观、准确的评价。

（4）被评价者难以掩饰自己的特点。被评价者在讨论过程中或多或少会倾向于尽量表现自己的优点、掩饰自己的缺点。在笔试和一般面试中，被评价者更容易掩饰自己。而在无领导小组讨论中，被评价者之间的表现是无法提前准备的，同一时间要展示自己多方面的素质。在临场发挥的情况下难以掩饰自己的特点，不论是优点还是缺点。

（5）测评效率高。无领导小组讨论同时对多名被评价者进行考查，比起其他评价方法要节省时间，减少重复工作量，并且在一定程度上减少了题目泄露的可能性。

尽管无领导小组讨论法在企事业单位的中高级管理者选拔中已经得到了广泛应用，但其仍存在以下缺点。

（1）题目的质量影响测评的质量。无领导小组讨论法的题目要求有很高的质量，既要能反映岗位能力需求，与实际工作相关联，还要能激发被评价者具有个体差异的行为表现等。设计一个兼顾各方面的题目并不是一件容易的事。如果题目设计得不好，会直接影响测评的质量，对被评价者有失公平。

（2）对评价者和测评标准的要求较高。无领导小组讨论的评价者应该是接受过专门的培训并具有一定实际操作经验的专业人员。他们必须能对被评价者的行为进行全面观察，才能做出客观正确的评价结果。但在实际操作中有时主观因素影响较大，有的单位的评价者仅凭自己的印象去给被测评者打分，结果导致不同的评价者给出的评分结果差距较大。有些评价者在小组讨论过程中甚至还相互交流看法，完全失去了评分的独立性，操作过程不规范。另外，如果没有统一而合适的测评标准，也会导致测评结果失去价值。

（3）应聘者的表现易受同组其他成员的影响。如果将一个思维清楚但不善言谈的人与几个语言表达能力很强的人分在一组，他就会显得迟钝木讷；若将他分到一群同样不善言谈的人中，给他更多的发言机会，他敏捷的思维就会脱颖而出。因此，在无领导小组讨论中，被评价者的评价结果对同组其他人员具有依赖性。但是由于分组情况没有标准，所以一个人表现的优劣有时取决于同组人员，这也会影响到评价者的评价结果。

（4）被评价者的行为仍然有伪装的可能性。尽管无领导小组讨论的方法能够引发被评价者较为自然的行为表现，但由于被评价者会努力猜测评价的意图，所以他们仍有可能做出故意迎合测评目的的行为表现。

（三）无领导小组讨论的流程

1．前期准备

（1）编制讨论题目。题目的质量直接影响到无领导小组讨论的有效性。首先，要对所招聘岗位进行工作分析，了解拟任岗位所需员工应该具备的特点、技能，根据这些特点和技能来进行有关试题的收集和编制。讨论题目必须具有争论性，题材要为大家所熟悉，能保证人人有感可发，并且题目的内容不会诱发被测评者的防御心理。如用案例，应筛选出难度适中、内容合适、典型性和现实性均好的案例，且符合无领导小组讨论的要求。对所编制出的备选答案进行甄别、筛选，确定出最符合本岗位工作特点的题目，对其进行检验、修正，使其真正成为具备科学性、实用性、可评性、易评性的测试题目。讨论的题目有以下类型。

①开放式问题。这类问题的答案范围可以很广、很宽，主要考查应试者思考问题时是否全面，是否有针对性，思路是否清晰，是否有新的观点和见解。例如：你认为什么样的领导是好领导？关于此问题，应试者可以从很多方面（如领导的人格魅力、领导的才能、领导的亲和力、领导的管理取向等方面）来回答，可以列出很多的优良品质。开放式问题对评价者来说，容易出题，但是不容易对应试者进行评价，因为此类问题不太容易引起应试者之间的争辩，所考查的应试者的能力范围较为有限。

②两难问题。所谓两难问题，是让应试者在两种互有利弊的答案中选择其中的一种。这类问题主要考查应试者的分析能力、语言表达能力以及说服力等。例如：你认为以工作取向的领导是好领导，还是以人为取向的领导是好领导？此类问题对应试者而言，不但通俗易懂，而且能够引起充分的辩论；另一方面，对评价者而言，在编制题目方面比较方便，而且在评价应试者方面也比较有效。但是，编制此种类型的题目需要注意，两种备选答案一定要有同等程度的利弊，不能让其中一个答案比另一个

答案有很明显的选择性优势。

③多项选择问题。此类问题是让应试者在多种备选答案中选择其中有效的几种答案或对备选答案的重要性进行排序,主要考查应试者分析问题实质、抓住问题本质方面的能力。此类问题对于评价者来说,比较难出题目,但对于评价应试者各个方面的能力和人格特点则比较有利。

④操作性问题。操作性问题是给应试者一些材料、工具或者道具,让他们利用所给的这些材料,设计出一个或一些由考官指定的物体来,主要考查应试者的主动性、合作能力以及在一项实际操作任务中所充当的角色。例如给应试者一些材料,要求他们相互配合,构建一座铁塔或者一座楼房的模型。此类问题,在考查应试者的操作行为方面要比其他方面多一些,同时情境模拟的程度要大一些,但考查语言方面的能力则较少,同时考官必须充分地准备所能用到的一切材料,对考官的要求和题目的要求都比较高。

⑤资源争夺问题。此类问题适用于指定角色的无领导小组讨论,是让处于同等地位的应试者就有限的资源进行分配,从而考查应试者的语言表达能力、分析问题能力、概括或总结能力、发言的积极性和反应的灵敏性等。例如让应试者担当各个分部门的经理,并就有限数量的资金进行分配,因为要想获得更多的资源,自己必须要有理有据,必须能说服他人,所以此类问题可以引起应试者的充分辩论,也有利于考官对应试者进行评价,但是对讨论题的要求较高,即讨论题本身必须具有角色地位的平等性和准备材料的充分性。

(2)设计评分表,如表 4-5 所示。

表 4-5 无领导小组讨论评分表

考官姓名				部门		总经办	
被评价者姓名	测评要素						
	综合分析能力(A)	表达能力(B)	逻辑性与创造力(C)	领导能力(D)	团队精神(E)	举止、仪表(F)	综合得分

评分表包括评分标准及评分范围。评分标准是对各测评能力指标进行表述,评分范围给出各测评能力指标在总分中的权重和具体分值及该能力优、良、中、差四个等级的评分区间。设计评分表时,确定测评能力指标是重点。

①应从岗位分析中提取特定的评价指标。不同的岗位对员工的要求是不一样的。例如,对基层岗位的员工主要考查其业务技能,而对营销岗位或高层管理岗位主要考查其人际技能、团队意识、洞察力。对于不同层级、不同部门的岗位要求也是不一样的,因此,测评指标应具有针对性,符合所招聘岗位的要求。

②评价指标不能太多、太复杂,通常应将评价指标控制在 10 个以内,否则测评者无法在短时间内给出准确评判。进行无领导小组讨论一般可以获得应试者在团队工作中与他人发生关系时所表现出来的能力,主要有语言和非语言的沟通能力、说服能力、组织协调能力、合作能力、影响力、人际交往的意识与技巧、团队精神等;应试者在处理一个实际问题时的分析思维能力,主要有理解能力、分析

能力、综合能力、推理能力、想象能力、创新能力等;应试者的个性特征和行为风格,主要有动机特征、自信心、独立性、灵活性、决断性、创新性、情绪的稳定性等。将这些要素进行归纳总结,就形成了若干能力测评指标。

③确定各能力指标在整个能力指标中的权重及其所占分数,然后根据优、良、中、差四个等级分配分值。其中应对每一个评价指标制定量化标准,如发言次数、发言时间长短、创新点数量等,以保证评分的准确公平性。

(3)编制记录表。记录表主要用于记录整个讨论过程以及各被评价者的发言次数和表现。在讨论过程中,各位被测评者所拥有的发言时间是进行评价的一个测评点,可以从一个侧面反映出被测评者在讨论中的活跃程度。在评价时,并不是次数越多、时间越长,分数就越高,而是针对岗位所需要的能力有一个标准,不同岗位是不一样的。记录表如表4-6所示。

表4-6 无领导小组讨论测评记录表

	人员1	人员2	人员3	人员4	人员5
发言次数					
善于提出新的见解					
敢于发表不同意见					
支持或肯定别人意见					
坚持自己正确的意见					
消除紧张气氛					
说服或调解					
创造一个能使不大开口的人发言的气氛					
把小组意见引向一致					
发言清楚					
有分析					
概括或总结					
做决议					
口述技巧					
非语言表情					
随机应变					
发言的主动性					
反应灵敏					
总次数					

(4)对考官的培训。无领导小组讨论法的评分是一项复杂而艰巨的工作,虽有客观的可操作的评分标准,但终究是一种主观评价。在评分前,应选定参与评分的考官,没有经验的评分者必须接受人事选拔专家或者心理学家的系统培训,深入理解无领导小组讨论的观察方式、评分方法等,必要时可进行模拟评分练习;掌握本次评分的规则、各测评指标及评分标准,具体了解:从哪些角度对应试者进行评价及如何评价?评价的标准是怎样的?评分的尺度应如何把握?这样才能从根本上保证无领导小组讨论测评的有效性。

(5)选定场地。无领导小组讨论的考场环境要满足安静、宽敞、明亮等条件。考场布置整体要求得体庄重、朴素大方,不能让人产生压力感。考桌一般排成圆形或方形,被测评者之间的距离应适合从事所欲完成的工作任务，相互之间彼此能看到，这样是为了便于讨论过程中彼此间的交流。

（6）确定讨论小组。讨论小组的人数一般为 6~9 人。人数太少，小组成员之间可能很快达成相同意见，测评者难以从被测评者的讨论过程中观察到足够的行为表现；人数太多，则各成员难以发挥自己正常的状态，而且可能因成员之间分歧过大，在规定时间内达不成一致意见，由于要测评的指标比较多，要对每个成员做出考查，所以难以进行全面的观察。为被测评者分组时应将竞聘同一岗位的应聘者安排在同一小组，以利于相互比较，同时保证相对公平性。另外，要尽量使同一小组的成员保持陌生的状态。

2. 具体实施阶段

（1）宣读指导语。主考官向应试者宣读无领导小组讨论测试的指导语，介绍讨论题的背景资料、讨论步骤和讨论要求。主考官要使用规范的指导用语，指导用语的内容包括每组所要完成的任务、时间以及注意事项。

（2）讨论阶段。考官宣读完指导语后一般不做任何发言，对有的被测评者提出的问题，不涉及讨论内容的要做适当回复，并不是回答他们所问的所有问题，而是要强调整个活动由小组自己安排。接着进入集体讨论时间，一切活动都由被测评小组成员自己决定，测评者要做的就是观察各成员，并在观察表上对每个项目进行评分。

被测评者讨论的内容既可以是对自己最初观点的补充与修正，也可以是对他人的某一观点与方案进行分析或者提出不同见解，还可以是在对大家提出的各种方案的比较基础上提出更加有效、可行的行为方案。讨论最后必须达成一致意见（当然也会出现有的小组无法达成一致意见的情况）。根据需要，在讨论结束以前，还可以要求被测评者以小组领导者的身份进行讨论总结。一般情况下，小组成员先轮流阐述自己的观点，然后相互之间进行交叉辩论，继续阐明自己的观点。在讨论辩驳阶段，杰出者脱颖而出，成为小组的核心人物。同时，被测评者的优缺点显得一清二楚。尤其是人际沟通能力、决策能力、应变能力和组织协调能力，充分展现在测评者面前。在被测评者进入讨论会场的同时，测评者的观察也就开始了。测评者观察到的被测评者的行为信息是其评分的主要依据。对测评者来说，在测评阶段最关键的是如何观察被测评者的言行表现，并给出相应的分值。在无领导小组讨论中，测评者的观察要点包括：发言内容，应聘者说了些什么；发言的形式和特点，应聘者是怎么说的；发言的影响，讨论者的发言对整个讨论的进程产生了哪些作用。

3. 评价与总结

评价阶段在整个测评过程中，可以采用录像机进行监测、录像，在被测评者讨论过程中，考官按照事先设计好的测评要素和观察点进行评价。最后召开一个评分讨论会，参考录像资料再对每个被测评者的表现逐一进行评价。在讨论每位被测评者时，所有考官应报告他们观察到的该被测评者的典型行为以及对此所做出的评价，并充分交流意见。在讨论过程中，考官应该着重评估被测评者以下几方面的表现。

（1）认识问题的高度和主流意识。能否抓住问题的本质，是否有一定的理论深度；观点的陈述是否符合社会主流意识。

（2）分析问题的深度和周延性。能否充分利用各种信息，准确把握问题的实质；能否从多角度对问题进行符合逻辑且有深度的剖析，并在此基础上提出自己的观点；每次发言是否有条理、有依据。

（3）对总体和局部以及各部分之间关系的认识。是否树立全局观念，办事情从整体着眼，寻求最优目标。

（4）小组代表对讨论的总结概括质量。小组代表能否概括总结小组讨论的最终观点；能否对小组讨论进程进行概括总结；能否清晰、有条理地陈述观点。

（5）对解决问题过程中可能出现的情况考虑的周全性。在讨论中体现的人际沟通意识与技巧；处理问题方法灵活、周到、得体。

（6）对讨论中出现的突发事件，被测评者能否灵活、快速、妥当地解决。

（7）被测评者为实现讨论目标所做的贡献。例如在讨论过程中，经常会出现别人的观点和自己的观点有矛盾和冲突的情况，这就要看被测评者是否具有说服别人接受自己观点的能力。

（8）被测评者调解争议、缓和气氛的能力。在讨论进行了一段时间后，被测评者还要有引导讨论方向的能力，并做出阶段性的总结。

当测评者们都认为他们已经获得了足够信息，他们就可以针对各测评指标进行评分了。然后结合具体的测评维度权重系数，计算得出被测评者的综合得分。对于不同测评者的测评结果，可以用求平均值的方法进行排序，或者不对自己先前的评分做任何修改，而是通过讨论再次对每位被测评者做出一个整体的评价，重新计算得分。最后根据评定意见和综合得分形成最终的综合评定录用结果及报告，说明每个被测评者的具体表现、最终录用结果、自己的建议等。

五、视频面试的准备与实施

在互联网5G迅速发展的时代，视频面试已经来临。视频面试可跨地域、足不出户地完成面试，提高了招聘效率，减少了招聘成本。下面介绍视频面试的实施技巧。

（一）视频面试前的准备工作

1．熟悉平台

目前，具有视频面试功能的软件有智联招聘、Skype、多面视频、方便面AI面试等。在正式面试之前，一定要提前熟悉面试平台软件，熟悉一些常见问题及其解决方法。

2．确定好面试地点，着装得体

选择相对封闭的房间，保证环境的安静与整洁，尽量在背景墙上放置公司的标志或者相关海报，能凸显企业的形象，光线最好要柔和一些，不要选择强光，更不要让自己逆光，不然求职者看到的你是黑衣人。

3．设备调试

在视频设备的选择上，优先顺序是：笔记本计算机>台式计算机>平板>手机。不管使用哪种设备，都需要保证运行流畅，电源充足，没有电话打扰。在音频设备的选择上，优先顺序是：入耳式耳机>半入耳式耳机>蓝牙耳机>头戴耳机>音箱。蓝牙耳机可能断开连接，头戴耳机影响形象，音箱有回音，而且杂音较多，因此最好使用入耳式耳机。

4．画面呈现

设备调试好后，接下来要模拟面试时的画面呈现，切忌用自拍和直播的角度平视，最好将摄像头调整到稳定地对着自己的状态，保证头、肩都在画面内，且头顶和肩侧都有 1/4 的留白。

（二）视频面试实施

1．全程录音录像

视频面试有一个很大的优点，就是可以录音录像，面试官可以反复斟酌候选人的表现，方便更客观地进行评估，同时可以观察自己在面试过程中的表现和需要完善的地方。

2．面试官必须要保持高度专业化

视频面试和现场面试一样，面试官要始终保持高度的专业化。仪表整洁、坐姿端正、面带微笑，这些是最基本的要求。询问求职者问题时，面试官要注意语言及语气，态度要好，注意礼貌用语，如临时有事，可与其另外约定视频面试的时间。

（三）视频面试的注意事项

（1）视频面试时应事先审阅求职者简历并列出面试问题。

（2）确认对方后向其介绍公司与职位的基本情况，确认其离职原因、其在职时的岗位职责与成就，了解他在团队中的位置及作用、个人强项与需要提升的地方等。

（3）了解求职者目前的薪酬水平及构成、期望与底薪等。

（4）对简历中不明白或不清晰的部分加以明确，做深一步了解。

（5）对于优秀的应聘者，可了解对方到公司工作的意愿的强烈程度及到岗时间。

学史明理

直通职场

任务实训

一、实训目的

1．掌握无领导小组讨论的流程及实施要点。

2．能够运用无领导小组讨论为企业招到合适的员工。

二、实训要求

1．分组进行：每 3～5 人一组，选取一名组长。

2．实训形式：将学生分成 5 人或 7 人的小组，一些小组扮演面试官，另一些小组扮演应聘者，按无领导小组讨论的流程进行模拟面试。

三、实训内容

材料：

某企业是广东省佛山市一家集全品类家私研产销于一体的大型集团公司。因业务发展需要，现招聘招商专员（20人，出差岗）及营销专员（10人，出差岗）。本次面试决定采用无领导小组讨论形式。

面试题目：能力和机遇

能力和机遇是成功路上的两个非常重要的因素。有人认为成功路上能力重要，但也有人认为成功路上机遇重要。若只能倾向性地选择其中一项，你会选择哪一项？至少列举5个支持你选择的理由。

要求：

请你首先用5分钟的时间，将答案及理由写在答题纸上，在此期间，请不要相互讨论。

在主考官说"讨论开始"之后进行自由讨论，讨论时间限制在25分钟以内。在讨论开始时，每个人首先要用1分钟时间阐述自己的观点。注意：每人每次发言时间不要超过2分钟，但对发言次数不进行限制。

在讨论期间，你们的任务是：

（1）整个小组形成一个决议，即对问题达成一致共识。

（2）小组选派一名代表，在讨论结束后向主考官报告讨论情况和结果。

流程：

（1）4分钟的审题、思考时间。

（2）1分钟的观点陈述时间。

（3）15分钟的小组讨论时间。

（4）5分钟总结时间。

四、总结分析

学生展示，小组互评，教师点评。

任务六　招聘录用与评估

招聘录用与评估

一、员工录用原则

一般来说，员工的岗位均是按照招聘的要求和应聘者的应聘意愿来安排的。为实现用人所长、学用一致、有效利用人力资源的目的，人员录用必须遵循以下原则。

（一）因事择人原则

因事择人就是以事业的需要、岗位的空缺为出发点，根据岗位对任职者的资格要求来选择人员。它要求组织招聘员工应根据工作的需要来进行，应严格按照人力资源规划的供需计划来吸纳每一名员工，人员配置切莫出自部门领导或人力资源部门领导的个人需要或长官意志，也不能借工作需要来达到个人的某种目的。只有这样，才能实现事得其人、人适其事，使人与事科学地结合起来。

（二）任人唯贤原则

任人唯贤，强调用人要出于"公心"，以事业为重，而不是以自己的"小圈子"为重、以"宗派"

为重，只有这样，才能做到大贤大用、小贤小用、不贤不用。能否做到任人唯贤，是衡量管理人员是否称职的标准之一。在人员的安排使用过程中，要克服错误心态，避免用人上的失误。当然，任人唯贤原则还需要其他条件来配套，如要求部门领导对每一个工作岗位的责任、义务和要求都非常明确，要学会对人才鉴别，掌握基本的人才测试、鉴别、选拔的方法，应懂得什么样的岗位安排什么样的人员。管理者只有对所任用的员工了如指掌，并及时发现人才，使用得当，才能使每个人充分施展自己的才能。

（三）用人不疑原则

这个原则要求管理者对员工要给予充分的信任与尊重。如果对部下怀有疑虑，不如干脆不用。既然要用，就一定要明确授权，放手大胆使用，使他充分发挥才干。事实上，试用人员与正式员工在使用上并无本质的差异，关键是管理者能不能给他们以充分的信任与权力，大胆放手，让他们在岗位上发挥自己的才能。

（四）严爱相济原则

员工在试用期间，管理者必须为其制定工作标准与绩效目标，对其进行必要的考核。考核可从以下几个方面进行：能力及能力的提高、工作成绩、行为模式及行为模式的改进等；对试用的员工在生活上应当给予更多的关怀，尽可能地帮助员工解决后顾之忧，在工作上要指导帮助员工取得进步，用情感吸引他们留在组织中。同时，从法律上保证员工享受应有的权利。这些对员工积极努力、长期稳定地为组织工作是非常有利的。

人员录用是人员招聘的重要环节之一，员工录用和入职环节其实是非常重要的一个环节。如果在这一环节中，员工体验很好，可能就会留下来；如果体验不好，可能就会很快流失。那么，怎样做好员工录用和入职环节呢？

二、员工录用流程

（一）确定录用名单

确定录用名单时应坚持录用原则，它关系到整个招聘工作的成败。录用必须以对应聘者全面考核的结论为依据，依靠集体的力量，由招聘小组成员或高层管理人员集体讨论确定，避免主观偏见的影响，而且要防止不正之风的干扰。

（二）公布录用信息

录用名单确定后，名单应通过一定的方式张榜公布，以提高透明度，尤其是内部招聘更应该公布。这样做一方面有利于接受外部监督，另一方面也可防止招聘中的不正之风，纠正招聘过程中的弄虚作假行为，体现招聘工作的公开、公正、公平原则。

（三）通知应聘者

录用结果确定后，人力资源部门要及时通知应聘者是否被录用。通知方式通常有张榜通知、电话通知与书面通知等。对未录用的应聘者，招聘单位应及时告知，这样做有利于维护组织的良好形象和声誉，也可体现对未录用人员的尊重。通知被录用者时，最重要的原则是及时；否则，优秀的人才就可能与组织失之交臂。录用通知中，要写明录用的岗位、部门、薪资待遇、享受的福利等，还要写明入职时需要携带的材料证明等。最好还要对即将入职的部门进行简单介绍，让录用者在进入公司时有一个心理准备等。如果接到录用通知的优秀应聘者未及时来公司报到，公司的人力资源部甚至高层主管要主动去电话询问，表示积极的争取态度，并进一步弄清应聘者拒聘的真实原因，以采取相应对策。

（四）办理录用手续

被录用的人员应在公司规定的时间内，到公司办理报到的各项手续。相关手续办理完后，人力资源部应带领新员工熟悉整个办公环境，最后带领到部门，让部门的负责人对新员工进行介绍，部门内相关人员进行自我介绍，最好能够分配给新员工一个导师，帮助新员工适应新的工作，解决新员工在专业方面或者生活方面的问题。

（五）上岗引导培训

新员工只有完成上岗引导培训才能从非组织成员变成组织成员，招聘过程才算真正完成。这方面内容将在员工培训章节中详细讲解。

三、招聘效果评估

一个完整的招聘效果评价指标体系应该包括以下几个方面。

（一）招聘的数量分析

通过衡量职位空缺是否得到满足、雇用率是否真正符合招聘计划的设计，可判定招聘数量的评估情况。录用人员数量评价主要用录用比、招聘完成比、应聘比来衡量。如果录用比过小，则相对来说，录用者的素质越高；反之，则可能录用者的素质较低。若招聘完成比等于或者大于100%，则说明在数量上全面或超额完成了招聘计划；若应聘比较大，说明招聘信息的发布效果好，同时说明录用人员可能素质较高。

（二）录用人员的质量分析

录用人员质量的评价主要依据"认识匹配原理"，通过 P-J（合适度）、P-O（适应度）等来考查，也可以根据工作分析与录用标准对录用人员进行等级排列来评价，还可以用合格的应聘者与不合格的应聘者之比来评价。种种方法，归根结底就是要看新人的业绩表现究竟如何。录用人员的质量也可以通过用人部门的满意度（如用人单位或部门对新录用员工的数量、质量的满意度，以及对招聘过程的满意度，是否按照用人单位或部门的要求招募到合适的人选等）、某职位的平均流动率或招聘重复率来考核。

（三）招聘时间（周期）的评估

此项评估就是看能否在计划时间内招到合适的人。

（四）招聘成本的核算

招聘成本是评价招聘工作的一个重要指标。随着人才竞争的日益激烈，人才招聘的成本也有增加的趋势。招聘成本就是指在员工招聘工作中所需花费的各项成本的总称，包括在招聘和录取新员工过程中的招募、选拔、录用、安置以及适应性的成本等。招聘核算是对招聘的经费使用情况进行度量、审计、计算、记录等的总称。通过招聘核算，可以了解招聘过程中经费的精确使用情况，是否符合预算以及主要的差异出现在哪里等。

（五）招聘渠道的有效性分析

招聘职位的性质决定招聘渠道的选择，而不同的招聘渠道，其成本结构各异。前面章节已经讲过此部分内容，这里不再阐述。

（六）招聘投资收益分析

招聘方式多种多样，不同方法的应用也会产生不同的投资收益。企业招聘投资收益包括招录的新员工为企业带来的直接经济利益、企业产品质量的改善、市场份额的增长幅度、市场竞争力的提高以及未来支出的减少等各个方面。如果采用的方法有效，就能使企业招聘到最佳的人选，并获得长期的效益；反之，必会得不偿失，不但完不成招聘任务，还会浪费大量的钱财，影响以后的工作。因此，有必要对招聘的成本和收益进行分析。

对招聘投资收益的分析往往是人力资源会计的工作。常用的方法是会计收益法，即通过分析招聘带给企业的预期总收益与现实招聘总支出之间的差额，进而计算员工招聘投资净收益的方法。其计算方式为：员工招聘净收益＝员工招聘总收益－员工招聘总成本。

学史明理

直通职场

任务实训

一、实训目的

1．掌握员工录用原则。
2．掌握员工录用流程。

二、实训要求

1．分组进行：每 3～5 人一组，选取一名组长。
2．PPT 展示。

三、实训内容

材料：

某企业是广东省佛山市一家集全品类家私研产销于一体的大型集团公司。因业务发展需要，现招聘招商专员（20人）及营销专员（10人），经过多重甄选，现已录用招商专员（15人）及营销专员（5人）。接下来的几天，行政部和入职部门将共同安排为新员工进行入职培训，包括企业文化、规章制度、工作要求等，以帮助新员工能更快熟悉新的工作环境，更快融入其中。

要求：

作为人力资源管理者，你需要为新员工办理入职手续，并对相关入职手续流程进行优化。

四、总结分析

学生展示，小组互评，教师点评。

项目五　员工的培训与开发

学习目标

　　知识目标：了解培训与开发概念；掌握培训需求分析方法；掌握培训计划制订流程；掌握培训实施基本程序；明确培训效果评估方法。

　　能力目标：能够利用技术模型分析培训需求；能够撰写培训与开发计划报告；能够组织和实施培训管理工作；能够制订培训效果评估方案。

　　素质目标：借鉴古人学习的智慧，培养学生的文化自信与文化认同；培养学生较高的政治觉悟和管理理论素养；树立培训专员的职业认同感、使命感和责任感。

思维导图

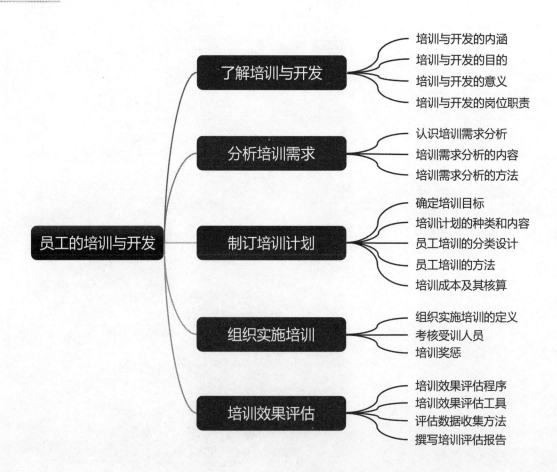

案例导入

海尔大学始建于1999年，具备完善的课程和讲师管理体系，是海尔集团"人单合一"管理模式的引领传播平台，具有创业创新的孵化能力、知识平台构建能力、智能方案提供能力、企业对外赋能能力。

一、项目团队：无边界，明职责

物联网时代，需要人才推动发展进程。在没有标杆可以参考的情况下，如何找准此类人才能力差距，并开展具体的培养工作？海尔大学以"触点网络转型加速训练营"作为物联网关键人才培养的试水项目，搭建了无边界项目团队、签订对赌契约，为后期的项目展开奠定了扎实基础。

1. 齐心协力，共建无边界组织

训练营项目高度承接集团触点网络建设战略，由业务负责人、业务HR、HRBP、培训项目经理等组成的无边界项目团队诞生，他们分别承担着校长、教导主任、班主任等角色。在培训过程中，项目团队全流程为学员营造学习型组织氛围，共同推进项目开展，并对项目价值产出负责。

2. 是"对赌契约"，更是承诺书

激活项目各利益方的最大潜能，才能在执行中尽职尽责。为此，由海尔大学牵头，培训利益各方都签订了相关对赌契约：

（1）培训经理作为培训项目的经营者，承诺助力学员能力提升并促进业务增值。

（2）学员承诺培训过程中会倾情参与、顺利结业，并在工作中创造价值；否则，将面临培训费用自己承担，且一年内晋升发展受限的风险。

对赌契约里提前约定项目团队及学员的权利义务、项目产出及价值的衡量标准、对赌目标验证的机制手段等。若项目目标达成，参与者均可获得相应的报酬激励；若项目目标未达成，则所有的参与方只能获得基本薪酬。

二、能力差距：五步提炼，有的放矢

提升相关能力，必须找准能力差距项，才能有的放矢。项目团队采用五步提炼法，结合火焰动能理论，输出触点网络建设关键人才的能力画像。

1. 五步勾勒人才画像

为深入挖掘触点网络建设的关键任务，拆解承接关键任务的人才所具备的核心能力，此项目采用五步提炼法来探索组织及学员的能力需求，并结合海尔大学物联网时代非线性火焰动能理论，提炼出建设触点网络所必需的自驱力、认知力、实践力，同步输出触点网络建设关键人才需要提升的能力项。

第一步：战略解读，提炼自驱力

通过研读集团战略、解读海尔"以用户为是，以自己为非"的价值观，项目团队从众多能力项中确定海尔关键人才所应具备的自驱力，即企业家精神。

第二步：拆解纵横轴单，提炼认知力

具有海尔特色的"纵横轴匹配表"是重要的战略落地工具：横轴展现了企业的市场经营指标，纵轴展现了以交互用户为中心的差异化路径。通过拆解触点网络建设关键人才的岗位职责，项目团队聚焦出承接战略的关键任务，认为触点人才需要在模式创新、资源开放、高效团队执行上提高认知力。

第三步：线上调研，提炼实践力

为了让组织内部的标杆经验显性化，项目团队选取触点网络建设有广度、有温度、有深度的样板学员及触点相关人才，通过海尔物联网时代的学习交互平台 Hi-study，结合智慧化的数据分析，了解到触点网络建设成功模式的做法，并提炼出触点网络建设及经营所需要的实践力。

第四步：访谈高管，洞察能力核心

在制定好需求分析表单之后，项目团队要从业务需求、绩效需求、能力需求、环境需求四个角度对集团三位产业总裁做一对一访谈，经过梳理，团队洞察到战略思维、动态能力是建设触点生态的重中之重，也是实践力的核心。

第五步：对标关键影响者，确认画像

通过对标集团关键影响者的能力画像，项目组最终确定了触点网络建设关键人才的火焰动能画像。

2. 聚焦"三力"，找准差距

为更精准地聚焦能力差距，找到项目赋能切入点，培训组还针对自驱力（学习潜力、动机、价值观）、认知力（创新思维、资源整合、团队经营）、实践力（用户交互）等方式进行解码，通过测评结果分析聚焦出能力差距项。

三、学习之旅：三管齐下，智慧萃取

在具体的培训过程中，项目团队借助线上学习平台，以及多种学习形式，开启了定制化学习之旅。

1. 线上学习，打破知识孤岛

Hi-study 是海尔物联网时代的学习交互平台。此平台不仅能够满足培训项目经理日常管理、为学员智能推荐学习资源，还能够助力学员在线上共同商讨，碰撞出智慧火花。

（1）标签识别，个性化学习。学员可以通过微信、PC 端等多种端口登录系统，登录成功后，系统会智能识别学员的身份标签，推荐个性化的课程资源及讲师，学员也可找到自己的学习信息库。完成学习之后，学员可以将感悟随时上传至平台，与学习伙伴分享交互；平台上的社群管理小助手功能也会在学习社群中自主发起知识分享，并同步转播到并联社群，以扩大知识影响力。

（2）经验萃取，活学活用。与此同时，学员分享到 Hi-study 平台上的知识还能成为其他学员的经验萃取资源，进而运用到实际工作中，为组织提升价值。

2. 场景学习：无限接近实景

灵活的学习形式有助于激发学员在实际工作中创新出有效的解决方案。在此次项目学习过程中，项目团队也会借助各种学习形式，不断调动学员的积极性，提高其学习热情。

（1）专家研讨，共创新模式。项目团队采用任务驱动式学习法，通过战略拆解，聚焦关键课题，并邀请业内专家共同研讨，共同创造出新商业模式，不断提升学员认知力。学员经过一系列学习和思维迭代，认知会得到逐步提高。

（2）"超级导师"，揭秘精华。作为变革的关键人才，战略路径的制订方案是必学内容。项目团队借助触点网络 WORKSHOP 研讨会，通过教练引导、学员问诊两个环节，帮助学员掌握触点网络建设解决方案，使其成为懂战略的高端人才。培训经理每月会邀请 1 名集团内部样板小微负责人作为"超级导师"，分享触点网络建设的商业模式、触点转型的亮点揭秘。

课前，学员要根据导师即将分享的课题准备疑点。

课上，导师采用引导技术问诊学员需求，带领学员拆解出关键问题，共创解决方案。

课后，导师还会对问诊学员定期复盘，实施追踪学员的落地成果。

（3）资源地图工作坊，促进合作创新。业务要产生增值，手头的用户资源不可或缺。对此，项目团队打造了"资源地图工作坊"，要求学员带着自己的"资源"和"需求"，在轻松开放的工作坊中，了解资源并互换，协同创新。

3. 社群生态圈：闭环学习提升效果

"学以致用"才是目的，赋能旅程中，除了学习，实践也是重要一环，项目团队在学习全流程中鼓励学员亲自实践。课前，要求全员交互出业务痛点；课中，学员需要通过工作坊的形式破解痛点；课后，讲师答疑解惑提升学习效果。此外，项目团队还为学员链接集团其他培训项目资源，并借助线上学习平台、书籍等方式拓宽学习渠道。

以"实践、链接、拓展"为关键词，项目组为学员打造了完整的学习社群生态圈，通过全流程的闭环链条，助力学员不断加深学习印象，提高学习体验。

资料来源：物联网时代的"关键人才"长啥样？请参考海尔的"人才画像"[EB/OL].（2018-12-14）[2022-09-01]. https://cxo.cfw.cn/view/253878-1.htm.

思考：

海尔大学在没有标杆可以参考的情况下，如何确定物联网时代"关键人才"的画像？

启示：

海尔集团在物联网转型变革时期，高度重视培训工作对企业转型发展的影响，主张通过人才的力量，从自身出发，精准找出培养对象的能力差距，充分利用公司可用资源，以海尔大学为平台开展相关培训，激发和培养人才的自驱力、认识力与实践力，将他们培养成为企业战略转型的中坚力量。

任务一　了解培训与开发

培训与开发概述

面临全球化、高质量、高效率的工作系统，企业的培训工作显得尤为重要。培训使员工的知识、技能与态度得到明显提升与改善，在帮助员工实现个人发展目标的同时，增强组织应变能力，提升企业整体效率，增强企业竞争优势。

一、培训与开发的内涵

培训与开发是指企业实施的、有计划的、连续的系统学习行为或过程，其目的是使员工的知识、技能、态度乃至行为发生定向改变并使其职业能力得到综合提升，从而确保员工能够按照预期的标准或水平完成所承担或将要承担的工作任务。培训的终极目标是实现员工进步与企业永续发展的和谐统一。

二、培训与开发的目的

通过组织学习、训练等手段提高员工的知识水平、工作技能和工作态度并使其潜能得到发挥,最大限度地使员工的个人素质与工作岗位需求相匹配,进而持续提升员工在未来工作岗位中的绩效。站在企业经营者的角度,员工培训与开发工作的主要目的有以下四个方面。

(1)个人目的:达成员工实现其职业生涯规划目标所需的各项能力。

(2)岗位目的:实现员工高水平完成本职工作所需的知识、技能和态度目标。

(3)年度目的:满足企业年度经营目标对人力资源的具体需求。

(4)长期目的:配合企业战略发展目标对人力资源的具体需求。

三、培训与开发的意义

(一)培训与开发对企业的意义

21世纪是经济时代,人力资源已经代替土地、技术和资本成为企业生存发展最重要的一项生产要素。企业投入大量的人力、物力、财力进行培训与开发,提高人力资源的质量,这会使企业的产出得到提高,从而使企业获得投资收益。

具体来说,培训与开发对企业的作用主要体现在以下四个方面。

1. 培训与开发有利于提高企业员工的整体素质,促进企业的长远发展

企业的长远发展不只是依靠先进的设备、优质的产品及领先的技术,更依赖具有高素质和创造力的员工,这些员工对企业的管理、经营和服务的改进以及提高具有举足轻重的意义,是企业长期生存并得以发展的关键。

2. 培训与开发有利于企业增强对外部环境的适应性

现代社会复杂多变,发展日新月异。市场的不断开拓、科技的不断进步、社会价值观念的不断变化以及新思维方式的不断出现,使得外部环境对企业来说充满了机会和挑战。企业必须适应这种环境,而这就依赖高素质的员工。培训与开发可以使员工更新观念,保持对外界环境的警觉和敏锐反应,进而使企业在环境变化之前就做好准备,采取应对措施,从而始终处于市场的领先地位。

3. 培训与开发能够提高企业自身改革和创新的能力

现代企业必须对自身不断进行调整和变革,以求更好地发展。培训与开发能使企业员工及时调整和改变自己的思想、行为和习惯,熟悉和适应企业的变革,降低企业变革的成本。

4. 培训与开发是企业吸引人才、培育人才和留住人才的重要手段

在当今社会,对每一个人而言,终身学习已经成为一个必须接受的现实,因此只有那些能够提供更多培训与开发机会的企业才能在吸引人才、培训与开发人才和保留人才方面更胜一筹。

(二)培训与开发对员工的意义

对员工而言,无论经验如何丰富,来到一个新环境或想要取得更大进步时,培训都是最快获取和掌握相关信息的途径。培训与开发能够让员工在最短的时间内以最快的速度提升自我,在职场中规避

风险,避免走弯路。因此,培训与开发是员工在职场中获得的最大福利。培训与开发对员工的意义主要体现在以下五个方面。

(1)培训与开发可以提高员工的综合素质。员工通过参加培训可获取新的观念、知识、技能等,促使其综合素质得到提高。

(2)培训与开发能够改善员工的工作质量。员工在接受培训后往往能掌握正确的工作方法,纠正错误或不良的工作方法,减少工作失误,提高工作效率,改善工作质量。

(3)培训与开发有利于增强员工的职业稳定性。培训使员工变得更加专业、更有竞争力,并使他们逐渐成为人才市场的稀缺资源,让他们有信心、有能力去从容应对职业带来的挑战。

(4)培训与开发能够增加员工获得较高收入的机会。不同的员工有着不同质量的劳动能力,他们在工作中所表现出的劳动效率和工作质量是不同的,因此他们获得的收入也是不同的,特别是在自由竞争的环境中,人们总是追求更高的收入,都愿意通过职业培训来提高自身的劳动力质量,为获得高收入创造机会。

(5)培训与开发能够帮助员工激发自己的潜能。每个人都具有很大的潜能。员工参加培训所获得的新观念、新知识、新方法、新体验等将有助于激发自身的潜能。

四、培训与开发的岗位职责

现代企业要真正解决发展过程中的人才瓶颈问题,就必须重视人才的培养,企业人力资源管理部门或培训管理部门的管理人员需要全面地认识企业培训体系及培训与开发工作的岗位职责。

(一)企业培训体系

企业培训体系是指在企业内部建立的系统的、与企业的发展以及人力资源管理相配套的培训管理体系、培训课程体系以及培训实施体系。建立并完善有效的企业培训体系是培训管理工作的核心任务,有效的培训体系能够提升企业核心竞争力,为战略目标的实现提供适配的人力资源。一般来说,完整的培训体系应该包含以下内容:

(1)企业内部培训机构的设置。
(2)培训制度的建立。
(3)培训课程体系的建设。
(4)培训师资体系的建设。
(5)培训过程的管理。
(6)培训设施设备的管理。
(7)培训经费的管理。
(8)培训效果的评估与反馈。

(二)企业培训工作的分工与职责

企业培训工作的成效会直接影响整体战略目标的达成,因此,这项工作需要得到组织上下全体成员的配合与支持。在这项工作中,需要管理高层提供政策方向和经费支持,人力资源管理(培训)部门提供培训方法、管理制度和师资资源,各部门员工积极配合参与培训,这样才能真正发挥企业培训工作的功能。企业培训工作的具体分工与职责如下。

1．企业管理高层的职责

制定或审批组织人力资源开发战略、培训政策；审批培训计划与培训预算；审批重点培训项目等。

2．人力资源管理（培训）部门的职责

拟定组织培训战略；执行组织培训战略；拟定组织培训政策；建设与管理培训资源；培训日常工作管理等。

3．企业员工的职责

积极配合人力资源管理（培训）部门完成培训需求调查；严格遵守培训规章制度参与培训；将通过培训所获得的知识、技能和态度正确运用到本职工作中，提升个人工作绩效等。

学史明理

直通职场

任务实训

一、实训目的

通过人才市场需求了解培训与开发的岗位职责，明确培训岗位的人才培养目标。

二、实训要求

1．分组进行：每3～5人一组，选取一名组长。
2．实训形式：提交调研报告。

三、实训内容

以小组为单位，通过各大招聘平台收集培训专员/助理、培训经理岗位的招聘信息，整理、分析岗位职责与任职要求，并形成调研报告。

四、总结分析

提交调研报告后，由企业专家与教师共同点评。

任务二　培训需求分析

培训需求分析

作为系统培训的首要环节，需求分析是否准确将直接影响其后各环节的操作、价值及效果。因此，明确培训需求产生的原因，准确运用培训需求分析模型及方法，是开展有效培训的必经之路。

一、认识培训需求分析

（一）培训需求的产生

培训需求是组织及其成员在绩效、行为、知识、技能、态度、观念等方面的实际情况与理想状态之间的，可以通过培训来加以改变的差距。用公式表示为：培训需求=理想状态需要的-实际拥有的。其主体是需要接受培训的个体或群体。

通常，产生培训需求的原因可以归纳为以下四点。

1. 战略变化

企业由于发展，规模不断扩大，可能会采取多种发展战略，从而导致企业兼并、重组，或进入新的行业、新的市场。当原有的人才知识结构和技能无法完全适应新的工作环境需要时，相关的培训需求就产生了。

2. 工作变化

由于企业引进新技术、购买新设备、采用新工艺，或进行组织变革和业务流程重组，导致原来的工作方法和操作流程发生巨大改变。在这种情况下，为了使员工尽快适应工作变化，就必须要对相应的工作人员进行培训。

3. 人员变化

人员在企业内外部的流动，诸如升迁、降职、调动、解雇、离职、引进等，都会导致培训需求的变化和产生。例如新员工上岗前要接受新工作的岗前培训等。

4. 绩效低下

技术水平、专业技能、管理技能及相关知识经验不足或态度、观念问题导致在工作中发生操作失误、效率低下、秩序混乱等现象，进而使个人或部门工作绩效低下，组织绩效目标无法实现。为防止此类现象的发生，必须进行相关的培训。

（二）培训需求分析的含义

培训需求分析是指企业为了有效地实施培训，在培训开展前，由人力资源管理（培训）部门通过科学的方法和技术对组织成员的知识水平、目标、能力等方面进行系统评估，以确定培训形式、培训内容的信息收集过程。作为企业培训活动的首要环节，培训需求分析是否准确将直接影响后续培训工作的开展，因此，这一环节在整个培训工作中扮演着重要角色。通过需求分析可以确定特定工作的实际需求与任职者现有能力之间的差距，了解组织或员工进行培训的必要性和紧迫性，并确定对哪些员工进行培训和培训到什么程度，要通过什么培训方式来实现。

（三）培训需求分析的理论基础

1. Goldstein 三层次模型

Goldstein 三层次模型是培训需求分析的重要理论基础，该理论最早于 20 世纪 60 年代由美国学者麦格希（Mcgehee）和赛耶（Thayer）提出。该模型将培训需求分析看成一个系统，进行了层次上的分类，分成了三个部分：组织分析、任务分析和人员分析。根据该框架的分析，组织分析主要确定培训目标以及哪里需要培训；任务分析主要确定任务标准以及培训内容；人员分析主要确定组织中的哪些人应该接受培训。该理论通过将组织、任务、人员的需求进行整合，使得培训需求更加全面化，分析结果更加科学化，如图 5-1 所示。

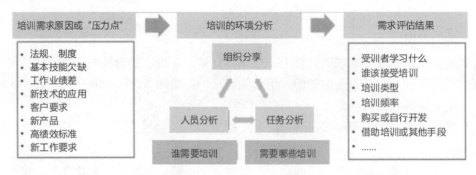

图 5-1　Goldstein 三层次模型

2．胜任力特征模型

胜任力特征模型是对完成工作所需的技能、知识、动机等特质进行描述，直接地传达绩效优异者应具备的素质。该类模型包含了两层含义：员工获取优秀工作绩效所需的技能、知识、动机和态度，以及上述必备因素之间的层次结构和逻辑关系。目前，学术界影响最大、实际应用最多的胜任力特征模型是冰山模型和洋葱模型。

（1）冰山模型。为了区别员工的外显工作特征和潜在工作特征，美国心理学家麦克利兰（McClelland）教授于 1973 年提出胜任素质的冰山模型，区别了门槛性胜任特征和鉴别性胜任特征。这个模型用冰山来比喻能力，能力的驱动因素是可以通过行为表现的各种特征的合集，包括表现和潜在两个部分。冰山露出水面的部分属于能力中的外显表象特质，藏在水面下的部分相当于内在隐含特质，如图 5-2 所示。

图 5-2　冰山模型

（2）洋葱模型。随后，美国学者博亚特兹（Boyatzis）对麦克利兰教授的冰山模型进行了改进，提出了"洋葱模型"，该模型与冰山模型的组成因素基本一致，但在层次上更加清晰明了。洋葱模型把胜任素质由内到外总结为层层嵌套的结构，最内部的核心是特质和动机，由内向外依次为自我概念、价值观和社会角色，最表层为知识和技能。越向外层的特质越易于培养和发展，越向内层的特质则越难以培养，如图 5-3 所示。

使用胜任力特征模型时，首先需要了解企业总的培训规划和胜任力结构特征。其次，不同层次、不同岗位的培训需求分析应采用不同水平的胜任力结构。该模型通过对岗位和个人胜任力进行规范评价,可以为培训需求分析与预测提供可靠且准确的依据,从而使培训需求分析更加准确。但是胜任力特征是一个相对复杂的概念,某项工作所需胜任力特征的确定需要长时间的数据积累以及丰富的专业经验作为基础。因此,使用该模型进行培训需求分析,对培训管理者的专业技能要求极高。

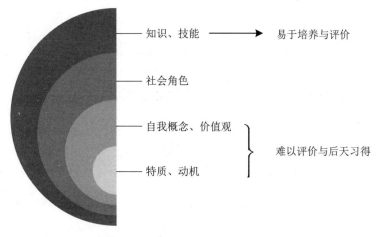

图 5-3　洋葱模型

(四)培训需求分析的具体程序

1. 做好培训前期准备工作

在进行培训需求分析之前,培训管理者需要做好前期的准备工作。在此阶段,需要收集员工培训资料(培训档案、人事档案、绩效考核资料、个人职业生涯规划以及其他相关资料等),建立员工培训资料库。在资料收集过程中,培训管理者需要与员工所在部门保持密切联系,及时更新和补充员工培训资料库,确保培训活动切实满足员工个人与企业的发展需要。同时,建立收集培训需求信息的渠道与平台,例如创建"培训信箱",以确保企业员工能够畅通高效地交流培训信息。

2. 制订培训需求调查计划

根据培训需求分析理论,培训需求可划分为组织层次、任务层次和人员层次。在制订培训需求调查计划时,需要首先明确本次培训为哪一层次,需要达到什么目的,设定好培训工作目标。接下来,需要根据具体情况选择合适的培训需求分析方法。常用的培训需求分析方法有观察法、问卷调查法、面谈法、工作任务分析法、绩效分析法、资料分析法等。确定好培训需求分析方法后,进一步明确培训需求分析的内容,根据各项工作的时间逐步安排、制订详细的培训需求调查计划。

3. 实施培训需求调查工作

制订培训需求调查计划后,将由人力资源管理(培训)部门发出制订培训计划的通知,各部门负责人针对岗位需要提出培训意向,征求培训需求。培训管理者根据从企业不同部门调查收集到的培训需求数据,申报、汇总培训需求,上报相关管理部门进行审核,并由企业人力资源管理部门协同员工所在部门主管、相关部门主管根据企业整体战略目标、中长期人力资源开发战略目标,共同对各部门初步申报的培训需求意向进行分析,初步拟定培训计划和培训预算方案。

4. 分析总结培训需求结果

人力资源管理(培训)部门根据初步拟定的培训计划和培训预算方案,结合组织培训资源,根据培训需求的重要程度和紧迫程度调整各类培训需求顺序,制订组织培训计划。在此过程中,同时归档、整理企业培训需求信息,形成企业培训档案,为后期企业培训工作和人力资源开发工作提供数据资源,最终形成培训需求分析报告,为各部门申报汇总的培训需求做出解释和评估结论。

二、培训需求分析的内容

通常,培训管理者在进行培训需求分析时,会根据 Goldstein 三层次模型理论基础,找到"是否需要培训"和"需要培训什么"这两个问题的答案。根据这一理论,培训管理者可以通过组织分析、任务分析和人员分析这三个层面来确定培训需求,避免发生遗漏。

(一)组织分析

组织分析是指通过对组织的目标、资源、文化、环境等因素的分析,准确地找出组织存在的问题及问题产生的原因,以确定培训是不是解决这类问题的有效方法,保证培训计划符合组织的整体目标与战略要求。在这一过程中,组织高层的重视程度和投入水平是培训计划成功与否的重要决定因素,因为有效的培训与组织的目标直接相关。

组织层面的培训需求分析涉及能够影响培训规划的各个组成部分,主要包括组织的目标分析、组织的资源分析、组织的文化分析、组织的环境分析等。具体来说,掌握组织的目标,代表着明确组织未来的发展方向,该方向将对组织培训与开发规划起决定性作用,应当首先对其展开分析。掌握组织的资源,直接影响培训的整体效果,应当了解组织中可用于培训的人力、时间、资金等情况,包括培训经费、培训时间、培训对象及培训师资的大致情况。掌握组织的文化,培训应为企业文化的建设和传播服务,如果某种培训需求与企业文化相冲突,这种培训就会造成企业文化的混乱,其结果是得不偿失。掌握组织的环境,需要对组织的外部环境和内部环境进行分析,包括政府的产业政策,企业的生产率、事故率、患病率、辞职率、缺勤率和员工的工作行为等。

(二)任务分析

任务层面的培训需求分析,需要确定员工达到理想的工作绩效所必须掌握的技术和能力。任务分析包括系统地收集反映工作特性的数据,并以这些数据为依据,制定每个岗位的工作标准,同时要明确员工有效的工作行为所需要的知识、技能和其他特征。工作分析、绩效评价、质量控制报告和顾客反应等都为这种培训需求评估提供了重要信息。

(三)人员分析

人员分析是将员工目前的实际工作绩效与企业员工绩效标准进行比较,或将员工现有的技能水平与预期未来对员工技能的要求进行对比,发现两者是否存在差距。人员分析的信息来源包括绩效考核记录、员工技能测试以及员工个人填写的培训需求问卷。为了取得良好的评估培训结果并适应未来培训的需要,对培训需求的分析要形成制度。

三、培训需求分析的方法

采集与分析培训需求信息的方法包括观察法、问卷法、咨询法、访谈法、工作任务分析法、工作绩效分析法、测试法和书面资料研究法八种方法。各种方法的特点不同,适用范围也不同,在实际工作中，需要根据企业的内部环境条件选择合适的培训需求分析方法，推荐使用两种以上的方法联合分析，以确保需求信息的采集与分析的有效性。

（一）观察法

观察法是指通过观察者到达工作现场，使用自己的感官和辅助工具亲自观察员工的工作表现，了解其在工作中遇到的困难，发现问题，获取信息数据，分析其培训需求。这种方法要求观察者必须对工作背景较为熟悉，明确行为标准，否则无法进行有效观察。

优点：不会耽误被调查者的工作时间，所获得的培训需求与工作密切相关。

缺点：观察时间较长；观察者个人对观察结果影响很大，被观察者可能对观察结果存在异议。

适用范围：有限，一般适用于易被直接观察的生产性作业和服务性工作，不适用于技术要求较高的复杂性工作。

（二）问卷法

问卷法是指由人力资源管理（培训）部门将一系列问题编制成调查表发放给培训对象填写后再回收分析的方法。一般分为纸质调查问卷和电子调查问卷。

优点：回收信息速度快，获取资料来源广；成本较低；问卷采用不记名方式，调查对象可以畅所欲言；汇总信息效率高。

缺点：设计问卷需要花费大量时间；调查结果是间接获得，不能判别数据的真实性；依靠客观题分析培训需求的工作难度较大。

适用范围：广泛适用于各大行业与岗位。

（三）咨询法

咨询法是指通过特定咨询公司来了解关于培训需求的信息的方法。咨询公司一般采用问卷、面谈等方法收集资料。

优点：可以建立和完善管理者与员工的沟通渠道；用"借外脑"的方式从多个角度进行分析。

缺点：外部咨询机构可能对本企业的实际情况不太了解。

适用范围：仅适用于大中型企业。

（四）访谈法

访谈法是指通过与被访谈者直接对话，获取大量信息，了解其具体的培训需求的方法。一般只在具有一定培训需求方向时才会使用，通过与培训对象的上级或培训对象本人沟通，进一步对（培训）部门初步确定的培训需求进行确定。

优点：方法较为灵活；能够充分获取具体的培训需求信息。

缺点：耗时长；主观性较强，需要访谈者具有较高的访谈技巧。

适用范围：适用于培训对象数量较少时，特别适用于中高层管理者的培训。

（五）工作任务分析法

以工作说明书、工作规范或工作任务分析记录表作为确定员工达到要求所必须掌握的知识、技能和态度的依据，将其和员工平时工作中的表现进行对比，以判定员工与要完成工作任务的差距。

优点：结论可信度高。

缺点：需要花费的时间和费用较多。

适用范围：适用于非常重要的培训项目。

（六）工作绩效分析法

培训的最终目的是改进工作绩效，若没有明确问题与绩效差距，就不可能找出原因，也不可能设计或选择一种解决方案。因此，对个人或组织的绩效差距进行分析可以作为分析培训需求的一种方法。工作绩效分析法是在明确实际工作结果与期望工作目标差距的基础上，进一步确定其差距是通过培训途径来纠正，还是应该通过其他方法（如工作程序再设计、设备更新等）来纠正的过程。

优点：培训目标明确，有专门的指向性。

缺点：不适用于多工种绩效比较。

适用范围：适用于单一工种工作。

（七）测试法

测试法可测试员工的熟练程度和认知度，发现员工学习成果的不足之处。

优点：结果容易量化分析和比较；有助于确定问题的发生是由知识、技能还是态度等原因导致的。

缺点：无法展现实际工作行为与态度；效度不高。

适用范围：只适用于说明测试所测到的知识能力。

（八）书面资料研究法

书面资料研究法是指利用现有的有关组织发展、岗位工作的文件资料综合分析组织和员工的培训需求的研究方法。组织系统数据资料通常包括组织规划发展文件、人力资源规划文件、人力资源信息等。员工系统数据资料通常包括人事档案、工作分析文件、项目报告等。

优点：成本低；便于收集；归类齐全；资料真实性高、准确性好。

缺点：资料均为过去积累的数据，较少涉及现在和未来的发展情况；需要从原始资料中整理出明确的需求，对专家的技术要求较高，需要耗费较多人力。

学史明理

直通职场

任务实训

一、实训目的

掌握培训需求分析的方法，学会撰写培训需求分析报告。

二、实训要求

1. 分组进行：每3~5人一组，选取一名组长。
2. 实训形式：提交培训需求分析报告。

三、实训内容

以小组为单位，在校园内自选培训对象，选择合适的方法开展培训需求分析，形成一份培训需求分析报告。

四、总结分析

学生提交培训需求分析报告后，由企业专家与教师共同点评。

任务三　制订培训计划

培训计划的制订

培训与开发计划是根据企业的近、中、远期的发展目标，对企业员工培训与开发的需求进行预测，然后制订培训与开发活动方案的过程。它是一个系统工程，包括确定组织目标、分析现阶段差距、确定培训范围、拟定培训内容、选择培训方式、确定培训时间以及培训计划的调整方式和组织管理等工作。

一、确定培训目标

制订培训与开发计划时，首先应当明确此次培训的目标定位。一方面，确定培训目标，才能进一步制订培训计划的内容，确定培训对象、内容、时间、场地、方法、预算和教师等具体内容。另一方面，明确的培训目标将作为后期培训效果评估的参照标准，对培训项目进行提升与改进。

二、培训计划的种类和内容

（一）培训计划的种类

培训与开发计划不是单一的，而是多层次、多方面的。培训计划可具体分为横向结构计划和纵向结构计划。

1. 培训与开发计划的横向结构

根据培训计划与企业之间的关系，培训与开发计划的横向结构可以分为整体培训与开发计划和部门培训与开发计划。其中，整体培训与开发计划是为推动企业战略与规划目标落实而开展的培训实施计划，承担企业培训全局工作的指导作用。部门培训与开发计划是企业各部门具体培训工作的实施计划，是企业整体培训的基础保障。两者相辅相成，缺一不可。

2. 培训与开发计划的纵向结构

以时间跨度为分类标准，培训与开发计划可以划分为短期培训计划、中期培训计划和长期培训计划。三者之间是从属的包含关系：中期培训计划是长期培训计划的进一步细化，短期培训计划是中期培训计划的进一步细化。

短期培训计划一般指时间长度为1年以内的季度或月度培训计划，以中期培训计划为基础，需要明确培训目标、培训对象、培训内容、培训时间、培训地点、培训方式和培训预算等具体内容。

中期培训计划一般指时间长度为1~3年的培训计划。中期培训计划并不是长期培训计划之外的计划，而是长期培训计划的分解计划，是实现长期培训计划目标的支持性计划。同时，它还为短期培训计划的制订和实施提供指导，发挥承上启下的作用。

长期培训计划一般指时间长度为3~5年的培训计划。这类计划在实施过程中需要明确的并不是企业员工培训的细节问题，而是培训的方向性、资源的配置及目标达成度。同时，由于时间跨度较长，需要定期进行培训效果评估反馈，以确保培训目标的一致性，它是具有前瞻性和全局性的计划。

（二）培训计划的内容

一般来说，可以通过5W2H分析法来确定培训与开发计划的主要内容。

1．Whom（培训对象）

人力资源培训与开发的对象可以根据职位的层级与职能划分。按照职位层级，培训对象可以分为普通基层员工、中层管理者和高层管理者。按照职能不同，培训对象可以分为生产系统、营销系统、质量管理系统、财务系统、行政人事系统等。通常，在制订培训计划时，应该首先确定培训对象，然后确定培训内容、方式、时间、地点及培训教师等内容。通常，对于已经确定的培训项目，培训对象可由部门领导讨论推荐，或自行报名再经甄选程序来决定。

2．What（培训内容）

通过培训需求调查，可以大致确定培训项目的主要内容。培训的内容主要包括知识培训、技能培训和态度培训。

3．Where（培训场地）

根据培训内容和培训方式的不同，培训场地可分为内部培训场地和外部专业培训场地。内部培训场地是指利用公司现有的培训场地或工作现场开展培训的场所，培训项目主要围绕公司主营业务展开，包括相关知识、技能的培训以及提升管理效能的培训和改善员工工作态度的培训。其优点是：使用方便；员工对培训环境较为熟悉；使用成本较低。外部专业培训场地是指借助专业培训场所和培训设施，或酒店会议中心开展培训的场所。其优点是：培训环境优美、培训设施更加专业；分离受训者工作与培训的环境。缺点是：场地无法随时使用；使用成本较高。

4．When（培训时间）

培训时间包括时间、频率两个维度，通常，在确定培训目标、培训对象、培训内容和培训场地后再确定培训时间。新员工入职培训的时间通常安排一周至十天，大型企业通常会安排为期一个月的培训；员工在职培训的时间会根据员工个人技能、经验来决定，在不影响工作的前提下调整培训时间的期限和频率。

5．Who（培训师和培训管理者）

培训师主要分为内部培训师和外部培训师。两种培训师的优缺点各不相同，需要根据企业的实际情况及需求进行选择。外部培训师是指从企业外部聘请的领域内专家、职业培训师、经验丰富的管理者、高校学者等。其优点是：可选择的范围广泛；能够依靠培训师的形象吸引员工；可以学习外界的新理念、新思想。缺点是：缺乏对企业实际情况的了解；聘请成本较高。内部培训师是指企业内部培养和开发的专业培训讲师、各部门骨干及负责人等。其优点是：了解企业实际情况；便于与培训对象沟通交流；聘请成本较低。缺点是：可选择的范围狭小；无法提高对员工的吸引力；培训技能不够专业、经验不够丰富。

培训管理者是指由企业设定专职部门或职位来实施一系列有组织的培训管理行为的专职部门或职位的岗位人员，通常由人力资源管理（培训）部门承担。全程以培训师为主导，配合培训师开展培训活动，承担管理者、组织者、协调者等多重角色。

6．How to do（培训方法）

根据企业员工培训的分类设计，企业常用的培训方法主要分为课堂培训方法、现场培训方法和自学法。其中，课堂培训方法包括讲授法、研讨法、案例分析法、专题讲座法、其他课堂培训方法；现场培训方法包括工作指导法、工作轮换法、特别任务法、个别指导法；自学法适用于知识、技能、态度等多方面的学习，可用于岗前培训、在岗培训等。

7．How much（培训预算）

企业培训预算是指一年时间内人力资源管理（培训）部门在开展培训项目时所需要的全部费用开支，这些费用将全部用于组织内部的培训项目。培训预算主要包括以下几个方面：课程设计费用、培训师费用、场地费用、学员差旅费用、会务费用、培训管理费用及机动费用。虽然不同行业、不同规模的企业培训预算不尽相同，但同类型企业基本维持在同一预算水平。例如，上市公司的培训预算一般占上一年度销售总额的1%～3%，最高可达7%，而国内中小型企业的培训预算一般占上一年度销售总额的0.5%～1%。在实际工作中，企业的培训活动的效果需要充足的培训经费做保障，具体预算方案需要根据实际培训项目进行设计。

三、员工培训的分类设计

在实际工作中，按不同的分类方式，员工培训与开发可分为多种类型，如表5-1所示。

员工培训的类型

表5-1　员工培训的分类设计

分类方式	员工培训类型
按培训与工作的关系分类	可分为岗前培训、在岗培训和脱产培训
按培训目的分类	可分为过渡性教育培训、知识更新培训或转岗培训、提高业务能力培训、专业人才培训和人员晋升培训
按培训对象职位的层级分类	可分为一般员工培训、专业技术人员培训、基层管理人员培训和高层管理人员培训
按培训场地分类	可分为内部培训和外部培训
按培训范围分类	可分为全员培训和专项培训
按培训的组织形式分类	可分为正规学校培训、企业大学培训和自学等形式

在以上分类设计方法中，最常用的是按培训与工作的关系划分的岗前培训、在岗培训和脱产培训。

（一）岗前培训

岗前培训又称新员工培训或职前培训，是指员工在正式进入企业成为企业内部一分子之前，组织为其安排的关于学习组织的历史、文化、基本情况、经营方针、业务流程、管理规范等活动。

由于受到自身学习背景、价值观念、工作经历等的影响，新员工在通过正式的招聘流程进入企业后，还无法立即开展工作、融入企业。并且，面临新环境，新员工普遍会存在许多焦虑与困惑：企业的实际薪酬待遇如何？人际关系是否融洽？工作氛围是否符合预期？工作岗位未来的晋升发展方向如何？为了尽快解决新员工普遍存在的困惑，帮助其尽快适应新环境、胜任新工作、进入组织角色，组织必须在新员工到达企业后，立即开展岗前培训教育。一方面，正确、快速地引导和帮助新员工了解组织目标、岗位职责、工作准则及个人职业生涯规划。另一方面，帮助新员工与同事之间建立健全的团队关系，减少新旧企业交替产生的文化冲突，消除新员工的焦虑情绪，构建符合员工职业预期的积极心态。

（二）在岗培训

所谓在岗培训，即员工在不离开工作岗位的情况下同步参加培训活动。按照培训的目的，在岗培训可划分为转岗培训、晋升培训、岗位资格培训和绩效提升培训四类。

1. 转岗培训

转岗培训是指员工由于组织原因或个人原因在组织内不同岗位之间进行转换，为帮助其达到新岗位任职要求所安排的培训。转岗培训的组织原因大多是由于企业经营方向或规模发生转变所引起的现有员工配置发生的调整；转岗培训的个人原因主要是由于员工个人能力与现任岗位不符，出现高于现任岗位或低于现任岗位的情况，组织必须对其人力资源进行重新配置。

2. 晋升培训

晋升培训是指组织为使重点挖掘或培养的后备人才顺利进入更高一级的工作岗位时所安排的培训。这类培训通常跨度时间较长、涉及内容较广，多以培养管理类人才为主。

3. 岗位资格培训

许多岗位需要通过考试取得相应资格证才能上岗，而且资格证一般几年内有效。资格证到期时，员工需要接受培训并再参加资格考试。要求上岗者须具备资格证的岗位包括：国家有关部门规定的岗位，培训一般由有关部门授权的机构组织；企业规定的岗位，培训一般由企业自己组织。

4. 绩效提升培训

绩效提升培训是指当组织内部门绩效未达标或绩效下降时进行的在岗培训。此类培训的需求分析可以通过工作绩效分析法来确定，培训目标与评估方式也易于设定，但需要组织具备客观、公正的绩效考核制度。

（三）脱产培训

脱产培训是指员工在工作时间暂时脱离工作岗位进行全职培训的过程。通常，根据时间长短，脱产培训可以分为短期脱产培训和长期脱产培训。短期脱产培训是指离开工作或工作现场一周至三个月的培训，如专业研讨会、国内外短期考察、专业培训机构举办的各类技能提升培训等，这类脱产培训以更新专业知识、专项技能为目的；长期脱产培训是指离开工作或工作现场三个月以上的培训，多为到国内外高等院校进修的形式，这类脱产培训以获取学历、学位证书为目的，如脱产攻读在职硕士、博士，此类培训对象的选拔较为严格，多以组织内青年管理人员或技术人员为主。

需要注意的是，企业安排员工参加长期脱产培训项目时，往往需要支付较高的培训费用。因此，为确保双方利益，员工在参加脱产培训前需要与企业签订服务协议或培训合同，约定培训后在企业继续工作的服务期限（通常为 3~5 年）。

四、员工培训的方法

员工培训的方法

（一）课堂培训方法的种类

课堂培训方法的具体形式有讲授法、研讨法、案例分析法和专题讲座法。

1．讲授法

讲授法是指培训师按照准备好的讲稿向受训者系统地传授知识的培训方法。它适用的学科范围广泛，可用于所有行业的培训活动，因此，讲授法是培训活动中最常使用的方法。讲授法的优点是：对培训场地要求不高；不受受训者人数的影响，可在短时间内向受训者传递目标知识与技能；培训师对课堂的把控度高，有利于培训师个人能力的发挥；培训费用相对较低。讲授法的缺点是：单向式教学模式，使受训者处于被动接受知识的状态，缺乏双向沟通，容易产生厌倦情绪；通过语言传授理论知识和技能的方式，影响了受训者对知识和技能的理解程度，往往无法真正掌握知识和技能的实际运用；由于不受到受训者人数的影响，培训师在授课过程中不会针对每一个学员的具体特点开展教学，难以确保每位学员的学习效果。其主体是培训师。

2．研讨法

研讨法是指在培训师的引导下，受训者围绕某一个或几个主题进行讨论，包括集体讨论、分组讨论和对立式讨论三种形式，是多向式信息交流模式。在研讨过程中，需要受训者与讲师之间、受训者与受训者之间相互交流讨论。要求受训者提前查阅相关资料，具备独立思考和分析问题的能力，以及良好的语言表达能力。通过研讨，能够帮助受训者加深对知识的理解，解决实际工作中遇到的问题，多用于知识和能力素质类型的培训与开发。研讨法可分为以下两种类型。

（1）以培训师为中心的研讨和以受训者为中心的研讨。以培训师为中心的研讨是指整个研讨过程中由培训师引出研讨主题，向受训者提出问题，引导受训者回答问题，并回答受训者在研讨过程中提出的新问题，研讨结束后，由培训师进行总结。整个研讨过程全部由培训师把控研讨的进度与节奏。其主体是培训师。

以受训者为中心的研讨是指整个研讨过程由培训师提出需要研讨的问题或不指定研讨的任务，受训者采用分组的方式自行讨论、相互启发、主动思考，给出解决对策与方案。其主体是受训者。

（2）任务取向的研讨和过程取向的研讨。任务取向的研讨是指研讨的目的在于解决某个提前设定好的问题或达到某个目标。该问题多为行业热点问题，能够激发受训者的讨论兴趣，且极具探讨价值，能够助力组织的发展。

过程取向的研讨是指研讨的关注点落在讨论过程中受训者之间的相互启发和影响，包括专业启迪和情感沟通。

3．案例分析法

案例分析法是指针对特定案例进行讨论，寻求解决问题的方案的培训方法。它可以被看作一种特殊的研讨法，其主体是受训者。其过程中，通过让受训者分析具体情景中的典型案例，引发主动思考和讨论，最终给出解决方案，自发地总结相同情景下的行为规律。通过案例分析提升受训者分析问题和解决问题的能力,掌握解决同类问题的基本方法和程序。

4. 专题讲座法

专题讲座法在形式上和讲授法基本相同,但在内容上有所差异。讲授法一般是系统知识的传授,每节课涉及一个专题,连续多次授课。而专题讲座法则是针对某一个方面的主题,聘请领域专家、学者或行业培训师开展一次或几次授课培训。这种方法适用于管理人员或技术人员解决工作中常见的管理困境或技术瓶颈,或了解当前专业领域的热点问题。专题讲座法的优点是:培训形式灵活,耗时短;针对性强,能够集中解决员工遇到的问题。专题讲座法的缺点是:传授的知识相对单一,不具备知识的系统性。其主体是培训师。

关于讲授法、研讨法、案例分析法和专题讲座法这四种课堂培训方法的差异分析,如表 5-2 所示。

表 5-2 课堂培训方法的比较分析

方法	特征			
	主体	目的	优点	缺点
讲授法	培训师	传授知识	经济高效	单向教学
研讨法	培训师/受训者	能力开发	多向交流	能力制约
案例分析法	受训者	培养能力	激发潜能	要求过高
专题讲座法	培训师	解答困境	灵活高效	单向教学

(二)现场培训方法的种类

现场培训方法又称实践法,是指安排员工到达工作现场,通过边工作边实践的培训方式,帮助员工掌握具体岗位需要具备的能力和技术。这种方法不需要准备专门的培训场所和培训设施,受训者可以很好地兼顾工作和学习。它的优点是:节约培训成本,经济高效,组织不需要安排培训场所和培训设施,工作现场即培训场地;实用高效,受训者在培训过程中,通过"干中学、学中干"的方式参加培训,提升技能,能够将培训过程中获得的反馈和评估迅速运用于实际工作中,工作效率随培训时间同步提升。

现场培训方法的具体形式有工作指导法、工作轮换法、特别任务法和个别指导法。

1. 工作指导法

工作指导法又称教练法、实习法,是指由一位经验丰富的老员工或直接主管人员带领受训者在工作岗位上一起工作的培训方法。这种方法应用广泛,多用于基层生产工人和各级管理人员。它的优点是:受训者通过与指导者一起工作,同步接受指导,能够快速掌握工作技巧,成为指导者理想的接班人选。培训过程中需要注意的是:梳理关键工作环节的要点;掌握工作的原则和技巧;避免容易发生的问题和错误。

2. 工作轮换法

工作轮换法是指让受训者在预定时期内变换工作岗位,使其获得不同岗位的工作经验的培训方法。使用这种方法开展培训时,要充分考虑受训者的个人能力、需求和职业偏好,从而选择与其合适的轮换岗位。轮岗的时间取决于受训者的个人能力和学习效率,没有固定的时间期限。它的优点是:能丰富受训者的工作经验,增加其对企业工作的了解;使受训者明确自己的长处和弱点,找到适合自己的职位;能够改善部门间的合作,增进管理者之间的交流理解。它的缺点是:旨在培养企业的全能型"通才",容易出现"通而不精"的现象,不适用于组织内的职能管理人员。

3. 特别任务法

特别任务法是指企业通过为某些员工分派特别任务对其进行培训的方法。其常用于组织中有发展前途的中高层管理者或主管级员工的培训,通过分派公司或其他部门面临的问题,引导其展开研究并提出解决方案。此方法为受训者提供了分析和解决企业实际问题的真实经验,锻炼其分析问题、解决问题及制订组织计划的能力。

4. 个别指导法

个别指导法是指通过资历较深的老员工指导新员工,帮助其快速掌握岗位技能的培训方法。其培训方式类似于中国传统技艺教授方式"传帮带"。个别指导法的优点是:新员工在指导者的指导下开始工作,可以避免盲目摸索;有利于新员工尽快融入团队;可以消除刚从高校毕业的学生进入工作的紧张感;有利于企业优良传统及工作作风的传递;新员工可以从指导者处获取丰富的经验。个别指导法的缺点是:为防止新员工对自己构成竞争,指导者可能会有意保留自己的经验、技术,从而使指导流于形式;指导者本身的专业水平对新员工的学习效果有极大影响;指导者不良的工作习惯会影响新员工;不利于新员工的工作创新。

(三) 自学法

自学法是指员工通过自主学习的方式提升知识、技能等的培训方式。自学法主要适用于岗前培训或在岗培训阶段的知识、技能方面的培训。自学法的优点是:培训费用较低;不影响工作;能充分发挥员工的自主性;能够培养员工的自学能力;能够体现员工学习的个体差异。自学法的缺点是:学习方式单一乏味;员工的学习效果存在较大差异;学习中遇到的问题无法及时得到解决;无法随时与他人沟通交流、探讨。

五、培训成本及其核算

(一) 培训成本

培训成本是指企业在员工培训的过程中所发生的一切费用,包括培训之前的准备工作、培训的实施过程,以及培训结束之后的效果评估等与之相关活动的各种费用的总和。培训成本可分为直接培训成本和间接培训成本。

直接培训成本是指在培训组织实施过程中培训者与受训者一切费用的总和。如:培训师的费用,受训者培训时期的餐饮、住宿、往来交通费用,培训设施的租赁费用,培训教材的购买印刷费用,以及培训实施过程中的各项花销等。间接培训成本是指在培训组织实施过程之外企业所支付的一切费用总和。如:培训项目设计费用,培训项目的管理费用,受训者受训期间的工资福利,以及培训项目的评估费用等。

(二) 培训成本的核算方法

一般来说,我国企业会利用会计方法核算培训成本,按照不同类型的成本科目进行核算。其中,部分企业会按照人力资本投资过程中产生的6个项目进行核算:

(1) 培训师的工资奖金、福利保险及补贴、津贴等各项支出。

(2)受训者脱产学习的工资福利等各项支出。

(3)受训者学习资料、教材和学习用品方面的支出。

(4)教室、校舍建设方面的支出。

(5)属于固定资产标准的教学仪器、设备费用。

(6)经常性教学培训费用支出,如讲课酬金、业务费、办公费、实习费、委托代理费、器具购置费等。

部分企业还会按照培训产生的直接成本和间接成本进行统计核算,具体包括以下7个项目:

(1)培训项目开发或购买成本。

(2)培训师的课酬、交通费、餐费等费用。

(3)设备、设施等硬件的使用成本。

(4)向培训师和受训者提供的培训材料成本。

(5)受训者交通及住宿等方面的成本。

(6)教学辅助人员、管理人员的工资。

(7)受训者培训期间的工资、因参加培训而损失的生产率或当受训者接受培训时代替他们工作的临时工的成本。

培训经费的预算方案是员工培训与开发计划的重要组成部分,如果失去资金上的支持,培训效果就得不到保证。在进行培训与开发计划设计时,要充分采集和收集企业培训成本的相关信息,做出合理的规划与设计,切实保证落实企业和员工的培训需求。

学史明理

直通职场

任务实训

一、实训目的

掌握制订培训与开发计划的基本程序;能够确定培训目标;掌握主要的培训内容及分析方法;能够针对不同的培训对象设计不同的培训内容;能够根据企业的培训项目编写简单的培训计划。

二、实训要求

1. 分组进行:每3~5人一组,选取一名组长。
2. 实训形式:提交培训与开发计划报告,计划要具备完成的内容。

三、实训内容

本实训须在前期培训需求分析项目完成的基础上开展,根据培训需求调查的结果,以小组为单位,为培训对象编写简单的培训与开发计划,形成一份培训与开发计划报告。

四、总结分析

提交培训与开发计划报告后，由企业专家与教师共同点评。

培训计划实施

任务四　组织实施培训

组织实施培训是指在人力资源管理（培训）部门培训管理工作人员的组织下，由培训师负责实施培训，培训项目管理负责人组织效果评估考核的过程。其主要包括组织实施培训、考核受训人员和培训奖惩三个过程。

一、组织实施培训的定义

组织实施培训是指培训师在培训项目规定的时间、地点对所确定的受训人员进行培训。

（一）培训实施前

1. 通知培训对象

培训活动开始前，培训项目负责人需要准备一份包含培训对象个人基本信息及联系方式的详细信息表。培训活动开始前，通过电话、邮件或建立微信群、QQ 群等方式，将培训课程安排表发放给每位参训者，并再次确认培训时间、地点等重要信息。

2. 确认培训场地

无论是内部培训场地还是外部培训场地，都需要提前布置场地，确认设施到位，避免培训场所之间互相干扰、重叠使用。因此，培训项目管理者需要提前联系场地负责人，做好协调沟通工作。此外，需要根据培训项目参训者的人数合理地选择培训场地，包括场地大小、培训教室布置方式等。课堂培训中常见的教室布置方式包括传统布置法、臂章形布置法、环形布置法、圆桌会议和圆桌分组布置法、U 形布置法、V 形布置法等。

3. 确认培训资料

培训项目负责人须在培训开始前确认该培训项目需要使用的教材、讲义、资料等（包括纸质版与电子版），过程性考评需要使用的签到表、结果性考评需要使用的试卷等，以及培训结束后的表彰奖状与证书。

4. 确认培训师

培训项目负责人须在培训开始前与培训师确认培训课程、培训目标、培训方式、培训时间、培训地点等信息，并为其尽可能多地提供培训资料，辅助其顺利开展培训。

5. 确认其他资源

培训项目负责人还应提前确认培训过程中需要使用的各类物资资源，主要涉及培训师、参训者的餐饮、住宿等安排；同时，还要随时收集培训师、参训者产生的新需求，准备好相应物资。

（二）培训实施中

1. 师资介绍

培训正式开始之前，培训项目负责人应当简要介绍培训课程的主题以及培训师的个人情况，特别需要强调培训师在专业领域的建树,以提升参训者的学习兴趣。

2．破冰游戏

培训师开始授课前,由专业人员组织破冰游戏,拉近参训者之间的距离,相互熟悉,增强团队意识与集体感。常见的破冰游戏有囊中取物、拼图游戏、撕纸游戏等。

3．课堂签到

在培训过程中,由临时班主任负责组织签到,掌握每位参训者的出勤情况,督促参训者按时上课,并以此作为获得培训项目结业证书的要求。

4．日程安排

培训项目负责人需要提前向参训者发放培训日程安排表,使受训者了解培训内容、培训时间、培训地点及用餐等安排。

5．课堂记录

在培训过程中,由培训项目负责人在培训场地安放拍摄设备,使用摄像机全程记录培训过程。

(三)培训实施后

1．结业典礼

由培训项目负责人组织学员召开培训结业典礼,向培训师资表示感谢,为参训者颁发培训项目徽章,组织参训者总结培训收获与感想,就培训工作征求提升改进意见。

2．服务工作

培训结束后,培训项目负责人组织参训者办理住宿退订手续,安排车辆接送培训师、参训者离开培训基地。

3．检查场地

培训项目负责人应安排专人对培训场地、培训使用的器材进行整理、清洁,归还外租的场地和设施。

二、考核受训人员

对受训人员进行培训考核是指培训中的过程性考核和结果性考核,通过考核考查受训者对培训内容的接受程度,同时作为监督机制,督促受训者认真接受培训。常用的考核方式有测试、作业、阶段性培训收获小结等。

三、培训奖惩

培训奖惩是督促受训者接受培训的一种强制和激励措施,也是保障培训取得良好效果的一种重要手段。通常,为了保证奖惩措施的强制和激励作用,培训奖惩会安排在培训实施过程中,阶段性进行。

学史明理

直通职场

任务实训

一、实训目的

了解培训实施过程中需要完成的各项具体准备工作；掌握培训实施过程中各项准备工作的要领；能够完整地实施开展培训活动。

二、实训要求

1. 分组进行：每 3~5 人一组，选取一名组长。
2. 实训形式：模拟实施开展小型培训。
3. 角色分配：小组成员按照培训师、培训项目负责人、参训者进行角色分配。

三、实训内容

以小组为单位，自选培训主题，模拟实施一次完整的小型培训，时间为 30 分钟。各小组需要做好培训前、中、后期准备工作，模拟真实培训情境。培训结束后需要提交的纸质版材料包括培训通知书、培训签到表、培训课程安排表、结业证书。

四、总结分析

在实施培训过程中，由企业专家在线观看点评，提出专业性指导建议。

任务五　培训效果评估

培训评估

培训效果评估既是培训管理体系中必不可少的重要环节，也是培训流程的最终环节。它通过建立科学的评价指标，对培训需求分析是否准确、培训计划是否合理、培训实施是否有效进行检查与评价，培训者可以从评估结果反思培训课程的设计和培训形式的选择，能够更好地促进培训质量的提升。

一、培训效果评估程序

培训效果评估是对培训项目进行修正、完善的必要程序，是系统培训的最后一个环节，主要包括以下四个评估主体。

1. 培训师考评

培训项目结束后，由人力资源管理（培训）部门负责组织受训者采用不记名问卷的形式对培训师进行考评，或培训师本人进行自评，对培训方式提出改进建议，为下次培训做好准备。

2. 培训管理考评

培训项目结束后，由人力资源管理（培训）部门负责组织受训者对培训管理人员进行考评，主要针对培训项目、培训课程安排、培训形式、培训收获、培训食宿环境等方面做出评价，以此提升企业的培训管理能力。

3．应用考评

应用考评又称延时反馈，是指在培训结束后，参训者上岗一段时间后进行考评，考评内容围绕培训内容展开，以此评估培训项目的学用转化率。

4．项目考评

培训结束后，由人力资源管理（培训）部门培训项目负责人对培训项目做出评估和总结，明确不足之处，以此作为今后完善培训项目的重要依据，并建立培训项目评估数据库。

二、培训效果评估工具

培训效果评估的研究理论主要起源于西方发达国家。自20世纪70年代开始，国外大量人力资源专家和企业人员对员工培训进行了研究和实践，取得了很多重要的理论研究成果。目前，国内外培训专家学者研究的评估模型主要集中在柯氏四级评估模型、Phillips五层次投资回报率模型（ROI模型）和CIPP模型等。其中，柯氏四级评估模型是当前全球应用最广泛的培训效果评估工具。

柯氏四级评估模型是基于实践导向的非理论阶段的培训评估模型。它主要包括四个层级的内容，分别是一级反应层评估、二级学习层评估、三级行为层评估、四级结果层评估。

反应层和学习层主要评估培训者对培训的看法和在培训中学到的知识技能，行为层和结果层主要评判通过培训后的实践能力和培训带来的效益。评估培训项目的主要目的在于解决"个人能力在参加培训之后是否有所提升"和"提升的个人能力对组织整体的效益提升是否有所帮助"这两个问题。这四个层级的评估层层递进，每个层级的评估结果都会对下一层级的评估产生一定影响，只有上一层级得到积极的反馈，下一层级才能得到正面的评估效果，评估难度逐级增大。

（一）反应层评估

反应层评估是指衡量培训项目的受训者对培训做出的直观反应，具体包括对培训课程、培训教师、培训内容、培训环境等方面的反应，可以理解为培训项目满意度调查。该层次的评估可以作为改进培训方法、培训内容、培训环境等方面的参考依据，受训者做出的反应决定了培训项目的发展方向和受重视程度。如果受训者表现出的满意度不高，他们就不会表现出很强的学习动力。借助满意度评估量表，分析受训者对培训的满意程度，确定培训项目是否有效，由此可以确定改进和完善培训项目的方法。

反应层评估有三个方面的特点：一是受训者对培训的反应（满意度）可以为培训项目提供有价值的真实反馈，使培训者从反馈中了解培训情况，由此对培训效果做出评估；二是通过培训反应评估，可以让受训者认识到培训者提供培训的最终目的是帮助其提高岗位胜任能力，以及培训管理者通过得到的反馈来确定培训是否有效、自己的培训能力是否达标；三是培训者可能根据受训者满意度评估量表数据制订出更科学有效的培训计划。从反应层评估的这三个方面的特点可以看出，这一层级的评估可以直观地获得受训者的评价，间接反映出培训的合理性。

（二）学习层评估

学习层评估是指对受训者参加培训项目后态度转变、专业知识或技能提升程度的评估，主要测量受训者对专业知识、操作技能、应急能力等培训内容的掌握程度。评估可以通过理论考试、操作演练、模拟考核、角色扮演等方法进行，由此了解受训者培训后知识和技能的掌握程度，强调对学习效果的评估。

由于受训者受其所处工作环境氛围的限制，未能在工作上实现行为转换，行为层和结果层评估无法很好地实现预期，因此需要进一步开展学习层评估。培训师在培训过程中主要传授专业知识、专业技能和学习态度，这也是受训者需要掌握的内容。因此可以从三个方面来评估培训学习层效果：一是受训者学到了哪些相关专业知识，二是受训者掌握了哪些专业技能，三是受训者在学习态度上发生了哪些转变。

（三）行为层评估

行为层评估是指对培训结束后受训者的实际能力提升值进行评估。它考查参训者参加培训后工作能力与行为发生的变化，以判断培训所学知识、技能对实际工作的影响。培训行为的评估任务是弄清楚受训者参加培训后工作能力是否提高，工作行为是否发生转变，能否成功地将理论运用到实践。

行为层评估可以根据培训目标对受训者进行针对性的调查，有自我评估、同事建议、领导反馈等。其中自我评估可以产生一定的引导效果，学员能够通过反思，对自己有一个清晰的认识与定位，认清个人目前的真实水平，将对受训者的自我提升和培训的效果评估起到积极的作用。该层级的评估难度对于前两个层级来说相对较大，耗时较长，为了确保培训评估效果，通常在培训结束后的一段时间进行，一般为3~6个月。通过发放问卷，可以调查受训者在工作和学习中是否运用培训所学知识、技能和态度，了解培训中学习层的内容对目前的工作和学习有多大帮助。

（四）结果层评估

结果层评估是指对培训结束后受训者和组织能够获得的最终效益进行评估，具体衡量培训能否提高个人与组织的发展前景，能否为组织或项目的发展做出积极贡献。结果层评估上升到了组织层面的高度，评估周期较长，评估难度大，但对培训项目的未来发展有重要的参考价值。一般来说，可以从产量是否增加、质量是否提高、成本是否下降、组织利润是否增加等方面来衡量。

但是，有些项目不能通过具体的经济效益体现出来，如志愿者培训。对于这些不能用货币衡量的项目，结果层的评估可以通过受训者的工作前景、项目发展状况、组织发展规模与口碑等方面展开。培训者需要考虑三个方面的问题：一是通过本次培训，受训者的工作前景如何；二是此次培训对项目未来发展有哪些影响；三是组织发展取得了哪些成效，规模和口碑是否得到提升。

三、评估数据收集方法

培训评估阶段需要收集大量数据，常用的方法有360度考核法、问卷调查法和访谈法等。在实际工作中，需要根据评估层次选择评估数据收集方法。

（一）360度考核法

360度考核法，又称360度评估法或全方位考核法，是指由员工本人、上司、下属、同事等从各个角度来评估受训者的方法。评估内容可以包括工作态度、工作能力、团队合作、创新能力、合理化建议、行动计划落实等。通过这种评估方法，人力资源管理者可以从员工本人、上司、下属、同事处获得多角度反馈，从而明确员工在整个学用转化阶段的行动、过程和结果，包括其本人对自身学用转化效果的评价，以及上司、下属、同事眼中培训前后的行为变化，从主观和客观的角度充分了解培训对员工工作态度、工作能力和实际问题解决的影响。

这种评估方法能够有效了解受训者工作态度和行为方面的改变，特别适用于行为层评估和结果层评估。但实施起来较为烦琐，工作量相对较大，当受训者人数较多时不宜采用这种方法。

（二）问卷调查法

问卷调查法是指在培训项目结束一段时间后（一般为一周左右），通过向受训者发放提前设计好的调查问卷了解培训效果。这种方法是收集评估数据时最常使用的方法，它一方面可以通过问卷调查了解关于受训者态度转变和能力提升的定性指标信息，另一方面也可以用来收集培训效果评估的定量指标信息。使用问卷调查法收集评估数据能否取得实际效果，关键在于调查问卷的质量。因此，问卷设计必须严格遵循科学的设计原理和流程，以确保其具有较高的信度和效度。此方法适用于学习层评估。

（三）访谈法

访谈法是指培训结束后，评估人员通过与受训者进行一对一、面对面的交流，了解培训内容在实际工作中的应用程度、工作环境是否影响其学用转化进展、转化效果如何等，获得学用转化效果的相关信息，并据此判断学用转化效果的一种方法。

通过访谈，可以获取比问卷法更详细的评估信息，在确保受训者完全理解访谈问题的前提下，反馈更加准确、详细的信息。同时，随着访谈的深入，评估人员有机会挖掘出更多对培训效果评估的数据，做出更加全面、正确的判断与评估。此方法适用于行为层评估和结果层评估。

四、撰写培训评估报告

完整的培训评估报告基本结构如下。

1. 引言

引言主要介绍培训评估项目的基本概况，包括培训目的、培训性质、培训对象、培训主题、进展状况、遇到的困难以及评估目的。

2. 评估过程

评估过程主要包括评估工具、数据收集方法、评估指标、评估实施过程等。

3. 评估结果

根据设定的评估指标，使用定量分析与定性分析相结合的方式给出评估结果。

4. 评估建议

根据评估结果，解释评估数据，针对培训项目存在的问题提出改进完善措施。

5. 附录

为了增加评估报告的科学合理性，应尽可能完整地附上所有评估过程中使用和收集的数据、图表、报告等原始资料。

6. 培训小结

培训小结即评估报告提要，应分点总结、主次有序、详略得当，能帮助企业管理者快速了解评估报告的主要结论及对应问题的对策建议。

学史明理

直通职场

任务实训

一、实训目的

能够准确把握培训效果评估工作的基本流程；学会运用培训评估效果工具；掌握评估数据收集方法；能够撰写简单的培训效果评估报告。

二、实训要求

1. 分组进行：每 3～5 人一组，选取一名组长。
2. 实训形式：开展培训效果评估活动，提交培训效果评估报告。

三、实训内容

本次实训需要建立在前期培训需求分析、制订培训计划、实施培训各实训项目完成的基础上，根据前期形成的数据、资料及报告，以小组为单位，选择培训评估方案开展评估，并形成一份培训效果评估报告。

四、总结分析

提交培训效果评估报告后，由学生组间互评、企业专家与教师共同点评给出改进建议。

项目六　绩　效　管　理

学习目标

知识目标：掌握绩效管理的概念、特点；掌握绩效管理流程的各个阶段；掌握绩效计划、辅导、沟通的内容和方式；掌握绩效考评类型、内容和方法；掌握绩效反馈目的与步骤。

能力目标：能够依据企业实际情况设计绩效计划和绩效合同；能够运用 GROW 模式开展绩效辅导；能够使用 BEST 原则开展绩效沟通；能够设计绩效考核表；能够进行绩效考评和分析，并提出改进的建议。

素质目标：培养公平公正的社会主义核心价值观；从党的人才篇章中学习人力资源管理智慧，培养学生正确的人才观；培养学生正确的党史观，厚植爱党爱国情怀；培养学生的文化自信与文化认同。

思维导图

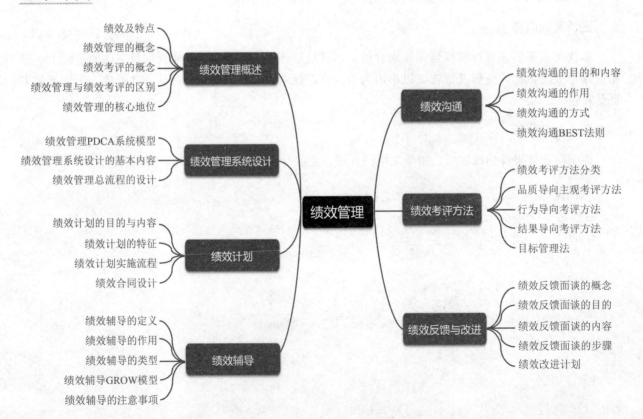

案例导入

一条猎狗将兔子赶出了窝，一直追赶他，追了很久仍没有捉到。

猎人说："你们两个之间，小的反而跑得快得多。"猎狗说："你不知道，我们两个跑的目的是完全不同的！我仅仅为了一顿饭而跑，他却是为了性命而跑！"

猎人又买来几条猎狗，要求：凡是能够在打猎中捉到兔子的，就可以得到几根骨头，捉不到的就没有饭吃。这一招果然有用，猎狗们纷纷去努力追兔子，因为谁都不愿意看着别人有骨头吃，自己却没的吃。

就这样过了一段时间，问题又出现了。大兔子非常难捉到，小兔子好捉，但捉到大兔子得到的奖赏和捉到小兔子得到的骨头差不多。善于观察的猎狗们发现了这个窍门，专门去捉小兔子。

猎人经过思考后，决定不将分得骨头的数量与是否捉到兔子挂钩，而是每过一段时间，就统计一次猎狗捉到兔子的总重量，按照重量来评价猎狗，决定一段时间内的待遇。于是猎狗们捉到兔子的数量和重量都增加了。猎人很开心。

猎人的公司越来越大，猎狗的数量也越来越多。但是过了一段时间，猎人发现，猎狗们捉兔子的数量又少了，而且越有经验的猎狗，捉兔子的数量下降得就越厉害。因为猎狗认为：我们把最好的时间都奉献给主人，但是随着时间的推移我们会老，当我们捉不到兔子的时候，主人还会给我们骨头吃吗？

猎人做了论功行赏的决定。他分析与汇总了所有猎狗捉到兔子的数量与重量，规定：如果猎狗捉到的兔子超过了一定的数量后，即使某天他们捉不到兔子，每顿饭也可以得到一定数量的骨头，甚至还有兔肉。

猎狗们非常开心，通过努力，他们终于达到了猎人规定的数量，而且即使某天抓不到兔子，也会分到一定数量的骨头和兔肉。

资料来源：猎人与狗的故事[EB/OL].（2017-06-10）[2022-08-17]. https://www.jianshu.com/p/37560630bc9a.

思考：

这个故事的含义是什么？它给企业开展绩效考评带来的启示是什么？

启示：

绩效考评是为了产生激励，最终达成组织的目标；企业处于不同的发展阶段，需要采取不同的考核指标与激励手段；考核指标的设置将对被考核者的行为产生重要影响，最终影响考核的结果。

任务一　绩效管理概述

绩效管理概述

一、绩效及其特点

从一般的意义上讲，绩效是指活动的结果和效率水平。从管理实践来看，人们对于绩效的认识是不断发展的，从单纯地强调数量到强调质量，再到强调满足客户需求，从强调"即期绩效"到强调"未来绩效"等,发展到今天,人们对其内涵的认识也愈加成熟,学者从不同角度对绩效进行了界定。概言之,绩效是"绩"(即工作的结果)与"效"(即实现工作结果的效率水平)的复合体,本身是一种客观存在,但是这种客观的绩效水平需要经过考评者的评价,形成的绩效信息才能对管理决策产生影响。概括起来,绩效的特点主要包括以下几个方面。

(一)绩效的多因性

绩效的多因性即绩效的优劣不取决于单一的因素,而要受到主观、客观多种因素的影响,即员工的激励、技能、环境与机会,其中前两者是员工自身的主观性影响因素,后两者则是客观性影响因素,如图6-1所示。

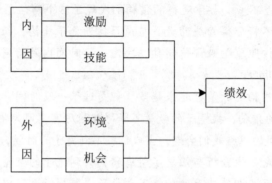

图6-1 工作绩效的影响因素

(1)激励是指调动员工的工作积极性,激励本身又取决于员工的需要层次、个性、感知、学习过程与价值观等个人特点。其中需要层次影响最大,员工在谋生、安全与稳定、友谊与温暖、尊重与荣誉、自为与自主以及实现自身潜能诸层次的需要方面,各有其独特的强度组合,需经企业调查摸底,具体分析,对症下药予以激发。

(2)技能是指员工工作技巧与能力的水平,它取决于个人天赋、智力、经历、教育与培训等个人特点。其中培训不仅能提高员工技能,还能使员工对预定计划目标的实现树立自信心,从而加大激励的强度。

(3)环境因素首先指企业内部的客观条件,如劳动场所的布局与物理条件(室温、通风、粉尘、噪声、照明等)、任务的性质、工作设计的质量、工具、设备与原料的供应、上级的领导作风与方式、公司的组织与规章制度、工资福利、培训机会,以及企业的文化、宗旨及氛围等。环境因素当然也包括企业之外的客观环境,如社会政治、经济状况、市场竞争强度等宏观条件,但这些因素的影响都是间接的。

(4)机会则是偶然性的,如某项任务正巧分配给甲员工,当乙员工不在或因纯随机性原因而未被指派承担此项任务时,其实乙的能力与绩效均优于甲,却无从表现。不能否认,现实中不可能做到真正的彻底而完全的平等,此因素是完全不可控的。

(二)绩效的多维性

绩效的多维性,即需要从多个维度或方面去分析与考评绩效。例如在考查一名生产工人的绩效时,不仅要看产量指标完成的情况,还应该综合考虑产品的质量、原材料的消耗、纪律意识等,通过综合考评各种类型的指标得出最终的考评结论。当然，这也并不是说在所有的情况下都需要对所有可能的考评维度进行考评。根据考评的不同目的，可能需要选择不同的考评指标，并且各个指标的权重也不尽相同。因此，在设计绩效考评体系时，往往要根据组织战略、文化以及职位特征等方面的情况设计一个由多重考评指标组成的考评指标体系。这个体系包含多项指标，而且要根据各种情况确定每个维度以及不同考评指标的不同权重，以区分指标的重要程度。

（三）绩效的动态性

绩效的动态性，即员工的绩效随着时间的推移会发生变化，绩效差的可能改进转好，绩效好的也可能退步变差，而如果管理者总是以一成不变的观点看待员工绩效，势必会导致绩效考评误差的出现。为了有效避免这一问题，在绩效管理过程中，应做到：一是要合理设定绩效考评周期，确保考评主体能够根据考评的目的及时充分地掌握员工的绩效情况；二是可以通过合理设置指标体系、引入多元考评主体等方式，尽量确保考评出来的结果真实、客观地反映员工的绩效达成情况。

总之，管理者对下级绩效的考查，应该是全面的、发展的、多角度的和权变的，尽量避免主观、片面和僵化。

二、绩效管理的概念

绩效管理是指为了实现组织发展的战略目标，采用科学的方法，通过对员工个人或组织的综合素质、态度行为和工作业绩的全面监测分析与考核评定，不断激励员工，改善组织行为，提高综合素质，充分调动员工的积极性、主动性和创造性，挖掘其潜力的活动过程。

具体地说，企业员工的绩效管理具有以下几个基本特点：

（1）绩效管理的目标是不断改善组织氛围，优化作业环境，持续激励员工，提高组织效率。它既可按公司、部门或小组的目标定位，也可以按员工的个人目标定位。

（2）绩效管理覆盖组织中所有的人员和所有的活动过程，它是企事业单位全员、全面和全过程的立体性的动态管理。

（3）绩效管理是企业人力资源管理制度的重要组成部分，也是企业生产经营活动正常运行的重要支持系统，它由一系列具体的工作环节组成。

（4）绩效管理是指一套正式的结构化的制度，它通过一系列考评指标和标准，衡量、分析和评价与员工工作有关的特质、行为和结果，考查员工的实际绩效，了解员工可能发展的潜力，以期获得员工与组织的共同发展。

（5）绩效管理是以绩效考评制度为基础的人力资源管理的子系统，它表现为一个有序的、复杂的管理活动过程。它首先要明确组织与员工个人的工作目标，并在达成共识的基础上，采用行之有效的管理方法，不但要保障按期、按质、按量地达到和实现目标，还要考虑如何构建并完善一个更有效的激励员工、不断提升员工综合素质的运行机制。

总之，绩效管理是一个将公司与部门、员工个人目标紧密地联系在一起，运用科学的考评方法，从目标、程序导向到意愿、行为、效果导向，从事前策划到过程的监测，从事后考评到绩效改进的动态过程。绩效管理过程的每一次循环都将使企业、组织或员工迈上一个新的台阶，有所提高，有所发展，有所创造，有所前进。

三、绩效考评的概念

绩效考评是指企业按照预先确定的标准和程序，采用科学的方法，检查和评定员工对职位所规定的职责的履行程度，以确定其工作能力和工作成绩的过程。员工的绩效评估本身不是目的，而是一种手段。它的内涵和外延随经营管理的需要而变化。从内涵上来说，员工绩效考评有两层含义：一是评估员工在现任职位上的业绩；二是评估员工的素质和能力，即员工在企业中的相对价值或贡献程度。从外延来说，就是有目的、有组织地对日常工作中的员工进行观察、记录、分析，作为以事实为基础的客观评价的依据。

绩效考评是绩效管理活动的中心环节，是管理人员与考评对象双方对考核期内的工作绩效进行全面回顾和总结的过程。在组织进行绩效考评的过程中，应注意使员工：①对衡量工作绩效的标准有清晰明确的认识，尽量减少歧义。②在绩效考评的过程中，尽量使用数据、事实、结果来证明，防止主观臆断、推测，但又不能在数字上斤斤计较。③绩效考评应在融洽和谐的气氛中进行。在平时的沟通中，员工已就自己的工作进度和成果业绩情况与主管基本上达成共识，因此，绩效考评只是对这些活动的进一步复核和总结。如果在绩效计划和绩效沟通的阶段就能够认真严格地贯彻执行有关标准和要求，那么绩效考评时产生严重分歧的可能性就很小。

四、绩效管理与绩效考评的区别

目前，在各类教科书或相关的学术著作中，很多人使用了诸如绩效考评、绩效考核、绩效评价、绩效评估等类似的术语，实际上它们与绩效管理的概念既有十分密切的联系，又存在明显的区别。

虽然从概念的内涵上看，绩效考评等概念与绩效管理似乎无太大的区别，但从外延上看，绩效管理是一个外延比较完整的概念，它是指从绩效计划（绩效目标的确定）到考评标准的制定，从具体考核、评价的具体实施，到信息反馈、总结和改进等全部活动的过程。绩效管理的活动过程不仅着眼于员工个体绩效的提高，而且注重员工绩效与组织绩效的有机结合，最终实现企业总体效率和效能的提升。

实际上，绩效考评仅仅是绩效管理活动中的一个重要环节，它是考评者按照特定程序，采用一定方式、方法，根据预定的量化指标和标准，对员工个人或团队的行为和结果所进行测量、考核、评价的过程。它在绩效管理的全过程中居于举足轻重的地位，成为绩效管理系统运行的重要支撑点。

五、绩效管理的核心地位

作为企业人力资源管理的重要组成部分，以及企业人力资源管理系统的子系统，绩效管理与其他人力资源管理系统存在着极为密切的关系。

人事部门根据企业战略目标进行人力资源规划，进而招聘选拔合格的各级员工，并对招聘回来的员工进行培训，员工培训合格后上岗服务企业。

同时人事部门根据战略目标设置组织架构，通过对部门职能和岗位的工作分析把合格的人员安排到合适的岗位上，员工通过在岗位上努力工作，达成业绩和管理目标，获取薪酬和奖励。

只有每个员工都达成了本职工作的业绩和管理目标，企业各部门的业绩才能完成，企业的战略方能落地。那么，如何激励员工完成和超额完成任务呢？其核心工作就是把战略目标分解成每个岗位的绩效考评指标，并开展绩效管理工作。

通过与其他子系统的配合和相互作业，不断激发员工潜能，使每个员工、每个部门按时保质保量，甚至超额完成各项经营目标，企业不断提高绩效，确保战略目标落地。

学史明理

直通职场

任务实训

一、实训目的

1. 了解绩效、绩效管理的概念及特点。
2. 明确绩效管理和绩效考评的区别和联系。

二、实训要求

1. 分组进行：每 3～5 人一组，选取一名组长。
2. 实训形式：制作 PPT，上台展示讲解。

三、实训内容

以小组为单位，收集两个企业的绩效管理案例，并分析绩效管理与绩效考评的区别和联系。

四、总结分析

完成汇报后，小组互评，教师点评。

任务二　绩效管理系统设计

人们往往容易把绩效考评与绩效管理混为一谈，将注意力集中在绩效考评上，想方设法地希望设计出公正、合理的评估方式，并且希望依据评估结果做出一些决策。但是，在考评过程中不仅会出现很多问题，而且无法达成绩效目标。这是因为，绩效考评不是一项孤立的工作，它只是完整的绩效管理过程中的一个环节，所以，要做好绩效考评工作，必须掌握绩效管理系统的完整流程。

一、绩效管理 PDCA 系统模型

绩效管理是一个完整的系统，图 6-2 可表示这个系统中不同环节之间的关联。绩效管理的运行是有规律的，也是有轨道的。高效的绩效管理体系通常都运行在轨道上，即使发生偏离，也能及时被发

现并纠正。这个轨道就是质量管理体系的 PDCA 循环。把绩效管理体系的四个主要流程和 PDCA 循环的四个环节紧密联系起来，就构建了 PDCA 循环的绩效管理体系。使绩效管理体系按照 PDCA 循环的流程运转，便于人力资源管理者正确认识绩效管理，正确操作绩效管理。

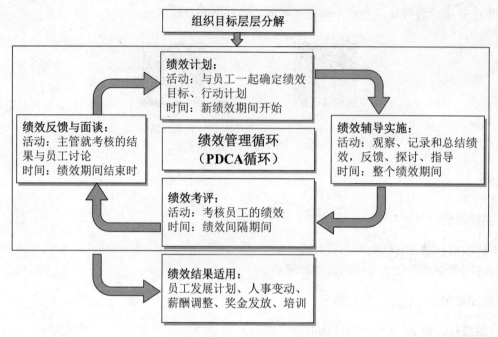

图 6-2　绩效管理 PDCA 系统模型

（1）绩效计划：在公司或部门年度计划的指导下，确定自己的年度、考核周期的工作计划；管理人员对下属员工的个人工作计划进行审查，根据部门工作计划对其下属员工的个人工作计划进行必要的调整；管理人员与员工对工作计划进行详细讨论，充分交流意见，计划最终需由管理人员和员工共同确认。

（2）绩效辅导实施：通过辅导，帮助员工厘清工作思路，授予与工作职责相当的权限，提供必要的资源支持，提供恰当（针对员工的绩效薄弱环节）的培训机会，提高员工的技能水平，为员工完成绩效目标提供各种便利。日常工作中对绩效考核指标的完成情况进行辅导。作为上级人员，指导下属员工是日常工作中最重要的职责之一，而且指导必须是经常性的，而非一定要等到有问题发生的时候才开始进行指导。

（3）绩效考评：是指对实施结果进行评价。绩效计划、绩效辅导为绩效考评打下了良好的基础，绩效考评只是对结果的确认。各职位的考核按照绩效合同的约定，依据绩效计划阶段的关键绩效指标和绩效辅导过程中所记录的员工业绩档案，由相关考核人员进行考核、评估，由人力资源部门对考核得分进行计算、汇总，并将绩效考评结果报总经理审核、确定。

（4）绩效反馈与面谈：绩效管理的过程并不是在绩效考评时打出一个分数就结束，管理者还需要与下属进行一次面对面的交谈，这是往往被忽视的步骤。管理人员应在考核完成的一定期限内，通过绩效面谈的方式将结果反馈给员工，与员工对考核结果达成共识，这是非常关键的活动。作为上级的管理者应就绩效考评结果和员工进行面谈和反馈，并帮助员工提高成绩、总结不足，寻找改进办法。

（5）考核结果运用：根据考核结果和绩效计划发放奖金，调整薪酬、培训方案等，必要时可以进行岗位调整并制订员工晋升和发展计划。

从考核结果运用又开始下一个绩效计划，进入下一个 PDAC 绩效管理循环，不断激发员工潜能，提高员工绩效，进而不断达成和提升企业绩效。

绩效管理没有完美的模式，却有许多有效的方法。绩效管理 PDCA 循环系统以"滚雪球"的方式不断创新地实现绩效管理工作的持续改进，将 PDCA 循环的理念运用于绩效管理系统，无疑能帮助人们更好地理解和实践绩效管理，发挥其良好的效果和应有的作用。

二、绩效管理系统设计的基本内容

绩效管理系统设计包括绩效管理制度设计与绩效管理程序设计两个部分。绩效管理制度是企业单位组织实施绩效管理活动的准则和行为规范，它是以企业单位规章规则的形式，对绩效管理的目的、意义、性质和特点，以及组织实施绩效管理的程序、步骤、方法、原则和要求所做的统一规定。

绩效管理程序设计，由于涉及的工作对象和内容不同，可分为管理的总流程设计和具体考评程序设计两部分。总流程设计是从企业宏观的角度对绩效管理程序进行的设计，而具体程序设计是在较小的范围内，对部门或科室员工绩效考评活动过程所做的设计。

绩效管理制度设计与绩效管理程序设计两者相互制约、相互影响、相互作用，缺一不可。绩效管理制度设计应当充分体现企业的价值观和经营理念，以及人力资源管理发展战略和策略的要求；而绩效管理程序设计应当从程序、步骤和方法上，切实保障企业绩效管理制度得到有效贯彻和实施。

三、绩效管理总流程的设计

绩效管理总流程的设计包括五个阶段，即准备阶段、实施阶段、考评阶段、总结阶段和应用开发阶段。

绩效管理流程

（一）准备阶段

本阶段是绩效管理活动的前提和基础，需要解决四个基本问题。

（1）明确绩效管理的对象，以及各个管理层级的关系。正确地回答"谁来考评，考评谁"。从企业的一般情况来看，绩效管理会涉及以下五类人员。

①考评者：涉及各层级管理人员（主管）、人力资源部专职人员。

②被考评者：涉及全体员工。

③被考评者的同事：涉及全体员工。

④被考评者的下级：涉及全体员工。

⑤企业外部人员：客户、供应商等与企业有关联的外部人员。

在绩效管理的活动过程中，根据不同的考评目的，有时需要由几个方面的人共同对被考评者进行全面的考评，有时可能是部分人员分别对其绩效进行考评。

（2）根据绩效考评的对象，正确地选择考评方法。回答"采用什么样的方法"组织企业绩效管理活动，对员工进行全面的考评。从绩效管理的考评内容上看，绩效考评可以分为品质主导型、行为主导型和结果主导型。

（3）根据考评的具体方法，提出企业各类人员的绩效考评要素（指标）和标准体系。明确地回答"考评什么，如何进行衡量和评价"。绩效管理不但要考查、衡量员工的最终劳动成果，还要重视员工在劳动过程中的表现；不但要考查劳动态度、行为和表现，还要考查员工的潜质，即其心理品质和能力素质。

（4）对绩效管理的运行程序、实施步骤提出具体要求，说明"如何组织实施绩效管理的全过程，在什么时间做什么事情"。一般来说，在明确了"考评谁？谁负责考评？用何种方法考评？考评的指标和标准是什么？"等一系列问题之后，需要对绩效管理运行程序、步骤提出具体明确的要求。主要应考虑以下几个问题：

①考评时间的确定。包括考评时间和考评期限的设计。考评时间除了取决于绩效考评的目的，还应服从于企业人力资源与其他相关的管理制度。

②工作程序的确定。上级主管与下属之间所形成的考评与被考评的关系，是企业绩效管理活动的基本单元。从企业单位的全局来看，绩效管理需要按一定的时间顺序按部就班地一步一步推进，其基本作业程序如图 6-3 所示。但对各个绩效管理的单元来说，其具体的工作步骤如图 6-4 所示。

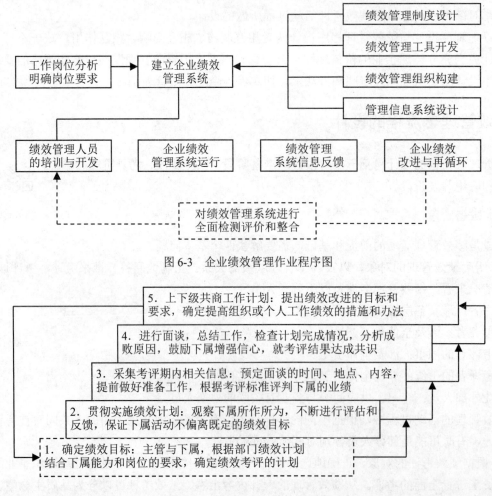

图 6-3　企业绩效管理作业程序图

图 6-4　绩效考评具体工作流程

在绩效管理的准备阶段，除了应完成上述四个方面技术性和组织性工作的设计，还必须在思想上、组织上有充分准备，做好宣传解释工作，使企业单位所有的人员，从高中层管理人员，到专业技术人员，乃至一般的员工，都对企业绩效管理制度实施的重要性和必要性有比较深入、全面和正确的认识。事实上，一项管理制度或者一个管理系统，如果没有全体员工的支持和协助，就不可能贯彻到日常的生产经营活动中去，其预定目标也不可能实现。

（二）实施阶段

实施阶段是在完成企业绩效管理系统设计的基础上，组织全体员工贯彻绩效管理制度的过程。在这个过程中，无论是主管上级还是下级，只要作为绩效的考评者与被考评者，都必须严格地执行绩效管理制度的有关规定，严肃认真地完成各项工作任务。作为企业绩效管理的领导者和考评者，在贯彻实施阶段应当注意以下两个问题：

（1）通过提高员工的工作绩效增强核心竞争力。从宏观上看，企业强化绩效管理的目的是非常明确的，就是要不断地提升企业的整体素质，以增强企业的核心竞争力。一个有效的绩效管理系统是通过若干环节提高员工工作绩效，从而保持和增强企业的竞争优势。

（2）收集信息并注意资料的积累。在绩效管理的实施阶段，无论从宏观上看（由企业整体到各个业务、职能部门），还是从微观上看（具体到每个绩效管理的单元），在绩效管理系统运行的过程中都会产生大量的新信息，这些信息既可能涉及考评指标和标准体系，也可能涉及某些部门或个人。因此，各级主管需要定期或不定期地采集和存储这些相关的信息，以便为下一阶段的考评工作提供准确、翔实和可靠的数据资料。

（三）考评阶段

考评阶段是绩效管理的重心，它不仅关系到整体绩效管理系统运行的质量和效果，而且涉及员工的当前和长远的利益，需要人力资源部门和所有参与考评的主管予以高度重视，并注意从以下几个方面做好考评的组织实施工作。

（1）考评的准确性。在绩效考评的工作阶段，如何保证并提高考评的精度是一个极为重要的关键问题。

（2）考评的公正性。在确保绩效考评准确性的同时，还应当重视考评的公正公平性。任何带有偏见、缺乏公正公平性的考评，都可能滋生员工心中不良的思想情绪，还会对以后的绩效管理活动产生严重的干扰和破坏。

（3）考评结果的反馈方式。绩效反馈主要的目的是改进和提高绩效，被考评者应当知道自己在过去的工作中取得了何种进步，自己在哪些方面还存在不足，有待在今后的工作中加以改进提高。

（4）考评使用表格的再检验。在绩效考评的过程中，应当注意对考评使用的各种表格进行必要的检验。一个良好的考评表格的设计，有利于提高考评者的评分速度和评估质量。

（5）考评方法的再审核。企业可采用的考评方法多种多样，各具特色，各有各的适用范围。考评方法作为绩效考评的基本工具，应当在成本、适用性和实用性三个方面符合企业的标准和要求，如果成本低，而适用性和实用性很差，这种方法就不宜再使用，需要总结经验教训，考虑设计新的工具和方法，以保障绩效管理活动的有效性和可靠性。

（四）总结阶段

总结阶段是绩效管理的一个重要阶段。在这个阶段，各个管理的单元即主管与下级（考评者和被考评者）之间需要完成绩效考评的总结工作，各个部门乃至全公司，应当根据各自的职责范围和要求，对绩效管理的各项活动进行深入全面的总结，完成绩效考评的总结工作，同时做好下一个循环期的绩效管理的准备工作。

绩效管理的最终目标是促进企业与员工的共同提高和发展，因此，每一轮绩效管理活动结束之前，各级主管都要将考评的结果反馈给每个被考评者，上下级之间对本期绩效管理活动做一次全面的回顾，总结经验，发扬成绩，纠正错误。从企业的全局来看，负责绩效管理的总经理或人力资源部应当将各个部门的考评结果回馈给各个业务和职能部门的负责人，使他们对本次考评的结果有更加全面深入的了解和认识，例如：本单位有何长处和优势，本单位与先进的单位比较还存在着什么明显的差距，下一步的主攻方向是什么，等等。而从个体来看，每个绩效管理的单元，考评者和被考评者之间也必须进行一次绩效考评的面谈：既要对过去的活动进行必要的回顾和总结，看到自己的长处和所取得的业绩，也要冷静客观地进行分析，找出工作中的薄弱环节和存在的主要问题，查明问题产生的原因，提出今后的绩效改进计划，突出工作的重点，明确努力的方向。

（五）应用开发阶段

应用开发阶段既是绩效管理的终点，又是一个新的绩效管理工作循环的始点。在这个阶段，应从以下几个方面入手，进一步推动企业绩效管理活动的顺利开展。

（1）重视考评者绩效管理能力的开发。人力资源部门应定期组织专题培训或研讨会议，组织考评者围绕绩效管理中遇到的各种问题进行培训和讨论，寻求解决问题的办法和对策。采取有效的措施和方法，不断增强各级主管绩效管理的意识和管理技能，对促进企业和员工绩效的提高具有十分重要的意义。

（2）被考评者的绩效开发。企业绩效管理具有双重功能：一方面要为企业重要的人事决策（如员工薪酬福利、升迁调动等）提供依据，另一方面是为了调动员工生产的积极性、主动性和创造性，发挥开发企业员工潜能的职能。为了使绩效管理的双重功能得以贯彻和体现，在绩效管理各个环节中，被考评者应当始终是管理者关注的中心和焦点，其一言一行都应当被置于考评者的关怀之中，让被考评者在宽松的氛围和环境中得以提高和发展。

（3）绩效管理的系统开发。绩效管理的各个阶段中，准备阶段是为了这套系统的运行提供各种前期的保证；实施和考评阶段是为了检测和验证这套系统的可行性和有效性；总结阶段是为了发现这套系统所存在的问题，以便查明原因，提出改进对策；而在应用开发阶段是将系统改进的计划变为现实，对该体系做出必要的修改调整，进行深层开发的过程，使其在企业的经营管理活动中释放出更大的能量。

（4）企业组织的绩效开发。在绩效管理应用开发阶段，无论对考评者、被考评者的开发，还是对绩效管理系统的深层开发，其最终目的都是一致的，就是要推进企业组织效率和经济效益的全面提高和全面发展。因此，在这个阶段，各个部门主管应当根据本期绩效考评的结果和绩效改进计划，从本部门全局出发，针对现存的各种问题，分清主次，按照重要程度逐一解决。

学史明理

直通职场

任务实训

一、实训目的

1. 了解绩效考评流程。
2. 掌握绩效考评表格设计。

二、实训要求

1. 分组进行：每 3~5 人一组，选取一名组长。
2. 实训形式：制作 PPT，上台展示讲解。

三、实训内容

以小组为单位，为联邦家私销售代表设计绩效考评表。

四、总结分析

完成汇报后，小组互评，教师点评。

任务三　绩 效 计 划

绩效计划

一、绩效计划的目的与内容

（一）什么是绩效计划

绩效计划是绩效管理过程的起点，是指在新的绩效周期开始时，管理者与员工经过充分的沟通，为了实现组织经营计划与管理目标，员工在绩效周期内应该明确履行的工作职责、权限，各项任务的重要程度，绩效的衡量标准，可能遇到的困难，新技术、新技能及培训的需求，上级可能提供的帮助及解决问题的途径和方法等一系列问题，共同探讨并达成共识的过程。绩效计划是整个绩效管理体系中非常重要的环节，它具有前瞻性，其作用在于帮助员工认清方向，明确目标，促进相互理解并达成协议，并最终签订绩效合同。

（二）绩效计划的内容

绩效计划主要包括以下几个方面的内容：

（1）本岗位在本次绩效周期内的工作要项。
（2）衡量工作要项的关键业绩指标。
（3）关键业绩指标的权重。
（4）工作结果的预期目标。
（5）工作结果的测量方法。
（6）关键业绩指标的计算公式。
（7）关键业绩指标的计分方法。
（8）关键业绩指标统计的计分来源。
（9）关键业绩指标的考评周期。
（10）在达成目标的过程中可能遇到的困难和障碍。
（11）各岗位在完成工作时拥有的权力和可调配的资源。
（12）组织能够为员工提供的支持和帮助以及沟通方式。

（三）绩效计划的目的

从具体工作内容来看，绩效计划的最终结果是签订绩效合同，其目的包括：

（1）使员工明确自身的工作目标，从而有目的地高效开展工作。

（2）形成书面文件，作为年终考评的基础依据。但是在实施的过程中，绩效计划并不是仅签订一份绩效合约这样简单，现代绩效管理更加强调通过互动式的沟通手段使管理者与员工在如何实现预期绩效的问题上达成共识。

（3）绩效计划的内容，除了最终的个人绩效目标，还包括为了达到计划中的绩效结果，双方应做出什么样的努力、应采用什么样的方式、应进行什么样的技能开发等内容。

（4）根据计划的内容，明确考评指标和考评周期两个关键决策，为下一步绩效执行、绩效考评和绩效反馈提供信息，以利于绩效管理战略目的、管理目的和开发目的的实现。

因此，在绩效计划制订的过程中，既需要员工的参与和承诺，又需要管理者与员工的互动沟通，才能最终形成关于工作目标和标准的绩效合同。

二、绩效计划的特征

作为绩效管理体系的首要环节，绩效计划与传统强压式下任务的考评方式相比，具有以下主要特征。

（一）绩效计划是一个双向沟通的过程

传统上，绩效计划的制订通常是一个单向的过程，即由上级制定总体目标，下级具体执行。在这种体制下，下级在绩效计划环节没有发言权，完全处于被动接受的地位，这不仅会导致绩效指标及标准的设定出现不合理的状况，而且缺乏对绩效目标实现路径的有效沟通。

（二）参与和承诺是制订绩效计划的前提

社会心理学家进行了大量关于人们对某件事情的态度形成与改变的研究，结果表明，人们坚持某种态度的程度和改变态度的可能性主要取决于两大因素：一是在形成这种态度时参与的程度，二是他是否为此进行了正式承诺。在绩效计划阶段，让员工参与绩效目标的制定，且签订相对规范的个人绩效承诺，实际上就是要体现参与和承诺的思想，这样员工就会更加遵守这些承诺，履行自己认可的绩效目标。

（三）绩效计划是关于工作目标和标准的契约

整个绩效计划过程，由上级和下级共同制定并修正绩效目标以及实现目标所需的步骤。这包含两个方面的内容，即做什么和如何做。所谓做什么，实际上就是组织的绩效目标；而如何做是实现目标的手段，它对不同组织可能包含着不同的内容。绩效计划强调通过互动式的沟通，使上下级之间就制定绩效管理周期内的绩效目标及如何实现预期绩效的问题达成共识。绩效计划的目标内容，除了最终的绩效目标，还包括双方应采用什么样的方式、做出什么样的努力、进行什么样的绩效改进或技能开发等，以达到计划中的绩效结果。也就是说，在这个过程中各级机构和相关人员都负有责任。

三、绩效计划实施流程

企业围绕组织战略制订绩效计划，需要保障几个层次的绩效计划层层支撑，以确保绩效管理系统能全面反映组织战略目标的具体要求。制订绩效计划的步骤分为准备阶段、沟通阶段、形成阶段。

（一）准备阶段

我们知道，绩效计划通常是通过管理人员与员工双向沟通的绩效计划会议得到的，那么为了使绩效计划会议取得预期的效果，事先必须准备好相应的信息。这些信息主要分为三种类型。

1. 关于企业的信息

为了使员工的绩效计划能够与企业的目标结合在一起，管理人员与员工将在绩效计划会议中就企业的战略目标、公司的年度经营计划进行沟通，并确保双方对此没有任何歧义。因此，在进行绩效计划会议之前，管理人员和员工都需要重新回顾企业的目标，保证在绩效计划会议之前双方都已经熟悉了企业的目标。

2. 关于部门的信息

每个部门的目标都是根据企业的整体目标逐渐分解而来的。不但经营的指标可以分解到生产、销售等业务部门，而且对于财务部、人力资源部等业务支持性部门，其工作目标也与整个企业的经营目标紧密相连。

3. 关于个人的信息

关于被评估者个人的信息中主要有两方面的信息：一是工作描述的信息，二是上一个绩效期间的评估结果。在员工的工作描述中，通常规定了员工的主要工作职责，以工作职责为出发点设定工作目标可以保证个人的工作目标与职位的要求联系起来。工作描述需要不断地修订，在设定绩效计划之前，应重新思考职位存在的目的，并根据变化了的环境调整工作描述。

（二）沟通阶段

绩效计划是双向沟通的过程，这一阶段也是整个绩效计划的核心阶段。在这个阶段，管理人员与员工必须经过充分的交流，对员工在本次绩效期间内的工作目标和计划达成共识。绩效计划会议是绩效计划制订过程中进行沟通的一种普遍方式。但是绩效计划的沟通过程并不是千篇一律的，在进行绩效计划会议时，要根据公司和员工的具体情况进行修改，主要把重点放在沟通上面。

管理人员和员工都应该确定一个专门的时间用于绩效计划的沟通，并且要保证在沟通的时候最好没有其他事情打扰。在沟通的时候气氛要尽可能宽松，不要给人太大的压力，要把焦点集中在开会的原因和应该取得的结果上。

在进行绩效计划会议时，一般需要回顾一下已经准备好的各种信息，在讨论具体的工作职责之前，管理人员和员工都应该知道公司的要求、发展方向以及对讨论具体工作职责有关系和有意义的其他信息，包括企业的经营计划信息、员工的工作描述和上一个绩效期间的评估结果等。

（三）形成阶段

在制订绩效计划的过程中，形成阶段是指对计划进行审定和确认后签订绩效合同，是最后一个步骤。在这个过程中要注意以下两点。

第一，在绩效计划过程结束时，管理人员和员工应该对一些问题取得一致性意见，以保证双方达成共识。这些问题包括：员工在本次绩效期间内的工作职责是什么？员工在本次绩效期间内所要完成的工作目标是什么？如何判断员工的工作目标完成得怎么样？员工应该在什么时候完成这些工作目标？各项工作职责以及工作目标的权重如何？哪些是最重要的，哪些是其次重要的，哪些是次要的？员工的工作绩效好坏对整个企业或特定的部门有什么影响？员工在完成工作时可以拥有哪些权力？可以得到哪些资源？员工在达到目标的过程中会遇到哪些困难和障碍？管理人员会为员工提供哪些支持和帮助？员工在绩效期间内会得到哪些培训？员工在完成工作的过程中，如何去获得有关他们工作情况的信息？在绩效期间内，管理人员将如何与员工进行沟通？

第二，当绩效计划结束时，应达到以下结果：员工的工作目标与企业的总体目标紧密相连，且员工清楚地知道自己的工作目标与企业的整体目标之间的关系；员工的工作职责和描述已经按照现有的企业环境进行了修改，可以反映本次绩效期间内主要的工作内容；管理人员和员工对员工的主要工作任务、各项工作任务的重要程度、完成任务的标准、员工在完成任务过程中享有的权限都已经达成了共识；管理人员和员工都十分清楚在完成工作目标的过程中可能遇到的困难和障碍，并且明确管理人员所能提供的支持和帮助；形成了一个经过双方协商讨论的绩效合同，该合同中包括员工的工作目标、实现工作目标的主要工作结果、衡量工作结果的指标和标准、各项工作所占的权重，并且管理人员和员工双方要在该绩效合同上签字确认。

四、绩效合同设计

在确定好绩效指标及考评标准后，为了能使绩效目标以书面形式固定下来，并作为年度绩效考核的基本依据，企业常常使用"绩效合同"这一工具。绩效合同，其实就是在绩效指标确定以后，由主管与员工共同商定员工在考核周期内的绩效指标和行动计划，然后以文字的形式确认，作为施行绩效指导方向、考核考评时的对照标准和绩效面谈的纲要，以及以后就考核结果进行个人素质提高的依据。

绩效合同是进行考核的依据，主管与员工就员工在本考核周期的业绩目标经过反复沟通，双方达成一致后就可以按照企业提供的绩效合同样本，将员工的个人考核指标、预期目标填写完整，签字后双方各执一份备查。绩效合同虽没有固定的流程和格式,但一般包括以下内容。

(1)受约人信息。即被考评员工基本信息,包括员工的姓名、职位、所在部门等。

(2)发约人信息。发约人一般是由被考评员工的上一级正职(或正职授权的副职)担任。

(3)合同期限。规定了绩效合同生效及截止时间,一般而言,为一个绩效管理周期。

(4)计划内容。主要包括绩效指标、考评权重、考评标准等,用于衡量被考评员工的重要工作成果,是绩效合同的主要组成部分。

(5)考评意见。在绩效考评完成后,由发约人根据受约人的实际表现填写,用于分析绩效完成的亮点与不足,以达到提升和改进绩效的目的。

(6)签字确认。绩效合同需要由发约人和受约人双方签字确认后方可生效,因此绩效合同的最后部分要留出相应的空间,以供签字使用。

除了以上基本内容,一些绩效合同中还规定了合同双方的权利和义务、绩效目标完成与否的奖惩措施、员工能力发展计划、绩效目标修改履历等。绩效合同设计的繁简与否,取决于企业的绩效管理水平和重视程度,不能一概而论,只要适合企业的实际情况即可。表 6-1 是一个绩效合同的样本,仅供参考。

表 6-1 绩效合同

绩效合同							
被考核人:			直接主管(考核上级):				
方面	分类		考核指标	权重	指标说明(定量)/工作要求(定性)	信息来源	考核说明
考核项目	关键绩效指标 20%		1. 年度收入完成率	10%		财务报表	年度考核
			2. 利润完成率	10%		财务报表	
	岗位职责指标 50%						月度考核
	工作任务指标 10%						月度考核
	能力态度指标 20%						季度考核
修订履历	时间		修订内容		修订者	审核者	审批者
被考核人:				考核人:			日期:

学史明理

直通职场

任务实训

一、实训目的

1. 明确绩效合同内容。
2. 掌握绩效合同设计。

二、实训要求

1. 分组进行：每3～5人一组，选取一名组长。
2. 实训形式：制作PPT，上台展示讲解。

三、实训内容

以小组为单位，为联邦家私销售代表设计绩效合同。

四、总结分析

完成汇报后，小组互评，教师点评。

任务四　绩效辅导

绩效辅导

一、绩效辅导的定义

绩效辅导是指管理者与员工共同跟踪绩效结果，通过持续不断的沟通，努力发现问题、解决问题，达到或超越已制定的绩效目标。管理者是绩效实施的主体，是绩效改善和提高的推动者，不仅仅是员工业绩和能力的评定者。因此，在实施绩效考核的过程中，要持续不断地对下属进行绩效辅导。

二、绩效辅导的作用

绩效辅导在绩效管理系统中的作用不仅在于能够前瞻性地发现问题并在问题出现之前解决，还在于能把管理者与员工紧密联系在一起，管理者与员工经常性就存在和可能存在的问题进行讨论，共同解决问题，排除障碍，达到共同进步和共同提高，实现高绩效的目的。绩效辅导还有利于建立管理者与员工良好的工作关系。通常，绩效辅导的作用如下。

（1）管理者可以通过绩效辅导，了解下属的工作情况和进展；帮助下属提升能力；客观公正地评价下属的绩效，提高考核工作的有效性和下属的认可度；建立信任，提高员工的满意程度。

（2）员工可以通过绩效辅导，及时得到自己绩效的反馈信息；及时了解组织的重要信息；及时得到相应的资源和帮助；发现不足，确定改进点。

绩效辅导的根本目的就在于对员工实施绩效计划的过程进行有效的管理，因为只要过程都是在可控范围之内，结果就不会出太大的意外。

三、绩效辅导的类型

绩效辅导的类型主要有以下三种：

（1）帮助员工获得成功的辅导。根据员工的工作能力和岗位及工作业绩要求，管理者为员工提供技能和知识支持，帮助员工矫正错误行为，以确保员工尽可能有效地处理即将出现的问题、潜在的问题并迎接挑战。

（2）帮助员工改进和提高能力的辅导。其目的是帮助员工加强某一特定领域的业绩表现，以达到公司对其的业绩要求。

（3）当员工业绩表现出色时的辅导。上级应该实时认同员工良好的业绩，辅导员工总结经验并找到更好的方法提升效率和工作业绩，目的在于鼓励员工保持其良好的工作表现。

四、绩效辅导 GROW 模型

管理者应该如何实施有效的绩效辅导呢？高阶的绩效辅导技术不是告诉员工怎么做，而是启发员工自我思考。下面是绩效辅导领域的一个经典模型——GROW 模型（见图 6-5）。

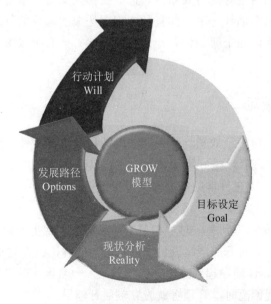

图 6-5　GROW 模型

辅导是一种交流，当然离不开提问和倾听，而有效的提问和积极的倾听在绩效辅导中发挥着重要作用。那么，怎样才能有效地提问呢？约翰·惠特莫尔（John Whitmore）构建了绩效辅导提问的GROW模型。GROW在英文里是"成长、长大"的意思，是Goal（目标）、Reality（现实）、Options（选择）、Will（决心）这四个英文单词的首字母组合。

（1）明确目标（Goal）。目标包括最终目标和绩效目标，两者缺一不可。明确最终目标是明确大的理想和抱负，帮助员工找到工作的意义；明确绩效目标是明确近期可控目标，是在员工的能力范围内，运用所谓"摘苹果原理"（意思是：员工跳一下可以够得着，通过短期努力可以达成），绩效目标支撑最终目标的实现。话题主要包括：今天主要想谈些什么事？你希望谈出什么样的结果？我们应该如何确定目标？你怎么看？目标是积极、有挑战性且可达成的吗？你会如何衡量？你想何时达到？你对目标的个人控制力有多大？有什么样的分期目标？等等。

（2）帮助员工梳理现实（Reality）状况。目标明确了，那么现实是什么？现实都发生了什么？员工在知识技能和经验方面存在哪些欠缺？在人、财、物资源方面存在哪些不足？外部环境是什么样的？什么人可能会影响目标的实现？什么人支持，什么人反对？为解决问题，你采取了哪些措施？结果又怎样？请举出例子来证明你的判断、想法。还有谁也涉及了？等等。请注意，对于现实状况问题的回答应当是描述性的，而不是判断性的。

（3）帮助员工探询可能的解决方案（Options）。针对目标和现实，有哪些解决方案可以选择，是3个还是5个，还有更多吗？你觉得别人会怎么做？我提个建议好吗？我以前见过别人在这种情况下……，你觉得对你有启发吗？还有谁能帮忙？这个环节最关键的就是不断追问可能性，想出和列出尽可能多的可供选择的方案，便于后面下决心环节做出更好的选择，而不是要找到"正确的答案"。

（4）帮助员工下定决心（Will）。这是辅导过程的最后一个环节，其目的是把讨论变为决定。目标明确了，现实已经判别清楚了，可供选择的方案也已经找到了很多，这时候，辅导者需要进一步提出下列问题：你准备把哪些选择付诸行动？具体从什么时间开始实施？这一做法会实现你的目标吗？在这个过程中，你可能遇到哪些问题？谁需要知情？你需要哪些支援？准备什么时候、如何获得这些支援？还有哪些需要考虑的事项？估计一下，你有几成把握达成所选择的行动计划？是什么阻碍了你的行动计划？在这些方法中，你倾向于哪一种？什么时候开始？什么时候做完？我们之间需要如何沟通跟进？等等。

五、绩效辅导的注意事项

一名优秀的团队管理者，做好绩效辅导能将团队的能量发挥到极致，团队的工作绩效会持续改善且不会偏离目标。作为团队管理者，做好绩效辅导应注意以下事项。

（1）绩效辅导需要注意：应在日常工作中根据需要提供绩效辅导；采取角色扮演的方式准备辅导沟通。

（2）绩效辅导应尽量避免：等到考核时才和员工讨论业绩表现上的问题和需要提高的方面；在辅导中，不给员工讲话的机会；对对方的情绪表达予以不恰当的评论；在与员工辅导后没有后续措施。

（3）辅导需要及时进行，让辅导起到立竿见影的效果。一名优秀的管理者需要及时提供有效的绩效辅导，当团队日常指标出现偏离时，管理者就应立刻展开辅导。

（4）辅导过程对员工保持充分的信任，更多的是予以鼓励。管理者做绩效辅导往往发生在员工绩效偏离目标的时候，大多属于改进型辅导。若管理者在辅导过程中拿捏不好分寸，员工会感觉自己变成了一个被批评者,其防御心理会下意识加强。

(5)辅导过程切忌忘记"目的"。绩效辅导重要的前提是围绕"绩效(KPI)"展开。辅导的目的是让员工达成和超越指定的绩效目标,如果对 KPI 和目标避而不谈,再多的辅导也会变成毫无意义的沟通。

学史明理

直通职场

任务实训

一、实训目的

1. 明确绩效辅导类型。
2. 掌握绩效辅导 GROW 模型。

二、实训要求

1. 分组进行:每 3~5 人一组,选取一名组长。
2. 实训形式:角色扮演,上台展示讲解。

三、实训内容

以小组为单位,通过角色扮演,运用 GORW 模式,以为联邦家私的销售代表进行绩效辅导为例,两两角色扮演模拟训练。

四、总结分析

每组选两个队员汇报后,小组互评,教师点评。

任务五 绩效沟通

绩效沟通

一、绩效沟通的目的和内容

(一)绩效沟通的定义

绩效沟通是指考核者与被考核者就绩效考评反映出的问题以及考核机制本身存在的问题展开实质性的面谈,并着力于寻求应对之策,服务于后一阶段企业与员工绩效改善和提高的一种管理方法,它是绩效管理的核心,也是绩效提升的关键。

绩效沟通是绩效管理的灵魂和核心，是整个绩效管理过程中耗时最长、最关键、最能产生效果的环节，它包括绩效计划沟通、绩效辅导沟通、绩效考核沟通和绩效改进沟通。绩效沟通不仅谈事（本职岗位工作），而且谈人（职业生涯发展）；不仅谈过去（工作绩效总结），而且谈将来（下阶段计划和绩效改进）。

（二）绩效沟通的目的

管理者通过绩效沟通促进绩效计划的实施。目的包括：指导、提升员工能力；传递组织的期望；客观、公正评价；找到原因，制订绩效改进计划。

员工通过绩效沟通获取相关工作信息：业绩是否达标；保持工作热情、积极性；根据组织目标、工作内容的调整而调整；得到及时的帮助、指导，完成目标。

绩效沟通在绩效管理中处于核心地位，绩效沟通可以实现：

（1）设定为所有组织成员认可的绩效目标。

（2）通过绩效培训与宣导，让所有员工了解并熟悉绩效管理的体系、工具与实施方法。

（3）通过绩效面谈，使组织成员在履行目标职责过程中不断勘误，提高效率。

（三）绩效沟通的内容

绩效沟通贯穿于绩效管理的各个环节，每个环节沟通的重点如下。

1．绩效计划沟通

绩效计划沟通即在绩效管理初期，上级主管与下属就本管理期内（如当月、当季度等）绩效计划的目标和内容，以及实现目标的措施、步骤和方法所进行的沟通交流，以达到在双方共识的基础上顺利高效开展工作的目的。

2．绩效指导沟通

绩效指导沟通即在绩效管理活动的过程中，根据下属在工作中的实际表现，主管与下属围绕下属工作态度、流程与标准、工作方法等方面进行沟通指导，以达到及时肯定或及时纠正引导的目的。

3．绩效反馈沟通

绩效反馈沟通是对员工在某绩效管理期间的综合工作表现和工作业绩等方面所进行的全面回顾、总结和评估的沟通、交流与反馈，将考评结果及相关信息反馈给员工本人，通常以绩效面谈的形式来进行。

4．绩效改进沟通

绩效改进沟通通常是主管针对下属在某个绩效考评期间存在的不足提出改进指导建议后，随时对改进情况进行交流评价、辅导提升。此沟通可在绩效管理过程中随时进行，也可在月末绩效考评时进行。

以上四个环节持续的绩效沟通，对于达成绩效目标、过程指导、客观评价以及绩效改进都具有非同寻常的意义，也是绩效管理能够有效落地和执行的有力有段。

二、绩效沟通的作用

绩效沟通的作用有以下四个：

（1）帮助员工制定应对措施。通过沟通，和员工一起探讨未来可能出现的变化并及时制定应对措施。

（2）给管理者提供各方面管理信息。

（3）管理者和员工步调一致。

（4）避免出现双方意外的考核结果。绩效考评中的"没有意外"，在很多企业里被当成一个原则问题看待。没有意外的绩效管理才更加成功、更加完善。

绩效沟通的作用不仅仅在于能够前瞻性地发现问题，并在问题出现之前解决问题，还在于能够将管理者和员工紧密联系在一起共同解决问题，排除障碍，达到共同进步和共同提高的目的，实现和超额完成个人、部门、企业的绩效目标。

三、绩效沟通的方式

（一）正式沟通

正式沟通是事先计划和安排好的沟通方式，如定期的书面报告、面谈、有经理参加的定期的小组或团队会等。

1. 定期的书面报告

员工可以通过文字的形式向上司报告工作进展，反映发现的问题，主要有周报、月报、季报、年报。与上司不在同一地点办公的员工或经常在外地工作的人员可通过电子邮件进行传送。书面报告可培养员工理性、系统地考虑问题，提高逻辑思维和书面表达能力。但应注意：采用简化书面报告的文字，只保留必要的报告内容，避免烦琐。

2. 一对一正式面谈

正式面谈对于及早发现问题，找到和推行解决问题的方法是非常有效的：可以使管理者和员工进行比较深入的探讨，可以讨论不宜公开的观点；使员工有一种被尊重的感觉，有利于建立管理者和员工之间的融洽关系。但面谈的重点应放在具体的工作任务和标准上，鼓励员工多谈自己的想法，以一种开放、坦诚的方式进行谈话和交流。

3. 定期的会议沟通

会议沟通可以满足团队交流的需要；定期参加会议的人员相互之间能掌握工作进展情况；通过会议沟通，员工往往能从上司口中获取公司战略或价值导向的信息。但应注意明确会议重点；注意会议的频率，避免召开不必要的会议。

（二）非正式沟通

非正式沟通是未经计划的沟通方式，其沟通途径是组织内的各种社会关系。其形式有非正式的会议、闲聊、走动式交谈、吃饭时进行的交谈等。

非正式沟通的好处是：形式多样、灵活，不需要刻意准备；沟通及时，问题发生后，马上就可以进行简短的交谈，从而使问题很快得到解决；容易拉近主管与员工之间的距离。

在实际工作中，很少只使用一种沟通方式，而是综合运用上面四种沟通方式。

四、绩效沟通 BEST 法则

BEST 法则是建设性反馈的一种,所谓建设性反馈,就是针对员工的错误行为加以指出,并提出改进的意见供对方参考,而不是横加指责和批评。BEST 法则在进行绩效沟通时,可以按照以下步骤进行:①B:behavior description(描述行为);②E:express consequence(表达后果);③S:solicit input(征求意见);④T:talk about positive outcomes(着眼未来)。

例如:员工小周在制作招标文件时连续犯一个错误,这时候,主管就可以用 BEST 法则和他进行绩效沟通。

B:"小周,8 月 6 日,你制作的招标文件,报价又出现了错误,单价和总价不对应,这已经是你第三次在这个方面出错了。"

E:"你的工作失误,使我们的工作非常被动,给客户留下了很不好的印象,这可能会影响到我们的中标及后面的客户关系。"

S:"小周,你怎么看待这个问题?准备采取什么措施改进?"

小周:"我准备……"

T:"很好,我同意你的改进意见,希望在以后的工作中,你能做到,为了让你的改进措施能够更有效,你要把改进措施形成计划,并按期点检。"

BEST 法则又称"刹车"原理,是指在管理者指出问题所在并描述了问题所带来的后果之后,在征询员工的想法时,管理者不要打断员工,应适时地"刹车",然后以聆听者的姿态听取员工的想法,让员工充分发表自己的见解,发挥员工的积极性,鼓励员工自己寻求解决办法。最后,管理者再做点评总结即可。

学史明理

直通职场

任务实训

一、实训目的

1. 明确绩效沟通内容。
2. 掌握绩效沟通 BEST 法则。

二、实训要求

1. 分组进行:每 3~5 人一组,选取一名组长。

2. 实训形式：角色扮演，上台展示讲解。

三、实训内容

某家私企业的销售代表上个月的销售任务只完成了绩效目标的 60%，销售主管分析原因后发现，该销售代表在上个月只有 15 天有拜访客户的真实记录。假设你是销售主管，请运用 BEST 法则，与之进行绩效沟通角色扮演模拟训练。

四、总结分析

每组选两名队员完成模拟训练后，小组互评，教师点评。

任务六 绩效考评方法

一、绩效考评方法分类

一般来说，由于员工绩效具有多因性、多维性和动态性三个方面的基本特征，在设计和选择绩效考评方法和指标时，可以根据被考评对象的性质和特点，分别采用特征性、行为性和结果性三大类效标，对考评对象进行全面的考评。

由于采用的效标不同，从绩效管理的考评内容上看，绩效考评可以分为品质主导型、行为主导型和效果主导型三种类型。

绩效考评方法的选择是绩效评价的重点与难点，也是绩效管理中一个技术性很强的问题，只有正确选择并恰当运用绩效考评方法，才能得到公正客观的评价结果，从品质主导型、行为主导型和效果主导型的方法比较来看，每种方法的侧重点各不相同，也有各自的优缺点和适用对象。

各类方法各具特点，应该说，迄今为止还没有一种方法堪称最优或能够满足实践中的所有要求，在管理实践中，它们往往被综合使用，以适应不同组织、不同发展阶段对绩效评价的不同需要，满足绩效评价的不同目的。

二、品质导向主观考评方法

品质主导型的绩效考评采用特征性效标，以考评员工的潜质为主，着眼于"他这个人怎么样"，重点考量该员工是一个具有何种潜质（如心理品质、能力素质）的人。

由于品质主导型的考评需要使用如忠诚、可靠、主动、创造性、自信心、合作精神等定性的形容词，所以很难具体掌握，并且考评操作性及其信度和效度较差。

品质主导型的考评涉及员工信念、价值观、动机、忠诚度、诚信度，以及一系列能力素质，如领导能力、人际沟通能力、组织协调能力、理解力、判断力、创新能力、改善力、企划力、研究能力、计划能力、沟通能力等。

三、行为导向考评方法

行为主导型的绩效考评采用行为性效标,以考评员工的工作行为为主,着眼于"干什么""如何去干",重点考量员工的工作方式和工作行为。由于行为主导型的考评重在工作过程而非工作结果,考评的标准较容易确定,操作性较强。行为主导型的考评适用于对管理性、事务性工作进行考评,特别是对人际接触和交往频繁的工作岗位尤其重要。例如,商业大厦的服务员应保持愉悦的笑容和友善的态度,其日常工作行为对公司影响很大,因此,公司要重点考评其日常行为表现。

行为导向型的考评方法有行为导向型主观考评方法和行为导向型客观考评方法。其中,行为导向型客观考评方法主要包括关键事件法、行为锚定等级评价法、行为观察法、加权选择量表法四种表现形式。下面对前三种表现形式进行介绍。

(一)关键事件法

关键事件法又称重要事件法。在某些工作领域内,员工在完成工作任务过程中,其有效的工作行为导致成功,无效的工作行为导致失败。关键事件法的设计者将这些有效或无效的工作行为称为"关键事件",考评者要记录和观察这些关键事件,因为它们通常描述了员工的行为以及工作行为发生的具体背景条件。这样,在评定一个员工的工作行为时,就可以利用关键事件作为考评的指标和衡量的尺度。

例如,对客户经理进行评估,客户经理的一项关键绩效指标是获得客户的满意。针对这项关键绩效指标,他的主管人员记录下两件关键事件。

(1)好的关键事件:客户经理耐心地倾听客户的抱怨,回答客户的问题,认真地检查客户返回的产品,有礼貌地向客户做出解释和道歉,并立即给客户签署了退货单。

(2)坏的关键事件:在业务最繁忙的季节里,客户经理在休息时间过后迟到了 30 分钟回到办公室。他错过了 4 个来自客户的电话,并且已经有 2 名客户焦急地在会客室中等候,他们都是按照其约好的时间来访的。

(二)行为锚定等级评价法

行为锚定等级评价法是基于关键事件法的一种量化的评定方法。这种方法主要是建立一个行为性的评定量表,对每一个等级运用关键事件进行行为描述,因此它结合了关键事件法和等级评定法两者的优点。

表 6-2 是一个对教师课堂教学技巧进行评估的行为锚定量表。

表 6-2 行为锚定量表

评估要素:课堂教学技巧	
定 义	课堂教学技巧主要是指教师在课堂上有效地向学生传授教学内容的技巧
等 级	描 述
9	使用多样化的教学方法,提高学生的自我学习能力。例如,有些内容采取让学生上来讲解、教师点评的方法
8	鼓励学生提出不同的意见,引导学生进行创造性的思考

续表

等级	描述
7	能将具有关联性的问题前后联系起来讲解，使学生形成完整的知识体系
6	讲解某些问题时，使用恰当的例子
5	讲解问题时重点突出
4	使用清楚、容易理解的语言讲课
3	对稍有难度的问题讲不清楚，并且对学生的不同意见不接纳
2	讲课乏味、枯燥，照本宣科
1	经常讲错一些重要概念

那么，如何建立一个行为锚定式的评定量表呢？一般来说，建立行为锚定量表需要以下几个步骤：

（1）选定绩效评估要素。选取需要评估的要素，并对其内容进行界定。

（2）获取关键事件。通过对工作比较熟悉的人（任职者或任职者的主管人员）提供一些关键事件，包括工作做得好的关键事件和工作做得不好的关键事件。

（3）将关键事件分配到评定要素中去。

（4）由另外一组对工作同样了解的人对关键事件重新进行审定、分配和排序。将这一组与前面一组分配关键事件时，将在一定程度上（80%）使一致的关键事件保留下来，作为最后使用的关键事件。

（5）对关键事件进行评定，看看分配到各个要素的各个等级上的关键事件是否可以代表各自的要素和等级。

（三）行为观察法

行为观察法又称行为观察评价法、行为观察量表法、行为观察量表评价法。行为观察法是在关键事件法的基础上发展起来的，与行为锚定等级评价法大体接近，只是在量表的结构上有所不同。本方法不是首先确定工作行为处于何种水平上，而是确认员工某种行为出现的概率，它要求评定者根据某一工作行为发生频率或次数来对被评定者打分，如从不（1分）、偶尔（2分）、有时（3分）、经常（4分）、总是（5分）。本方法既可以对不同工作行为的评定分数相加得到一个总分数，也可以按照对工作绩效的重要程度赋予工作行为不同的权重，经加权后再相加得到总分数。总分数可以作为不同员工之间进行比较的依据。发生频率过高或过低的工作行为不能选取为评定项目，如表6-3所示。

表6-3 行为观察量表实例

评定管理者的行为，用5~1和NA代表下列各种行为出现的频率，评定后填在括号内：

5表示95%~100%都能观察到这一行为；

4表示85%~94%都能观察到这一行为；

3表示75%~84%都能观察到这一行为；

2表示65%~74%都能观察到这一行为；

1表示0%~64%都能观察到这一行为；

NA表示从来没有这一行为

续表

克服对变革的阻力
（1）向下级详细地介绍变革的内容；（　　）
（2）解释为什么变革是必须的；（　　）
（3）讨论变革为什么会影响员工；（　　）
（4）倾听员工的意见；（　　）
（5）要求员工积极配合参与变革的工作；（　　）
（6）如果需要，经常召开会议听取员工的需要（　　）

6~10分：未达到标准；11~15分：勉强达到标准；16~20分：完全达到标准；
21~25分：出色达到标准；26~30分：最优秀

行为观察法克服了关键事件法不能量化、不可比，以及不能区分工作行为重要性的缺点，但是编制一份行为观察量表较为费时、费力，同时，完全从行为发生的频率考评员工，可能会使考评者和员工双方忽略行为过程的结果。

四、结果导向考评方法

效果主导型的绩效考评采用结果性效标，以考评员工或组织工作效果为主，着眼于"干出了什么"，重点考量"员工提供了何种服务，完成了哪些工作任务或生产了哪些产品"。由于效果主导型的考评注重员工或团队的产出和贡献，即工作业绩，而不关心员工和组织的行为和工作过程，所以考评的标准容易确定，操作性很强。例如，著名管理学家德鲁克设计的目标管理法就属于效果主导型的考评方法。效果主导型的考评方法具有滞后性、短期性和表现性等特点，它更适合生产性、操作性，以及工作成果可以计量的工作岗位采用，对事务性工作岗位人员的考评不太适合。

一般来说，效果主导型的绩效考评，首先是为员工设定一个衡量工作成果的标准，然后将员工的工作结果与标准对照。工作标准是计量检验工作结果的关键，一般应包括工作内容和工作质量两方面指标。

效果导向型的考评方法主要有四种不同的表现形式：目标管理法、绩效标准法、直接指标法和成绩记录法。

五、目标管理法

（一）目标管理的基本内涵

"目标管理"的概念最早是由著名的管理大师德鲁克于1954年在其名著《管理实践》中提出的。德鲁克认为，并不是有了工作才有了目标，而是有了目标才能确定每个人的工作。他认为，"企业的使命和任务，必须转化为目标"，如果一个领域没有目标，那么这个领域的工作就会受到忽视。因此，管理者必须通过目标对下属进行管理。当组织的高层管理者确定了组织的目标后，必须对其进行有效分解，转变为部门以及个人的目标，管理者根据分目标完成的情况对下属进行考核、评估和奖惩。

目标管理的具体形式多种多样，但其基本内容是一致的。所谓目标管理，就是一种程序或过程，它使组织中的上、下级一起协商，根据组织的使命确定一定时期内组织的总目标，由此决定上、下级的责任和分目标，并把这些目标作为组织经营、评估和奖励的标准。

目标管理的指导思想是以 Y 理论为基础的，即认为在目标明确的情况下，人们能够对自己负责。它的鲜明特点可以概括为：

（1）重视人的因素。目标管理是一种参与性、民主性、自我控制性强的管理制度，也是一种把个人的需求和组织目标结合起来的管理制度。在这一制度下，上级和下级的关系是平等、尊重、互相信任和支持的，下级在承诺目标和被授权之后需要自觉、自主和自治。

（2）建立目标链与目标体系。目标管理通过专门设计的过程，将组织的整体目标逐级分解，转换为各部门、各员工的分目标。在目标分解的过程中，权力和责任已经明确。这些目标方向一致、环环相扣、相互配合，形成协调统一的目标。只有每个人完成了自己的分目标，组织的总目标才能完成。

（3）重视结果。目标管理以目标制定为起点，以目标完成情况为终点。工作结果是评估目标完成情况的依据，也是评估工作的唯一依据。至于完成任务的具体过程和方式，上级并不做过多的干预。因此在目标管理制度下，监督的成分很少，而控制目标实现的能力却很强。

（二）目标管理的步骤

目标管理体现了现代管理的哲学思想，是领导者与下属之间双向互动的过程。目标管理法是由员工与主管共同协商制定个人目标，个人的目标依据企业的战略目标及相应的部门目标而确定，并与它们尽可能一致；该方法用可观察、可测量的工作结果作为衡量员工工作绩效的标准，以制定的目标作为对员工考评的依据，从而使员工个人的努力目标与组织目标保持一致，减少管理者将精力放到与组织目标无关的工作上的可能性。

目标管理法的基本步骤如下：

（1）战略目标设定。考评期内的目标设定首先是由组织的最高层领导开始的，由他们制定总体的战略规划，明确总体的发展方向，提出企业发展的中长期战略目标、短期的工作计划。

（2）组织及员工目标。在总方向和总目标确定的情况下，分解目标，逐级传递，建立被考评者应该达到的目标，这些目标通常成为对被考评者进行评价的根据和标准。

制定目标时，应注意目标的具体性和客观性，目标的数量不宜过多；目标应做到可量化、可测量，且长期与短期并存；目标由管理层和员工共同参与制定；设立目标的同时，还应制定达到目标的详细步骤和时间框架。

（3）实施控制。在目标实施过程中，管理者提供客观反馈，监控员工达到目标的进展程度，比较员工完成目标的程度与计划目标，根据完成程度指导员工，必要时修正目标。在一个考评周期结束后，留出专门的时间对目标进行回顾和分析。

目标管理法的评价标准直接反映员工的工作内容，结果易于观测，所以很少出现评价失误，也适合对员工提供建议，进行反馈和辅导。目标管理的过程是员工共同参与的过程，因此，员工工作积极性大为提高，增强了责任心和事业心。但是，目标管理法没有在不同部门、不同员工之间设立统一目标，因此难以对员工和不同部门间的工作绩效做横向比较，不能为以后的晋升决策提供依据。

学史明理　　　　　　直通职场

任务实训

一、实训目的

1. 掌握绩效考评方法。
2. 学会运用目标管理法。

二、实训要求

1. 分组进行：每 3～5 人一组，选取一名组长。
2. 实训形式：制作 PPT，上台展示讲解。

三、实训内容

以小组为单位，运用目标管理法，为某家私的销售代表制定年度绩效目标。

重点工作项目	目标衡量标准	关键策略	权重/%	资源支持承诺	备注
1.					
2.					
3.					
4.					
5.					
合计			100		
目标确认：本人　　年　月　日			直接上级　　年　月　日		

四、总结分析

完成汇报后，小组互评，教师点评。

任务七　绩效反馈与改进

绩效反馈与改进

一、绩效反馈面谈的概念

绩效反馈面谈是指在绩效管理过程中，绩效评估结果确定后，部门主管与员工针对绩效评估结果，结合员工自身进行面对面的交流与讨论，从而指导员工工作绩效持续改进的一项管理活动。为了做好绩效反馈面谈，管理者和员工双方都要做好准备工作。

（一）管理者准备

（1）确定一个共同适宜的谈话时间。
（2）选择一个不受干扰的谈话地点，并通知对方。
（3）收集员工资料，准备面谈提纲。
（4）通知被面谈者准备问题，包括工作所遇到的困难和所需要的支持。

（二）员工方准备

（1）回顾自己的绩效行为，对应绩效标准，描述绩效表现，自我评估。
（2）准备问题，提出疑惑和障碍。

二、绩效反馈面谈的目的

绩效反馈面谈有助于确保员工工作方向和工作结果正确，及时有效的沟通可以帮助主管客观公正地评价下属的工作绩效，提高考核工作的有效性，并且提高员工的参与感、工作积极性和满意度；而制订有效的绩效改进计划，可以实现绩效改进，确保后期绩效计划的落实和完成。绩效反馈面谈的目的如下：

（1）使员工正确认识自己的绩效，保证绩效考核的公开公正性。
（2）使员工明确自己的长处与不足，提高自主管理能力。
（3）帮助员工制订改进计划，不断提升员工个人能力与绩效。
（4）明确下一阶段的绩效目标，推动绩效管理的执行和优化。
（5）拓展上下沟通的渠道，并使个人目标与组织目标达成一致。

三、绩效反馈面谈的内容

绩效反馈面谈的内容应围绕员工上一个绩效周期的工作开展，一般包括四个方面的内容：工作业绩、行为表现、改进措施、改进计划。

（1）工作业绩：通过对绩效结果的反馈，总结绩效达成的经验，找出绩效未能有效达成的原因，为以后更好地完成工作打下基础。
（2）行为表现：包括工作态度、工作能力等，对工作态度和工作能力的关注可以帮助下属更好地完善自己，并提高员工的技能，也有助于员工进行职业生涯规划。
（3）改进措施：绩效管理的最终目的是改善绩效。在面谈过程中，针对下属未能有效完成的绩效计划，主管应该和下属一起分析绩效不佳的原因，并设法帮助下属提出具体的绩效改进措施。
（4）改进计划：结合上一绩效周期的绩效计划完成情况，并结合下属新的工作任务，和下属一起提出改进计划和下一绩效周期中新的工作目标和工作标准，这实际上是帮助下属一起制订新的绩效计划。

四、绩效反馈面谈的步骤

绩效反馈面谈作为绩效考评结束后的重要环节,是一场双向沟通、促进业绩有效改进的辅导工作。做好绩效反馈面谈,对于提升员工绩效和实现团队绩效具有举足轻重的作用。为保证绩效反馈面谈的顺利进行,可以按照以下步骤来开展。

(一)面谈前的准备

1. 管理者应做的准备
(1)确定谈话时间,提前通知。
(2)选择不受干扰的谈话地点。
(3)收集绩效资料,准备提纲。
2. 员工应做的准备
(1)回顾及自我评估。
(2)准备问题(困难或支持)。

(二)开场——营造融洽的面谈氛围

面谈者需要创造和寻求舒适的、开放的气氛,使被面谈者心情放松,保障自由轻松的交流。双方最好呈直角,距离不要太远。

(三)员工自评

简要汇报评估周期的工作完成情况和能力素质提高情况,并对自己评估的分数和依据进行说明。注意:上级要注意倾听,对不清楚之处及时发问,但不做任何评价。

(1)上级评价,包括业绩评价和能力评价。注意:根据事先设定的目标衡量标准进行评价;成绩和不足方面要呈现事实依据;先肯定成绩,再说不足之处。

(2)讨论绩效表现。探讨问题产生的原因;记录员工不同意见并及时反馈。注意:从有共识的地方开始谈起,不要形成对峙的局面;关注绩效标准及相关绩效事实。

(3)制订改进计划。帮助下属提出具体的绩效改进措施,并形成绩效改进计划表。

(4)重申下一阶段考评内容和目标。确认下一阶段的工作目标、阶段成果、目标达成时限。最后,注意目标的可衡量性和可行性。

(5)讨论需要的支持和资源。员工谈自己的职业规划或培训需求,管理者给予建议。注意:不要给予不切实际的承诺;承诺的事情事后一定要兑现。

(6)评估结果及谈话记录签字确认。整理考核评估表、面谈记录后双方签字确认。结束时,给员工鼓励并表达谢意。

五、绩效改进计划

所谓绩效改进,是指确认组织或员工工作绩效的不足和差距,查明产生的原因,制订并实施有针对性的改进计划和策略,不断提高企业员工竞争优势的过程。

设计并构建企业单位的绩效管理体系,通过培训各级主管掌握绩效面谈的技巧,能够使绩效信息得到有效实施反馈,这一系列活动极大地增强了有效实施绩效管理的可能性,但要使其转变为现实,形成实际意义上的生产力,尚有以下几项重要的工作,需要认真研究并努力完成。

(一)分析工作绩效的差距与原因

1. 分析工作绩效的差距

在对员工绩效进行考评时,不但要对员工绩效计划的实施情况进行评价,分析其工作行为、工作结果,以及计划目标实现的程度,还要找出其工作绩效的差距和不足,具体方法有:

(1)目标比较法。它是将考评期内员工的实际工作表现与绩效计划的目标进行对比,寻找工作绩效的差距和不足的方法。例如,某下属绩效计划的目标是在本期内市场销售额达到100万元,实际只完成了80万元,实际与计划相比,有20万元的差距。

(2)水平比较法。它是将考评期内员工的实际业绩与上一期(或去年同期)的工作业绩进行比较的方法。例如,某个员工上个季度考评时,一次产品抽查的不合格率为3%,而本季度该员工的一次产品抽查的不合格率为5%,比上个季度超出2个百分点。

(3)横向比较法。为了查找工作绩效上的差距和不足,除了可以采用上述的目标比较法和水平比较法,还可以在各个部门或单位之间、各个下属成员之间进行横向的对比,以发现组织与下属员工工作绩效实际存在的差距和不足。

2. 查明产生差距的原因

在找出员工工作绩效的差距之后,各级主管还应当会同被考评者,一起查找和分析产生这些绩效差距的真正原因,因为绩效管理的目标是要不断地改进工作,提高组织与员工的业绩水平。

如前所述,影响和制约工作绩效的因素是多方面的:既有员工主观的因素,也有企业客观的因素;既有物质的影响因素,也有精神的影响因素。特别是员工的工作行为和工作表现,会受到多种因素的影响,如图6-6所示。

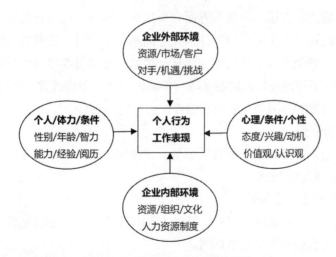

图6-6 员工绩效的影响因素图

各级主管在剖析各种绩效差距的原因时,可借用因果分析图(又称鱼刺图)进行分析,如图6-7所示。

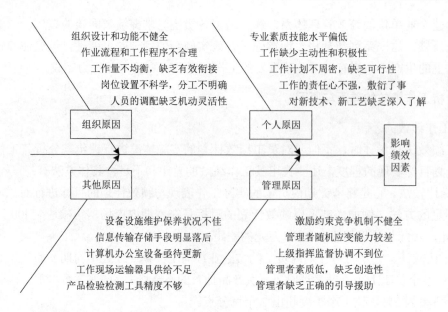

图 6-7　工作绩效影响因素因果分析图

（二）制订个人绩效改进计划

个人发展计划（individual development plan，IDP），是指根据员工有待发展提高的方面所制订的一定时期内完成的有关工作绩效和工作能力改进和提高的系统计划。

个人发展计划通常是在主管人员的帮助下，由员工自己来制订，并与主管人员讨论，达成一致意见的实施计划。主管人员应承诺提供员工实现计划所需的各种资源和帮助。

个人发展计划通常包括以下几方面的内容。

1. 有待发展的项目

它通常是指在工作能力、方法、习惯等方面有待提高的地方。这些有待发展的项目可能是现在水平不足的项目，也可能是现在水平尚可但工作需要更高水平的项目。这些项目应该是通过努力可以改善和提高的。一般来说，在个人发展计划中应选择一个最为迫切需要提高的项目，因为一个人需要提高的项目可能有很多，但不可能在短短的半年或一年时间内完全得到改善，所以应该有所选择。而且，人的精力是有限的，也只能对有限的一些内容进行改善和提高。

2. 发展这些项目的原因

选择某些项目列入个人发展计划中是有原因的。这种原因通常是个人在这方面的水平比较低而工作又需要在这方面表现出较高的水平。

3. 目前的水平和期望达到的水平

绩效的改进计划应该有明确清晰的目标，因此在制订个人发展计划时要指出需要提高的项目目前表现的水平怎样，期望达到的水平又是怎样的。

4. 发展这些项目的方式

将某种待发展的项目从目前水平提高到期望水平有多种方式，如培训、自我学习、他人帮助等。对一个项目进行发展可以采取一种方式，也可以采取多种方式。

5. 设定达到目标的期限

预期在多长时间内能够将有待发展的项目提高到期望水平，指出评估的期限。

在制订绩效改进计划时，管理者需注意以下三点：

（1）在良好的工作氛围下，鼓励、推动员工去实现自己的绩效改进计划。

（2）及时追踪员工绩效改进计划的实施情况，提供员工改进绩效所需要的支持。

（3）对员工的绩效改进及时给予一定的奖励，树立员工自信心。

绩效改进计划内容如表 6-4 所示。

表 6-4　绩效改进计划表

待改进绩效项目		时　间		
员　　工		主　管		
改进计划	实施途径	实施活动内容及步骤	备注说明	

学史明理

直通职场

任务实训

一、实训目的

1. 明确绩效反馈面谈步骤。
2. 掌握绩效改进计划制作。

二、实训要求

1. 分组进行：每 3～5 人一组，选取一名组长。
2. 实训形式：角色扮演，上台展示。

三、实训内容

以小组为单位，按照绩效面谈的步骤，通过角色扮演，以联邦家私销售代表为例，开展一次绩效反馈面谈，并设计绩效改进计划。

四、总结分析

每组选两个队员完成汇报后，小组互评，教师点评。

项目七 薪酬管理

学习目标

知识目标：理解员工激励的概念、原则、作用及措施；理解员工工资、福利与保险管理的内容；了解员工奖惩管理制度。

能力目标：能够理论结合实际评析企业薪酬制度；能够根据实际情况设计企业薪酬结构、确定企业福利项目。

素质目标：引导学生树立正确的金钱观，摒弃拜金主义，明确精神追求，树立远大理想，塑造高尚人格；树立正确的职业发展观，着重提升个人能力和技能的过程，引导学生为社会主义事业、中华民族伟大复兴奋斗终生。

思维导图

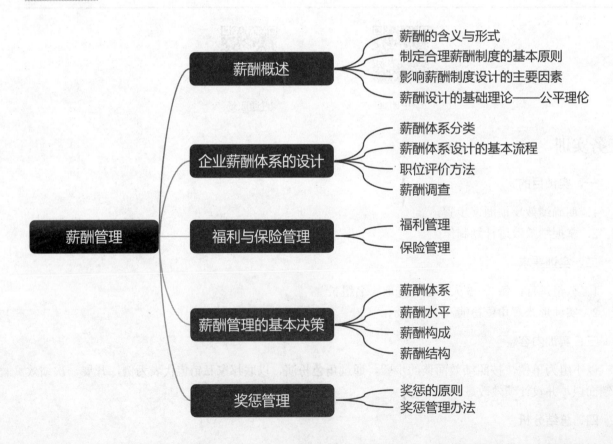

案例导入

知名企业的特色福利

联想： 联想酷炫的新园区除了有让人羡慕的食堂与美食，为员工准备的娱乐设施也是花样繁多。新区设有健身房，是缓解工作压力、加强同事关系的好地方。加班太累，别怕，联想为员工准备了中医推拿，一套推拿下来，保证第二天精力充沛。

腾讯： 高房价连腾讯的员工都倍感压力。因此，腾讯为员工制订了"安居计划"。只要是腾讯员工，在"北上广深"四地租房，每人每年能领到15 000元的补助，其他城市每年约有7500元。如果腾讯的员工想买房，腾讯为员工提供首次购房免息贷款，地点随便挑。一线城市员工的借款额度已经提高到50万元。据统计，腾讯"安居计划"推出5年来，公司累计花费已经超过14亿元，让4080名腾讯员工买到了房子。

华为： 华为的食堂有多牛？看看他们的招聘文案就知道了。这是一名华为研发男的美食宣言：我是一名华为研发男，是别人眼中挑剔的处女座。工作中，我追求完美；工作之余，我与美食"死磕"。每日三问吾胃：早上吃什么？中午吃什么？晚上吃什么？华为的食堂囊括世界各地的美食，不管你来自哪里，在华为都能找到家乡的味道。美食正宗，还多种多样。这让很多海外的伙伴来华为培训考察时，学会的第一句汉语是"你好"，第二句则是"好吃"。

京东： 2017年4月12日，京东CEO刘强东称，京东幼儿园"初然之爱托儿中心"正式开张。刘强东说："很多同事都说这是儿时记忆，每天可以跟着父母上下班。京东总部幼儿园正式开张，宝贝们有福了……"刘强东希望能够解决员工的后顾之忧，让员工安心上班，让孩子们能享受安全健康的照顾。

这个托儿中心直接设在其总部京东大厦里。京东的员工可以让孩子和自己一起过着朝九晚六的生活，解决孩子上下课接送的难题。托儿中心的宝宝大多是0~3岁，处在人生最稚嫩的时期，因此京东为员工的宝宝配备了经过严格培训的老师。其中，4~17个月的宝宝师生配比是1:2.5；18~24个月的宝宝师生配比是1:5，保证老师可以对每位宝宝给予足够的关心和照顾。

孩子们的一日三餐可以由家长自己准备，也可以选择享用托幼中心准备的营养健康餐。托儿中心不仅托育、饮食免费，还为员工免费提供母婴用品，连奶粉钱都省了。

资料来源：董克用，李超平. 人力资源管理概论[M]. 5版. 北京：中国人民大学出版社，2019.

思考：

这些知名企业推出的特色福利对吸引人才、留住人才有什么意义？

启示：

福利是现代组织中培养员工归属感和忠诚感的独特手段，也是薪酬的另一个重要组成部分，它与工资一起共同构成组织平等的、有竞争性的、整体的薪酬体系。

任务一 薪酬概述

薪酬是什么

一、薪酬的含义与形式

（一）薪酬的含义

薪酬有广义和狭义之分，而我们通常指的薪酬是广义的薪酬，即员工因被组织聘用并做出相应的贡献而获得各种形式的劳动报酬，通常包括两部分：一部分是直接以货币形式支付的报酬，如工资、奖金、津贴等；另一部分是以其他非货币的形式支付的奖励，如福利、保险等。狭义的薪酬主要指工资。

（二）薪酬的形式

一般而言，在一个组织中，薪酬往往体现为基本薪资、绩效工资、奖金、福利和服务四种形式。

（1）基本薪资。它是雇主为已完成工作而支付的基本现金薪酬。它反映的是工作或技能价值，并不考虑员工之间的个体差异。某些薪酬制度把基本工资看作雇员所受教育、所拥有技能的一个函数。对基本工资的调整可能基于以下事实：整个生活水平发生变化或通货膨胀；其他雇员对同类工作的薪酬有所改变；雇员的经验进一步丰富；员工个人业绩、技能有所提高。

（2）绩效工资。它是对过去工作行为和已取得成就的认可。作为基本工资之外的增量，绩效工资往往随雇员业绩的变化而调整。通过绩效工资提高员工工作的积极性与主动性。

（3）奖金。它是对超额劳动所支付的报酬，是企业薪酬体系的重要组成部分。奖金是根据按劳分配原则对员工工资的补充，是员工报酬收入的重要组成部分。

（4）福利和服务。它包括休假（假期）、服务（医药咨询、财务计划、员工餐厅）和保障（医疗保险、人寿保险和养老金），福利越来越成为薪酬的一种重要形式。

按照薪酬体现的形式，薪酬又可以分为货币性薪酬和非货币性薪酬两大类。

货币性薪酬是单位按照一定的标准以货币形式向员工支付的薪酬，包括直接货币薪酬、间接货币薪酬和其他的货币薪酬。其中，直接货币薪酬包括工资、福利、奖金、奖品、津贴等；间接货币薪酬包括养老保险、医疗保险、失业保险、住房公积金、餐饮等；其他的货币薪酬包括有薪假期、休假日、病事假等。

非货币性薪酬是指无法用货币等手段来衡量，但会给员工带来心理愉悦效用的一些因素，包括工作、社会和其他方面。其中，工作方面包括工作成就、工作有挑战感、责任感等的优越感觉；社会方面包括社会地位、个人成长、实现个人价值等；其他方面包括友谊关怀、舒适的工作环境、弹性工作时间等。

（三）薪酬的作用

薪酬在促进社会经济发展过程中起着非常重要的作用，它是平衡社会发展、促进社会和谐、实现社会文明的重要元素。薪酬的作用主要体现在以下几个方面。

1. 维持和保障作用

劳动是价值创造的源泉，员工通过脑力或体力劳动的支出，为组织创造了价值，组织给员工支付报酬作为回报。那么，员工为什么会为组织工作呢？因为获得这些回报对员工来说很重要：首先，员工必须购买必要的生活资料以维持生活的需要，如衣食住行等方面的支出；其次，为了满足技术进步以及生产发展的需要，员工需要不断提高自己的技能以免被组织淘汰，这样在学习、培训、进修等方面的支出是不可缺少的；再次，员工为了满足自身需求在娱乐、社交等方面也会有大量的支出。从经典理论来讲，以上几个方面都是维持生产所必需的，除此之外，维持再生产所必需的在子女养育等方面的支出也越来越大，给某些年轻员工带来较大的压力。

从以上分析可以看出，薪酬对于员工是很必要的，对员工而言意味着保障；薪酬对于组织而言也是必要的，因为这是维持劳动力生产和再生产的需要。

2. 激励作用

薪酬激励可以留住员工，提高员工工作的士气，为企业创造更大的价值。通过薪酬激励，将短、中、长期经济利益相结合，促进企业的利益和员工的利益，企业的发展目标与员工的发展目标相一致，从而促进员工与企业结成利益共同体关系，最终达到双赢。

3. 优化劳动力资源配置功能

薪酬可以保证企业在劳动力市场上获得薪酬方面的竞争性，能够吸引优秀的、符合企业所需的人才。薪酬对于社会具有劳动力资源的配置功能，不同区域、不同行业、不同职业的薪酬不一样，劳动力供给和需求的矛盾在劳动力价格形成过程中起着非常重要的作用。当某一地区、某一行业或某一职业的劳动力供不应求时，会导致这一地区薪酬水平的增加，薪酬的增加会吸引其他地区劳动力向紧缺的区域流动，这样会增加这一地区劳动力的供给，将薪酬维持在适当的水平。

当然，上述流动过程并不是自然而然实现的，会受到很多因素的制约。劳动力跨区域流动会受到地域限制、生活习惯、生存成本的制约；跨行业流动受到行业政策、行业经验的制约；跨职业人才流动会受到知识技能、职业经验的制约。

二、制定合理薪酬制度的基本原则

（一）战略导向原则

企业的薪酬管理不仅是一种制度，更是一种机制，应该将"薪酬体系构建"与"企业发展战略"有机结合起来，使薪酬管理在实现企业发展战略方面发挥重要作用。在薪酬设计中，应驱动和鞭策那些有利于企业发展战略实现的因素得到成长和提高，使不利于企业发展战略实现的因素得到有效的遏制、消退和淘汰，总之，薪酬策略是紧紧围绕企业发展战略展开和设计的。薪酬管理的上述作用是通过制定恰当的薪酬策略来实现的，薪酬策略包括薪酬水平策略、薪酬结构策略、薪酬支付策略以及薪酬调整策略等。企业薪酬设计还必须结合企业自身的发展阶段，因为不同的阶段对薪酬策略要求是不一样的。

（二）相对公平原则

薪酬设计与管理过程也是企业不断实现薪酬"三个公平"理论的过程。古人云："不患寡，而患不均。"对于一个企业而言，薪酬的内部公平性是十分关键和重要的。"三个公平"指外部均衡性、内部一致性、个体均衡性，这是企业薪酬设计的根本原则，也是每个薪酬负责人一直努力追求的最高薪资设计境界。

外部均衡是指公司给予员工的薪水与该行业的外部市场普遍价格相比，具备合理的可比性。它主要是指企业的薪酬要有合理的市场定位，这里强调一点，并不是岗位的工资水平在对应的市场上定位越高就越表明外部均衡，理想的外部均衡强调根据企业不同情况达到合理的、适合企业的市场定位。

内部一致性是指每个岗位员工的工资与员工创造价值的比值均等，企业对所有员工之间的薪酬标准、价值衡量标准和尺度都应该一致，强调企业在设计薪酬时要"一碗水端平"。

个体均衡是指根据员工个人价值的差异而给予不同的报酬。个人价值因素包括资历（为企业工作的时间）、贡献和工作业绩，这也牵涉到了合理的绩效管理。对于从事同种岗位的员工，优秀员工应该比差一些的员工得到的工资要高，这也倡导企业建立绩效型薪酬体系。那些业绩佳的员工必须比"只停留在最低的可接受水平"的员工得到更多的薪酬。个体均衡是通过调薪来实现的。

薪酬制度本身的设计就是为了实现过程中的公平，应该保证制度得到切实、有效的执行，保证制度的权威性和严肃性，因此在薪酬设计和薪酬分配过程中要体现过程公平。

（三）激励有效原则

在企业薪酬设计中，同样是10万元，不同的部门、不同的市场、不同的企业发展阶段支付给不同的员工，一种方式是发4万元的工资和6万元的奖金，另一种方式是发6万元的工资和4万元的奖金，其激励效果完全是不一样的。激励作用原则就是强调企业在设计薪酬时，必须充分考虑薪酬的激励作用，即薪酬的激励效果。这里涉及的企业薪酬（人力资源投入）与激励效果（产出）之间的比例代数关系，企业在设计薪酬战略时要充分考虑各种因素，使薪酬支付获得最大的激励效果。不同层级员工的工资收入中固定部分和浮动部分的比例如表7-1所示。

表7-1 不同层级员工的工资收入中固定部分和浮动部分的比例

不同层级员工	固定工资占比/%	浮动工资占比/%
高层员工	40	60
中层员工	50	50
一般员工	80	20

说明：上述比例仅供参考，每家企业可根据自身行业特点、企业发展所处阶段、员工类别和层级、薪资结构等有不同调整。

同时，我们也要了解马斯洛需求层次理论、双因素理论、全面薪酬的概念以及弗鲁姆的期望理论，找出不同层级员工的不同需求，对症下药，用最有效的激励方法挖掘出员工最大的潜力和潜能，达到最佳激励效果。

（四）外部竞争原则

外部竞争原则强调企业在设计薪酬时，必须考虑到同行业市场的薪酬水平和竞争对手的薪酬水平，保证企业的薪酬水平在市场上具有一定的竞争力，能充分地吸引和留住企业发展所需的战略性、关键性人才。在设计薪酬时应考虑以下两个方面：

（1）劳动力市场供求状况是进行薪酬设计必须考虑的因素。对人力资源市场供应比较充足、工作经验要求不高的岗位，不宜一开始就提供太高的薪酬，应该提供一个具有适度竞争力的薪酬，或者不低于市场平均水平的薪酬；对于中高层管理岗位、中高级专业技术人员，应根据人力资源市场价格，提供具有竞争力的薪酬；对于企业发展所需的战略性、关键性人才，薪酬水平应在市场上具有一定的竞争力，以便保留和吸引这些人才。

（2）公司行业地位、人力资源储备以及公司财务状况都是企业进行薪酬设计时考虑的必要因素。

如果公司在行业内具有重要地位，员工以在该公司工作为荣，那么一般情况下不必采取市场领先薪酬策略，因为员工在这里工作除了获得经济性薪酬，还获得了其他非经济性薪酬，如社会地位、培训发展机会、工作强度等；如果公司在行业内不处于领先地位，那么薪酬就不能低于行业平均水平，否则就存在难以招聘到优秀人才以及优秀人才流失的风险。

公司人力资源储备比较充足，说明公司整体薪酬水平和文化是让员工认可和满意的，足够的人才储备也不用担心人才的流失和补给，因此，在进行薪酬设计时，薪酬水平不应进行大幅度提高；如果公司处于快速发展阶段，人力资源储备严重不足，应及时调整薪酬策略，使员工薪酬水平保持一定的竞争力。

如果公司盈利情况较好，为股东创造了更多价值，可以适度提高员工的收入水平，以实现股东、管理者和员工的多赢局面；如果公司盈利情况比较差甚至亏损，员工的薪酬水平尤其是中高层管理者的薪酬水平应该受到一定的影响。

（五）经济性原则

薪酬设计必须充分考虑企业自身的发展特点及支付能力，平衡股东和员工利益的关系，平衡企业的短期发展和长期发展。薪酬设计要进行人工成本测算，将人工成本控制在一个合理范围内，以下几个方面应该得到管理者的重视。

（1）吸引人才不能完全依靠高薪政策。很多企业为了吸引和保留优秀人才，不惜一切代价提高薪酬标准，其实这是不可取的。吸引人才的方式、方法有多种，除了优厚的薪酬，良好的工作条件、和谐的人际关系、施展本领的舞台和职业发展空间、令员工满意和认可的工作氛围和企业文化等都是非常重要的因素。如果一味提高薪酬标准而在其他方面仍存在较大欠缺，那么高薪不仅不会带来预期效果，可能还会带来严重的负面影响：首先大大增加了企业的人工成本，其次可能会引起薪酬内部不公平，对其他员工的积极性带来严重影响。

（2）进行薪酬设计时要进行人工成本测算，详细分析人力资源投入产出关系。如果高薪吸引了优秀人才，却发挥不了作用，创造不出预期绩效，这样的高薪也就失去了意义。

（3）进行薪酬设计时，要根据行业特点以及公司产品竞争策略制定适合的薪酬策略。对于知识密集型企业来说，一般情况下人工成本占总成本比重较大，而对这类企业而言，高素质的人才是企业发展不可缺少的，因此，薪酬水平应该在行业内具有一定的竞争力，同时应仔细研究公司产品或服务价值创造过程，分析各环节所创造的价值，给予员工合适的薪酬水平，平衡股东、管理者和员工的利益。

对于资本密集型企业来说，人工成本在总成本中的比重较小，应该将注意力集中在提高员工的士气和绩效上，不必过分计较支付水平的高低。对于劳动密集型企业，人工成本在总成本中的比重较大，因此需要对外部市场薪酬进行详细调查分析，给员工支付合适的薪酬，使公司薪酬水平与行业薪酬水平基本一致。

（六）合法原则

薪酬设计要遵守国家法律法规和政策规定，这是薪酬设计最基本的要求。特别是有关国家强制性规定，企业在薪酬设计中是不能违反的，如最低工资制度、加班工资规定、员工社会养老保险规定、带薪年休假制度等，企业必须要遵守。

薪酬设计除了要遵循以上提到的原则，还要关注以下设计要素。一般而言，薪酬设计最主要体现在四个方面，我们可以称之为薪酬设计的四要素。

1．薪酬定位

薪酬定位是指在薪酬体系设计过程中，确定企业的薪酬水平在劳动力市场中相对位置的决策过程，它直接决定了薪酬水平在劳动力市场上竞争能力的强弱程度。

它是企业薪酬策略的直接反映。如同企业的发展需要战略规划一样，企业薪酬设计之前要拥有明确的薪酬定位。对于行业内的标杆企业来说，它们大多有清晰的薪酬定位，这样无论在薪酬管理方面还是员工激励方面，都能取得很好的效果。

2．薪酬水平

薪酬设计在人才战略中的重要性主要体现在薪酬水平上，同时这也是企业薪酬体系市场竞争力的直接体现。较高的薪酬水平不仅带来较低的离职率，也能帮助企业吸引人才的加盟、稳定员工的情绪，从而为企业创造更大的价值。

3．薪酬调查

作为薪酬设计的主要组成部分，薪酬调查是了解同行业市场薪酬水平状况的一个途径，主要目的在于解决薪酬体系的市场竞争力问题，也就是对应薪酬水平这一要素。当然，薪酬调查的作用不止于此，对于企业薪酬结构的设计也需要参与薪酬调查。站在市场角度进行的薪酬设计才是最科学合理的。薪酬调查步骤如图7-1所示。

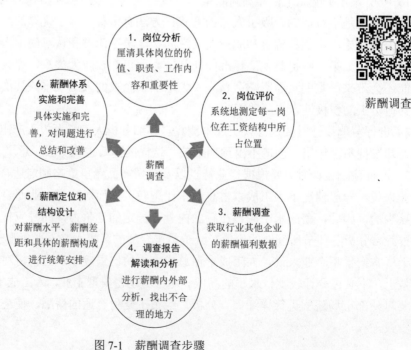

图7-1　薪酬调查步骤

4．薪资结构

在企业薪酬设计中，薪酬结构的设计同样非常重要，这不仅直接关系到员工的利益分配，而且会影响到薪酬激励的效果。例如薪酬结构可以分为固定薪酬和浮动薪酬两个部分，那么相对于业务员或销售这样的岗位，企业就要通过增加浮动薪酬的结构组成来达到激励员工的目的。一般地，在薪酬结构设计中，设计者会根据不同岗位类别的特点而设计不同的薪酬组成部分。

综上所述，薪酬设计是对个人劳动价值的具体体现，合理的薪酬设计能充分调动员工的工作热情，最大限度激发员工的潜能，对人才战略的招人、用人、育人、留人方面都有着积极和关键的作用，进而促进企业的发展和壮大。

三、影响薪酬制度设计的主要因素

（一）外在因素

1．劳动力市场的供需关系与竞争状况

本地区、本行业、本国的其他企业，尤其是竞争对手对其员工所制定的薪酬政策与水准，对企业确定自身员工薪酬的影响很大，倘若市场上竞争对手众多，成本控制就变得特别重要，竞争激烈使企业不能将加薪的成本转嫁到消费者身上，即不能大幅提升产品价格。在此情况下，非经济报酬（如晋升和培训机会等）便比实际加薪更为务实。

2．地区及行业的特点与惯例

沿海与内地、基础行业与高科技新兴行业、国有企业与民营企业和外资企业等之间的差异，必然会反映到其薪酬政策上来。

3．当地生活水平

这一因素从两层意义上影响企业的薪酬政策：一方面，生活水平高了，员工对个人生活的期望值高了，无形中对企业造成一种制定偏高薪酬标准的压力；另一方面，生活水平高也可能意味着物价指数会持续上涨，为了保持员工生活水平及购买力不整体降低，企业往往不得不考虑定期地向上适当调整工资。但这一因素对于决定基本工资并无关键作用，只在调整时需要考虑。

4．国家的有关法令和法规

我国目前有关各类员工权益保护的正式法律和法规越来越多，如对妇女、儿童、残疾人的特殊保护以及对城镇灵活就业人员和农民工的权益保护。随着我国法制的日趋完善，这类法律必然日益增多，这些法律法规是企业在制定薪酬政策时必须遵守的。

（二）内在因素

1．企业的业务性质与内容

如果企业是传统型的、劳动力密集型的，则员工从事的主要是简单的体力性的劳动，劳动成本可能占总成本中很大的比重。但若是高新技术的资本密集型企业，高级专业人员比重大，他们从事的是复杂的、技术成分很高的脑力劳动，相对于先进的技术设备而言，劳动力成本在总成本中的比重却不大，显然这对企业的薪酬政策有不同的影响。

2．企业负担能力

员工的薪酬与企业负担能力的大小存在着非常直接的关系，如果企业的负担能力强，则员工的薪酬水平高且稳定；如果薪酬负担超过了企业的承担能力，则企业就会造成严重亏损、停产，甚至破产。

3．企业经营状况

企业经营状况直接决定员工的工资水平。经营得较好的企业，其薪酬水平相对比较稳定，且有较大的增幅。

4．企业远景

企业处在生命周期的不同阶段，企业的盈利水平和盈利能力及远景都是不同的，这些差别都会导致薪酬水平不同。

5．薪酬政策

薪酬政策是企业分配机制的直接表现，它直接影响着企业利润积累和薪酬分配关系。注重高利润积累的企业与注重两者间平衡的企业在薪酬水平上是不同的。

6．企业文化

企业文化是企业分配思想、价值观、目标追求、价值取向和制度的土壤。企业文化不同，必然会导致观念和制度的不同。这些不同决定了企业的薪酬模型、分配机制的不同，这些因素间接影响着企业的薪酬水平。

7．人才价值观

人才价值观的不同会直接导致薪酬水平的不同，例如对于问题"是否只有高薪才能吸引最优秀的人才？"的不同回答，其薪酬水平是完全不一样的。

四、薪酬设计的基础理论——公平理论

公平理论又称社会比较理论，提出这一理论的代表人物是美国心理学家亚当斯。其主要观点是：一个人对其所得的报酬是否满意，不应只看绝对值，而应进行社会比较或历史比较，看相对值。即每个人都把自己的报酬和贡献的比例与他人的比例进行比较，如比例相当，则认为公平、合理而感到满意，从而心情舒畅地工作，否则就会感到不公平、不合理而影响工作情绪。

公平理论认为：

（1）人总爱进行比较，并且期望得到公平的待遇。如果比较的结果是不公平的对待，这种不公平的感觉便会成为一种动力，使人改变自己的思想或行为，目的是使比较结果变得较为公平。

（2）人们比较的不仅仅是报酬，而且会同时比较双方得到的报酬（所得、产出）与贡献（付出、投入）的比例。报酬包括收入、晋升机会、假期、各种津贴等；贡献则包括时间、精力、经验和能力等。

（3）比较的结果有三种情况，如表 7-2 所示。

表 7-2　员工评价

觉察到的比例比较（A 为某员工，B 为参照对象）	员工的评价
$\dfrac{\text{所得}A}{\text{付出}A} < \dfrac{\text{所得}B}{\text{付出}B}$	不公平（报酬过低，不满意）
$\dfrac{\text{所得}A}{\text{付出}A} = \dfrac{\text{所得}B}{\text{付出}B}$	公平（满意）
$\dfrac{\text{所得}A}{\text{付出}A} > \dfrac{\text{所得}B}{\text{付出}B}$	不公平（报酬过高，乐于接受）

第一种是自己的报酬与贡献的比例比别人低，感到极度不公平。

第二种是双方报酬与贡献的比例相当，感觉得到了公平的待遇。

第三种是自己的报酬与贡献的比例比别人高，这也是一种不公平，但自己乐于接受，当然，对方就难以接受了。

（4）公平比较的对象（参照对象）一般有四种类型：

①自我—内部：员工自己在同一组织内不同职位上的经验，如今年和去年的比较。

②自我—外部：自己若不在同一个组织中工作可得到的收益，例如不在此公司，而在其他公司中可能得到的报酬，也就是劳动力市场上的市场价格。

③别人—内部：与自己在同一组织中的其他同事进行比较。

④别人—外部：比较对象是不在同一组织中工作的朋友、亲友、同学等。

（5）当员工感到不公平时，通常会采取以下行动：

①改变自己的投入（如不再像以前那么努力）。

②改变自己的产出（如降低质量，只单纯增加产量）。

③改变自我认知（如发现自己原来做得比其他人努力多了）。

④改变对其他人的看法（如他原来也不过如此，并不是怎么努力）。

⑤选择另一个不同的参照对象（如比上不足，比下有余）。

⑥离开工作场所（如辞职，调换工作）。

（6）公平理论对管理人员的意义。

①管理人员应该理解下属对报酬做出公平比较是人的天性，应了解下属对各种报酬的主观感觉。

②为了使员工对报酬的分配有客观的感觉，管理人员应该让下属知道分配标准。

③要达到理想的激励作用，应在工作前便让下属知道这个标准。

④管理人员应避免下属可能因为感到不公平而产生的负面效应，应与下属多沟通，在心理上减轻他们的不公平感觉。

学史明理

直通职场

任务实训

一、实训目的

1. 了解薪酬的基本概念、形式、作用、内容与制定原则。
2. 明确薪酬管理方法,能够对薪酬制度进行评析。

二、实训要求

1. 分组进行,5~7人一个小组,并选出组长,团队合作完成。
2. 实训形式:制作报告和PPT,并上台进行演讲。

三、实训内容

分组选择一家知名公司,收集其薪酬制度的相关信息,结合所学知识对其薪酬制度进行分析,评述该制度的优缺点、借鉴意义等。

四、总结分析

汇报完成后,小组互评,教师点评。

任务二　企业薪酬体系的设计

薪酬体系是组织人力资源管理系统的一个子系统,它向员工传达了在组织中什么是有价值的,并且为员工薪酬的确定建立了政策和程序。

一、薪酬体系分类

薪酬体系大体上可以分为四种,分别是岗位薪酬体系、绩效薪酬体系、技能薪酬体系、市场薪酬体系。

岗位工资制的优缺点

(1)岗位薪酬体系:将岗位的价值作为支付工资的基础和依据支付工资。
(2)绩效薪酬体系:将员工的工作业绩作为基础和依据支付工资。
(3)技能薪酬体系:将员工所具备的能力或技能作为工资支付的根本基础支付工资。
(4)市场薪酬体系:根据市场平均价格确定企业薪酬水平,以确定岗位的具体薪酬水平。

二、薪酬体系设计的基本流程

(一)战略理解

薪酬体系是组织与人力资源管理整个系统的一个子系统。一个设计良好的薪

薪酬与战略

酬体系直接与组织的战略规划相联系，从而使员工能够把他们的努力和行为集中到帮助组织在市场中竞争和生存的方向上去。一个薪酬体系设计工作的正式启动标志着公司的人力资源管理建设迈出了重要一步。

企业战略是企业经营方向与目标的决策过程与活动。它决定着企业将向何处去，要做什么，在什么市场做什么产品/服务，最终要做到多大的规模。它是企业总的指导方针。企业的人力资源制度和薪酬管理体系设计都是为实现企业战略而服务的，企业战略决定了企业人力资源制度的结构与规模，从而决定了企业薪酬支付的结构与规模。

（二）进行岗位分析

岗位分析就是通过特定的方法，将该岗位相关的信息收集起来，并进行分析，从而划分不同岗位的职责，形成各岗位的岗位职责说明书或者岗位规范。人力资源管理中的六大板块是一个整体，是相互衔接、相互影响的，而岗位分析是人力资源管理六大板块的基础。

（三）实施岗位评价

岗位评价就是对岗位的职责、难度等方面进行评价，从而衡量出不同岗位的价值，根据价值制定不同的岗位等级，再根据岗位等级制定薪酬等级或者工资标准。一般是以岗位主要职责在公司业务发展中的重要程度为评价标准，评价时要忽略员工个人的工作表现，要以该岗位在正常情况下对员工的要求为标准，从而解决薪酬的内部公平问题。

（四）开展薪酬调查

薪酬调查就是调查同行类似岗位的薪酬水平，从而比较合理地制定薪酬水平，解决的是外部均衡性的问题。一般以同行薪酬水平、当地薪酬水平、工资结构、市场工资动态、行业发展潮流等为调查内容。

在进行薪酬管理时，要注意薪酬的外部均衡和内部均衡问题。外部均衡是指企业员工的薪酬水平与同地域、同行业的薪酬水平保持一致，或略高于平均水平；内部均衡主要是指企业内部员工之间的薪酬水平应该与他们的工作成比例，即满足薪酬的公平性。企业的薪酬水平高于外部平均水平，将会对员工产生激励作用，促使员工更好地进行工作，提高工作效率。另外，薪酬水平较高可以稳定员工，降低企业员工流失率；同时，还可以吸引更多的人才申请加入。但是如果企业的薪酬水平过高，无疑会加大企业的人力成本。

企业的薪酬水平低于外部平均水平时，便降低了企业的人力资源成本。但是，它会使员工失去对工作的热情和主动性，降低了工作效率；另外，薪酬水平较低会增加企业员工流失率。

企业必须非常敏感地掌握薪酬管理中的外部均衡情况，并利用外部均衡数据对企业薪酬水平进行有目的的调节，以达到企业的管理目的。例如，如果企业急需大量的人才，可以调高企业的薪酬水平，吸引人才；如果企业已经稳定，并且有很高的知名度，可以将薪酬水平调整至与外部水平持平。同时，要掌握薪酬管理中的内部均衡情况，确保薪酬的公平公正。

（五）薪酬策略与水平决策

首先要思考，薪酬改革付出的成本为多少？薪酬改革主要激励的对象有哪些？其目的是实现合理控制人工成本，有效激励企业员工的薪酬体系设计目标。

其次，在分析同行业的薪酬数据后，需要做的是根据企业状况确定薪酬策略。薪酬策略主要有领先型、追随型、拖后型和混合型四种。

1．领先型薪酬策略

采用这种策略的企业特征如下：投资回报率较高、薪酬成本在企业经营总成本中所占的比例较低、产品市场上的可替代品较少、能源型生产企业或高科技企业。这种做法能够吸引并留住一流的高素质人才，进而确保企业有一支技术熟练的高效率和高生产率的劳动力队伍，从而企业可以把更多的精力投入到那些比薪酬成本控制更为重要和更有价值的事情当中。较高薪酬水平的可能收益包括：

（1）高水平的薪酬能够很快为企业吸引来大批可供选择的求职者，从而提高所雇佣的员工的质量。

（2）较高的薪酬水平提高了员工离职的机会成本，有助于改进员工的工作绩效（努力工作以防止被解雇）。

（3）吸引和留住优秀人才和熟练技工，保持人员稳定，且高薪有利于树立企业形象。

（4）工作可能具有某些明显劣势，如工作地点偏远、办公环境恶劣、责任重大、风险高等，故支付高薪作为一种补偿。

2．追随型薪酬策略

这是根据市场平均水平确定本企业的薪酬定位的一种常用做法。实施这种薪酬策略的企业往往既希望确保自己的薪酬成本与产品竞争对手的成本保持基本一致，又希望自己能够保留一定的员工吸引和保留能力。采取这种薪酬策略的企业的风险可能是最小的，它能够吸引到足够数量的员工为其工作，只不过在吸引那些非常优秀的求职者方面没有什么优势。

3．拖后型薪酬策略

采用拖后型薪酬策略的企业，大多处于竞争性的产品市场上，成本承受能力很弱。受产品市场上较低的利润率所限，这类企业没有能力为员工提供高水平的薪酬。在实施这种策略的企业中，员工的流失率往往也比较高。

4．混合型薪酬策略

这是指企业在确定薪酬水平时，根据职位的类型分别制定不同的薪酬水平决策。混合型策略最大的优点就是其灵活性和针对性：对于劳动力市场上的稀缺人才以及企业希望长期保留的关键职位上的人采取薪酬领袖政策；对于劳动力市场上的富余劳动力以及鼓励流动的低级职位上的员工采取市场匹配政策，既有利于公司保持自己在劳动力市场上的竞争力，又有利于合理控制公司的薪酬成本开支。

再次，确定薪酬水平应考虑公司战略目标、发展阶段和市场定位。

（六）薪酬等级设计

薪酬等级是指一个公司中由不同等次或级别的薪酬组成的架构，通常与职级相联系，并且通常直接决定了基本工资级别。薪酬等级是在职位价值评估结果基础上建立起来的，它将职位价值相近的职位归入同一个管理等级，并采取一致的管理方法处理该等级内的薪酬管理问题。薪酬等级是一个基本框架，是薪酬结构的基础。

薪酬等级划分需要考虑的要素包括企业文化、企业所属行业、企业员工人数、企业发展阶段、企业组织架构。等级越多,薪酬管理制度和规范要求就越明确,但容易导致机械化;等级越少,相应的灵活性也就越高,但容易使薪酬管理失去控制。薪酬级别的划分也可以参照一些经验,例如跨国公司一般分为25级左右,1000人左右的生产型企业分为15~16级,100人的组织9~10级比较合适。

对于决定合适的薪酬等级数量没有标准的公式。在薪酬体系中,设计较多的薪酬等级要求每个等级有很好的职位区分能力,这似乎不太可能,而较少的薪酬等级无法体现出职位中有关薪酬的显著差异。薪酬等级数量的设计要考虑三个因素:需要评价的职位数量;职位在组织中的等级分布;工作之间的汇报、负责关系。

总之,职位分布的等级越多,薪酬等级的数量越多。薪酬等级数量的确定将有助于提高内部一致性,如果两个职位工作十分相似,一旦两者相对于组织被认定具有不同的价值,即职位评价的得分有显著的差异,则两个职位应该归到不同的薪酬等级中。

在设定等级数量时,必须考虑等级数量对范围之间的重叠程度的影响,在同一组织中,相邻薪酬等级之间的薪酬区间可以设计成有交叉重叠的,也可以设计成无交叉重叠的,一般来讲主要有以下三种方式:无重叠,职位之间的等级非常分明,职责界定清楚;适度重叠,重叠度经验数据为28%~38%,适用于大部分企业;大部分重叠,适用于职位等级较多、职级各层级之间的工作有交叉的企业。

重叠度=(本等级最高值−上一等级最低值)/(上一等级最高值−最低值)×100%

大多数情况下,企业倾向于将薪酬结构设计成有交叉重叠的,尤其是对于中层以下的职位。主要原因在于需要提高薪酬的激励性,具体表现在两个方面:一是避免因晋升机会不足而导致的未被晋升者的薪酬增长局限;二是为被晋升者(绩效优秀者)提供了更大的薪酬增长空间,进而对被晋升者提供了激励。

(七)薪酬结构设计

薪酬结构是指总薪酬中各种构成的比例关系。薪酬结构根据金额是否变动可分为固定薪酬和浮动薪酬两大类。一般来讲,级别越高的浮动部分比例越大,岗位对工作结果的影响越大,岗位浮动比例越大。薪酬结构应具有以下特点:

(1)薪酬结构与组织战略、组织结构、业务流程以及员工从事的工作相一致。
(2)必须引导员工为组织目标服务,培育员工间的分配公平感,从而有助于达成组织目标。
(3)可以调整薪酬结构以保持内部公平,平衡和适应外部竞争和内部一致性需要的关系。
(4)薪酬结构必须支持组织的人力资源战略。

基于职位说明书和绩效考评体系建立的薪酬体系,一般包括基本(固定)薪酬、业绩(浮动)薪酬和福利等形式。

市场上对于不同职能的职位,支付薪酬原则不同,这在进行薪酬构成和水平设计时必须考虑到。另外还需考虑基本薪酬和短期激励的比例关系,即薪酬组合情况:对企业业绩影响程度越大的人员,其短期激励占总现金收入的比例应越高;不同性质工作的职位任职者的工作业绩好坏与其应得的可变薪酬数额关联程度有着很大的不同。通常情况下,人员类型不同、级别不同,对企业的业绩影响也不同。基本薪酬主要指员工收入中的固定部分,体现不同职位的价值,设计的主要依据是职位评估的结果。

固定薪酬设计必须使员工薪酬水平保证相对的内部公平与外部公平。公司也可视年度效益情况决定是否发放年终奖金。福利是薪酬体系的必要补充,能有效缓冲员工对固定薪酬和业绩薪酬的相对不满。如大多数外企通过提供优惠的福利政策来降低员工流动率。人力资源部门应参考同行业其他企业的福利水平制定公司福利制度。

（八）薪酬体系实施与管理

薪酬体系设计完成后，人力资源部门应根据任职者的绩效历史记录、能力素质、员工任职资格情况等，确定套改方案，根据方案计算出改革前后员工的变化情况，以便实现薪酬总额控制。总薪酬成本控制的目的在于加强公司对人工成本的控制力度，使总薪酬成本的预算和实际开支与公司的经营状况相适应，增强公司的应变能力。套改时，对于一些特殊员工处理提供建议，如高于或低于方案中薪酬水平员工的处理建议。

同时，要制定相关的薪酬管理制度与流程，如确定薪酬总额管理制度与流程，确定日常薪酬计算与发放制度与流程，确定员工加薪制度与流程，新员工薪酬管理制度等，从制度上规定员工薪酬开始入级和今后岗位调整规则。薪酬调整包括企业总体自然调整、岗位变动调整和绩效调整。在岗位绩效薪酬中应该对个人薪酬调整和绩效考评的关系做出规定。此外，还有对薪酬发放的时间、发放形式做出适合企业情况的规定，如是否采取薪酬保密制度。

三、职位评价方法

岗位评价是依照一定的程序和标准，对组织中各岗位的价值贡献做出量化或排序的过程。它是薪酬设计的基础，只有对岗位价值做出合理的判断，才能解决内部公平问题。

（一）岗位排序法

岗位排序法是指根据一些特定的标准将岗位按照整体价值大小进行排序的评价方法。具体的排序方法分为以下三种。

1. 简单排序法

评估小组成员根据自己的主观经验对岗位价值由高到低进行排序。

2. 交替排序法

评价小组成员将所有被评价的岗位按照衡量指标依次同时选择最重要的岗位和最不重要的岗位并编号。如对 5 个岗位进行排序评价，先筛选出 5 个岗位中最重要的岗位和最不重要的岗位，分别编号 1 和 5，进而在剩余的 3 个岗位中选出最重要的岗位和最不重要的岗位，编号 2 和 4，最后剩余的一个岗位排在中间，编号为 3，以此完成岗位排序。

3. 配比排序法

首先确定岗位的评价要素，然后将每个岗位按照评价要素与其他岗位进行一一对比，最后将各个评价要素的评估结果进行汇总整理，得到最终的岗位排序。

岗位排序法操作简单，适合规模比较小、岗位数量较少的公司，也适用于新设岗位与现有岗位的比较与排序，但是岗位排序法受到评价人员的主观影响比较大，而且无法区分岗位之间价值大小的差异。

（二）岗位参照法

岗位参照法，首先需要选取标杆岗位，然后根据评价要素将需要被评价的岗位与标杆岗位进行比较评价。

岗位参照法适用于企业已完成岗位评价，需要对个别岗位进行调整或者新设的情况。对于标杆岗位的选择，一般选择具有代表性且职级、职等已经确定的岗位。

（三）岗位分类法

岗位分类法，首先需要对岗位进行分析，按照岗位的工作性质、工作复杂程度、责任的大小、对任职者的任职条件要求等，将企业中的岗位进行分类并确定等级标准，然后根据岗位工作职责与已经确定的岗位类别和等级标准进行配比归类。

岗位分类法适用于大型组织对大量岗位进行评价，其灵活性比较强，在发生岗位调整或新设岗位时方便对其归类。但是岗位等级标准的建立比较困难，如果标准建立有问题，会影响全部的岗位评价。

（四）因素比较法

因素比较法是指通过选择多种与薪酬相关的因素，并按照所选择的因素分别对岗位进行排序的方法。具体操作如下：

（1）确定岗位的薪酬因素（工作性质、岗位职责等）。

（2）选择标准岗位（岗位职责和工作内容相对稳定，报酬水平被大多人认为公平合理）。

（3）按薪酬因素分解标准岗位薪酬。

（4）将被评价岗位的各个薪酬要素与同类别标准岗位进行比较，排列顺序，确定被评价岗位所对应的每个薪酬因素的薪酬数额，将各个薪酬要素的薪酬数额相加，得出被评价岗位的薪酬总额。

例如：表 7-3 为 A、B 岗位的因素比较法。得出 A 岗位的薪酬总额=600+800+1600=3000（元）；B 岗位的薪酬总额=1200+1400+600+1800=5000（元）。

表 7-3　因素比较法

薪酬/（元/月）	因素			
	薪酬因素 1	薪酬因素 2	薪酬因素 3	薪酬因素 4
200	标准岗位 1			标准岗位 1
400		标准岗位 2	标准岗位 3	
600	A		B	A
800	标准岗位 2	A		标准岗位 2
1000			标准岗位 1	
1200	B	标准岗位 1		
1400	标准岗位 3	B		
1600			A	标准岗位 3
1800			标准岗位 2	B
2000		标准岗位 3		

因素比较法就每一个评价因素有一个确定的薪酬金额，可以精确地反映出各个岗位之间相对价值的大小，但是薪酬因素的选择与排序会受到评价人员的主观影响。

（五）要素评分法

要素评分法，首先根据企业的实际情况选择若干评价要素（如责任、知识技能、岗位性质、工作条件等）并确定各个评价要素之间的权重比，然后将每一个要素分成若干等级，对每一个等级赋予分值。将被评价岗位与评价要素进行比较，确定评价岗位在各个评价要素上的得分。最后，根据各评价要素之间的权重比和评价岗位的各要素得分计算出最终岗位得分。

总体来说，要素评价法比较公平、公正，评价结果也较为准确，但是整个评价过程工作量比较大，需要耗费大量的人力与时间。

四、薪酬调查

薪酬调查是薪酬设计的重要环节，它为企业的薪酬定位提供重要的劳动力市场的薪酬数据。薪酬调查的一般程序是：明确薪酬调查的目的、内容和调查对象；进行职位描述；选择基准工作；设计薪酬调查问卷；寄发并收集调查问卷；统计和分析调查结果；综合内部岗位价值结构和外部市场工资水平等。影响企业薪酬定位的因素较多，其中最重要的是企业的竞争战略选择。

（一）什么叫薪酬调查

薪酬专业人员在花时间、精力做薪酬调查之前必须考虑的问题是：组织希望从薪酬调查中得到什么？是组织自我进行，还是使用现有的薪酬调查？

1．组织希望从薪酬调查中得到什么

只有借助薪酬市场数据的调查与分析，才能实现薪酬外部竞争力，从而达到企业吸引并留住人才的目的。由于人才是企业获取核心竞争优势的源泉所在，对于要建立竞争优势的企业而言，薪酬的市场竞争力可以帮助企业获得竞争优势的优秀员工。但是，薪酬水平过高既会阻碍公司产品的市场灵活性（因为薪酬是产品成本的一部分），也会限制企业在人力资源其他方面的投入（因为钱总是有限的）；而薪酬水平过低则会不利于公司对人才的吸引和保留。解决两者之间平衡关系的现实方法就是借助薪酬数据的调查与分析。因此，薪酬调查数据既有利于薪酬专业人员解决组织薪酬的外部公平问题，又有利于组织有效地控制人力成本的投入。

2．是组织自我进行还是使用现有的薪酬调查

薪酬专业人员必须决定是开发自己的调查方式和管理方式，还是使用别人的调查结果。从理论上讲，组织自我进行的薪酬调查更为可取，因为可以根据公司自身的情况来选择调查问题，从而得到最有用的信息。组织自我开发的薪酬调查方案应该使雇主可以控制开发调查者所使用的方法和质量。

3．使用公开发表的薪酬调查资料

公司的薪酬专业人员通常依靠现有的薪酬调查，而不是自己进行调查。一些专业机构在近几年开始进行薪酬调查，并为企业提供薪酬调查结果。薪酬调查是一门复杂的科学，尤其是当调查的内容涉及企业的整个薪酬体系时就变得更为复杂。因此，企业在购买和使用这些薪酬调查结果时，人力资源工作者和薪酬专家应该注意以下问题，才能做出正确的决策。

（1）对职位的描述是否清楚。在进行薪酬调查时，必须对所调查的职位进行明确而清楚的描述。内容应包括每一个职务的基本信息、职务目的、管理权限、工作关系、责任范围与影响程度、工作业绩衡量标准、任职的基本要求和高绩效的要求、薪资收入标准和变化的条件与要求等。

（2）职位层次是否清晰。某些职位族可能会包括不同层级的职位，例如人力资源职位族就有可能包括人力资源总监、人力资源经理、人力资源专员等职位。每个公司可能会有不同的职位族，即使是同样的职位族，其内部所包括的职位层级可能也不一样。薪酬调查所包括的职位层级数极有可能与公司的职位层级数不一致，也许调查问卷将人力资源分为 3 个层级，而公司有 4 个层级。即使两者的职位层级数相同，每一层次职位的职位描述也有可能不一样。在实际操作过程中，一定要注意薪酬调查报告对职位层级的说明。如果薪酬调查所包括的职位层级与公司的职位层级不完全一致，最好参照不同调查公司所进行的薪酬调查，根据这些数据进行分析，确定本公司的每一层级职位的薪酬水平。

（3）调查数据是不是最新的。从调查的策划、实施、数据处理到最后向市场推出薪酬调查结果，需要一段时间。这段时间的长短与调查公司的专业水平和能力密切相关。时间越长，因受到外界环境变化的影响，数据的有效性就越值得怀疑；时间越短，相对来说数据就更有效。因此，在购买薪酬调查结果时，要特别注意调查的时间，一般应该购买最新的薪酬调查结果。当然，如果能购买不同时间段的薪酬调查结果，然后自己根据这些数据进行分析，效果会更为理想。

（4）劳动力市场是否合适。职位的劳动力市场决定了薪酬调查的地域和行业。对于低层级的职位来说，如文员、一般技术人员和半技术人员，所调查的区域应该是和公司在地理位置上比较接近的地方。对于中高级职位而言，如市场部经理、人力资源副总等，所调查的区域应该更大。如果公司在北京，要了解秘书等职位的薪酬情况，最好就在北京进行调查，而不是在上海、深圳等地进行调查；而如果要了解高级管理人员的薪酬情况，则最好同时在北京、上海、深圳等地进行调查。同样，调查所包括的行业也是应该考虑的一个问题，对于低层级的职位来说，行业之间的差别并不大；而对于中高级管理人员和技术人员来说，最好选择可能与公司竞争人才的行业。

4．平均数、25P、50P 和 75P 之间的关系

一般的薪酬调查结果都应该报告薪酬的平均数、25P、50P、75P。所谓 25P、50P、75P，就是说，如果调查了 100 家公司，将这 100 家公司的薪酬水平从低到高排序，25P、50P、75P 分别代表排名第 25 位、第 50 位、第 75 位的薪酬水平。通过检查平均数、25P、50P、75P 的关系，可以让我们对调查结果有一个初步的了解。一般情况下，平均数和 50P 应该比较接近，25P 和 50P 的差别应该与 75P 和 50P 的差别比较接近。当其差距超过 5％时，就应该认真检查有关的统计数据，以保证这种偏差不是由数据搜集和统计处理等人为因素造成的，再看看这些偏差是由什么原因导致的。

5．每年参加调查的对象是否一致

在某些专业机构的薪酬调查中，所调查的公司基本比较稳定。这样，可以对历年的数据进行分析，找出薪酬的发展趋势。而如果参加调查的公司变动特别大的话，就无法得出薪酬的发展趋势。一般来说，实力越强的专业公司参加调查的公司会越稳定。也有一些薪酬专家通过分析多家公司提供的多年的薪酬调查数据，推测薪酬的发展趋势。这种方法在一定程度上能降低由于参加调查公司的不同所带来的误差。

（二）薪酬调查的一般操作步骤

一个完整的薪酬调查过程应该包括以下几个步骤：明确薪酬调查的目的、内容和调查对象；进行职位描述；选择基准工作；设计薪酬调查问卷；寄发并收集调查问卷；统计和分析调查结果；综合内部岗位价值结构和外部市场工资水平等。

1. 明确薪酬调查的目的、内容和调查对象

薪酬调查的目的一般包括以下四种：制定薪酬标准、调整薪酬水平、制定薪酬预算和控制人力成本。这四个目的侧重点虽然不同，但是都需要通过了解劳动力市场上某些职位的薪酬水平来实现，只是由于目的不同，需要了解职位的数量不同而已。如薪酬调查的目的是为某一职位制定薪酬标准和调整某一职位的薪酬水平，那么只需要对某一职位的市场的薪酬进行调查就可以了；如果薪酬调查的目的是制定薪酬预算或控制人力成本，那么可能需要对某些职位或企业中的所有职位进行薪酬调查。

明确所要调查的职位后，就需要对职位进行功能上和层次上的划分，并由此确定调查对象。职位按照功能可以划分为职能职位和业务职位：职能职位一般为通用职位，业务职位一般为专项职位。对于通用职位，薪酬调查一般在本地区内各企业之间进行就可以了。对于专项职位，薪酬调查可能在本地区同行业内的企业之间进行。对于低层次的职位，如文员、一般技术人员和半技术人员，所调查的区域应该是和公司在地理位置上比较近的地方；对于中高层次的职位，如市场经理、人力资源副总监等，所调查的区域应该更大一些，要涉及几个地域进行。

2. 进行职位描述

确定所要调查的职位和对象后，就必须对所调查的职位进行明确而清楚的描述。内容应该包括每一职位的名称、职责、任职资格等。因为同样的职位名称，可能其工作内容在各个企业相差很大，或者其对该职位任职者的基本素质要求有很大的差异。尤其是我国企业的职位体系比较混乱，如同样是"行政部经理"，在有些企业可能主要从事后勤、保安等工作，而在有些企业可能从事人事工作。在调查中，应该将其他企业所提供的职位描述和本企业相应的职位进行比较，只有当两者的重叠度达到70%以上时，才能够根据所调查职位的结果来确定本企业相应职位的薪酬水平。

在进行职位描述时，还要对职位进行清晰的层级划分。某些职位族可能会包括不同层级的职位，而不同的公司可能有不同的职位族，因此在薪酬调查中要对职位的类别进行正确划分。

3. 选择基准工作

在薪酬调查中，确定好基准工作是十分重要的。人力资源专业人员根据类似工作的典型市场工资水平来确定本企业的薪酬水平。基准工作具有以下四个基本特征：

（1）工作内容是大家所熟知的、长期相对稳定且被雇员认可的。

（2）很多不同雇员从事这项工作。

（3）代表公司被评价的一系列的工作。

（4）被劳动力市场广泛采用来确定工资水平。

为什么需要基准工作呢？如果人力资源专业人员能够把本企业的每个工作都和薪酬调查中的工作相对应，那当然是很理想的，但在现实中，一一对应是很难实现的。其中主要有两个原因：第一，大公司或大企业可能会有成千上万项独特的工作，要一一对应会是很可怕的任务，既浪费时间又昂贵；第二，人力资源专业人员很难在薪酬调查中找到和本公司或本企业的工作完全一样的工作，为了适应新的具体环境，公司会对工作职责和范围不断进行调整。人力资源专业人员可以调整本公司或企业的工作和外部基准工作之间的差异，这些调整往往以主观判断为基础，而不以客观标准为基础。工作责任人和薪酬专业人员应该各自独立地把公司里的工作报酬因素和外部基准工作的报酬因素进行比较。表7-4就是为此目的制作的一张评分调查表。为了降低调查人员个人偏见的影响，工作责任人和主管应分别填写调查问卷，评分的差异可以通过讨论来调整。

表 7-4　公司工作和基准工作的比较

工作责任人：把你的工作和基准工作进行比较		
主管：把你的员工的工作和基准工作进行比较		
		调整工资
技术（在最准确的叙述后面打钩）		
我（的员工）的工作比基准工作要求的技术高很多	☐	+4%
我（的员工）的工作比基准工作要求的技术高一些	☐	+2%
我（的员工）的工作与基准工作要求的技术一样	☐	0
我（的员工）的工作比基准工作要求的技术低一些	☐	-2%
我（的员工）的工作比基准工作要求的技术低很多	☐	-4%
努力程度（在最准确的叙述后面打钩）		
我（的员工）的工作比基准工作要求的努力程度高很多	☐	+2%
我（的员工）的工作比基准工作要求的努力程度高一些	☐	+1%
我（的员工）的工作与基准工作要求的努力程度一样	☐	0
我（的员工）的工作比基准工作要求的努力程度低一些	☐	-1%
我（的员工）的工作比基准工作要求的努力程度低很多	☐	-2%
责任（在最准确的叙述后面打钩）		
我（的员工）的工作比基准工作要求的责任高很多	☐	+4%
我（的员工）的工作比基准工作要求的责任高一些	☐	+2%
我（的员工）的工作与基准工作要求的责任一样	☐	0
我（的员工）的工作比基准工作要求的责任低一些	☐	-2%
我（的员工）的工作比基准工作要求的责任低很多	☐	-4%
工资调整的计算方法：把三个打钩的项目的百分比相加，结果很可能在 10% 和 -10% 之间。工资的调整，例如，0 意味工资不需要调整；+3% 意味工资应该增加 3%；-3% 意味工资应该降低 3%。		

4．设计薪酬调查问卷

多数的薪酬专业人员采取问卷调查的形式来进行薪酬调查。薪酬调查问卷除了要涵盖外在薪酬的主要内容，还要涉及一些有关企业基本情况的内容，如员工人数、产值利润、行业以及薪酬增长率、员工的流失率等，这些都是与薪酬水平密切相关的内容，在调查中应该加以考虑。表 7-5 是某企业进行薪酬调查的样例，它的目的是了解总经理办公室主任职位的薪酬水平。

表 7-5　某企业进行薪酬调查的样例

职位：总经理办公室主任					
调查企业名称：		地址：		行业：	
数据完成人：			日期：		
薪酬构成	金额/（元/年）	比例	企业上一年度水平	增幅	备注
基本工资					
奖金					
津贴					
其他收入					
合计					

5. 寄发并收集调查问卷

薪酬涉及企业的机密，很多企业实行保密工资制度，企业与员工之间也有有关薪酬保密的约定，因此在寄发问卷时首先要做好与企业总经理或者高层管理人员的沟通工作。这里主要有两种合作方式：一种是将被调查者作为成员之一纳入合作队伍，被调查者分摊一定的费用，调查结束后，被调查者可以获得专项调查报告；另外一种方式是向被调查者提供优惠的综合性调查报告，优惠率根据调查的规模确定。这两种合作方式都需要与企业签订合作协议，并约定保密条款。

做好与被调查企业的沟通与协调之后，向企业寄发问卷也要讲究方式：一是直接向总经理寄发，规模较大的企业可向人力资源部经理寄发，这样能够保证回收率；二是能够直接上门发送问卷的最好直接上门，不能够直接上门的可以采取邮寄、传真、电子邮件等方式进行；三是问卷收集后要及时处理核对，以便及时与填答者进行沟通与修改，对于有疑问的问卷，一定要对方做出解释并记录下来，以便日后翻阅。另外，在被调查单位进行填答的过程中应该做好解释和指导工作，以便取得第一手资料。

6. 统计和分析调查结果

薪酬调查的时效性是一个很重要的指标。因此问卷收上来后，就要立即进行整理，及时进行统计分析。薪酬专业人员应该知道薪酬调查资料的三个特征：第一，薪酬调查的信息量非常大，薪酬专业人员应该有效地借助计算机来进行数据分析和处理；第二，薪酬调查所获得的资料都是过时的，因为在收集资料和雇主根据调查资料实施薪酬方案之间有一段时间差；第三，薪酬专业人员必须把外部的调查资料和其内部工作结构（以岗位价值评估的分数为基础）相结合。

学史明理　　　　　　直通职场

任务实训

一、实训目的

1. 了解薪酬体系设计的基本概念、薪酬体系分类、薪酬体系设计流程的相关内容。
2. 掌握职位评价方法和薪酬调查的相关内容。

二、实训要求

1. 分组进行，5~7人一个小组，并选出组长，团队合作完成。
2. 实训形式：制作报告和PPT，并上台进行演讲。

三、实训内容

分组选择一家知名公司，收集其薪酬体系相关信息，结合所学知识对其薪酬体系从设计角度进行分析，评述该制度的优缺点、借鉴意义等。

四、总结分析

汇报完成后，小组互评，教师点评。

任务三　福利与保险管理

一、福利管理

福利是指企业从生活的诸多方面为确保和提高员工及其家属生活质量而开展的活动和措施的总称。福利是为了吸引员工到企业来工作或维持企业骨干人员的稳定而支付的作为工资的补充项目报酬，如失业金、养老金、医疗费、退休金、工作午餐、节日礼物、有偿假期、住房补贴以及利润分红等。从本质上说，福利是企业给予员工的一种保障性质的薪酬。福利具有均等性、共享性、补充性和保证性的特点。

（一）福利的种类

国内学者孙海法在其编著的《现代企业人力资源管理》一书中，对员工福利的种类进行了归纳，大致包括以下几种：

（1）额外金钱收入。如在年终、中秋、端午、国庆等特殊节日的加薪、过节费、分红、物价补贴、小费、购物券等。

（2）超时酬金。超时加班费、节假日值班费或加班优待的饮料、膳食等。

（3）住房性福利。免费单身宿舍、夜班宿舍、廉价公房出租或廉价出售给本企业员工、提供购房低息或无息贷款、发放购房补贴等。

（4）交通性福利。企业接送员工上下班的班车服务、市内公交费补贴或报销、个人交通工具购买的低息或无息贷款以及补贴、交通工具的保养费和燃料补助等。

（5）饮食性福利。免费或低价的工作餐、工间休息的免费饮料、餐费报销、免费发放食品、集体折扣代购食品等。

（6）教育培训性福利。企业内部的在职或短期的脱产培训、企业外公费进修（业余、部分脱产或脱产）、报刊订阅补贴、专业书刊购买补贴等。

（7）医疗保健福利。免费定期体检、免费防疫注射、药费或滋补营养品报销或补贴、职业病免费防护、免费或优惠疗养等。

（8）意外补偿金。意外工伤补偿费、伤残生活补助、死亡抚恤金等。

（9）离退休福利。包括退休金、公积金、养老金等。

（10）带薪休假。除了周末及法定假日和病假、产假，每月或每年向员工提供若干带薪休假日。

（11）文体旅游性福利。有组织的集体文体活动，企业自建文体设施，免费或折扣电影、戏曲、表演、球赛票券，旅游津贴，免费提供的车、船、机票的订票服务等。

（12）金融性福利。信用储金、存款户头特惠利率、低息贷款、预支薪金、额外困难补助金等。

（13）其他生活性福利。洗澡、理发津贴，降温、取暖津贴，优惠价提供本企业产品或服务等。

（二）福利管理的作用

福利是企业整体薪酬体系中免费赠送的部分，它所提供的内容似乎与员工的工作业绩无任何关联，但实际上不同岗位、不同级别的员工所享受的福利是不一样的。

企业福利最终就是为了促进经营目标的实现，通过优越的福利待遇满足员工的基本物质需求，以使企业形成稳定的职员队伍。企业应该使员工意识到企业为他们提供的福利是其作为组织一员所获得的全部薪酬的一部分。随着经济的发展、生活水平的提高及观念的变化，人们对福利要求的种类和范围也发生了变化，由于收入所得税的限制，各组织间的薪资水平相差不大，这样福利待遇就成为各企业争夺人才的关键。福利的作用主要通过以下两点来体现：

（1）传递企业的文化和价值观。现代社会中企业是否有一个积极的、得到员工认可的文化氛围，将对企业的发展产生重要影响。而福利恰恰是体现企业的管理特色，传递企业对员工的关怀，创造一个和谐大家庭的重要手段。

（2）吸引和留住人才。福利一方面是企业管理的特色，另一方面也是员工所需要的，因此更多的人才开始关注企业的福利待遇，那么对企业而言，能否吸引和留住人才就要看企业向员工提供怎样的具有吸引力的、能够给员工带来实惠的福利措施。

（三）福利管理的原则

1. 合理性和必要性原则

企业福利费用务求以最小的费用达到最好的效果，为达到这一目的，就必须设立合理的福利管理制度。在合理性之外，还要考虑必要性的问题，提供给员工的福利须能满足员工的基本要求。另外，福利的提供要适度：福利过少，不能激发员工的积极性，反而会引起员工的不满；福利过多，会使员工没有工作的斗志，得过且过。

2. 量力而行的原则

企业在设立福利项目时，需结合自身的经济实力和实现的经济效益目标来定夺。如果不顾及企业长期的发展利益，而只满足一时之需，那么企业的目标就会受到影响，也就无法保证员工的长期利益。

3. 公平的原则

福利面对的是全体员工，应体现公平的精神。不论是谁，只要符合条件，就应该享受到同等的福利待遇。如果企业没有这种公平性，员工福利将会引起员工的质疑和反抗，进而会影响到企业经营的正常进行。

二、保险管理

社会保险是指国家依法建立的劳动者因年老、患病、生育、伤残、死亡等丧失劳动能力（暂时丧失劳动能力）或因失业中断劳动，本人及家属失去生活来源时，能够从社会（国家）获得物质帮助的制度。组织给员工的保险实际上是福利的一部分，在福利中占有很大比重，是保障性的福利。

社会保险制度通过实行有保障的货币支付，发挥以下具体作用。

（1）保护退出劳动领域的劳动者的正当权益，维护劳动力再生产的正常运行。
（2）保障劳动者及其家庭成员的基本生活，免除他们的后顾之忧，调动劳动者的积极性。
（3）促进安全生产和劳动力合理流动。
（4）实现社会安定。

（一）社会保险的特征

社会保险具有以下几个特征：

（1）强制性。社会保险是通过立法强制实施的，社会保障的内容和实施都是通过法律进行的，凡属于法律规定范围内的成员都必须无条件地参加社会保险。

（2）普遍性。社会保险要求社会化，凡是符合法律规定的所有企业和社会成员都必须参加。

（3）福利性。它是指社会保险不是以营利为目的，实施社会保险完全是为了保障社会成员的基本生活。

（4）社会公平性。公平分配是宏观经济政策的目标之一，社会保险作为一种分配形式，具有明显的公平特征。

（5）基本保障性。社会保险的保障标准是满足保障对象的基本生活需要，因为社会保险的根本目的是保证人们的收入稳定、生活安定，发挥社会稳定器的作用。

（6）互济性。社会保险通过法律的形式向全社会有缴纳义务的单位和个人收取社会保险费，建立社会保障基金，并在全社会统一用于济助被保障对象，同时各项社会保险基金可以从统一基金中相互调节。

（二）社会劳动保险的种类

目前，我国组织办理的社会劳动保险有养老保险、医疗保险、生育保险、工伤保险、失业保险、住房公积金等。保险缴纳额度在每个地区的规定有所不同。

试用期可以不缴纳社保吗

关于养老保险、失业保险和医疗保险的支取，只有在法定允许的情况下才可以进行，由社保登记部门来发放。例如，养老保险金要达到法定的年龄才可以领取；失业保险金的领取也要具备相应条件，到户口所在地的街道办事处办理失业证明，同时办理了求职证，即失业以后还必须有求职的意愿，符合这样的条件才可以领取。

如果失业之后不想工作，就不能领取保险金。另外，养老保险金和失业保险金是不能同时享受的。

在试用期内也应该享受保险，因为试用期是合同期的一个组成部分，它不是隔离在合同期之外的。所以，在试用期内也应该上保险。另外，企业给员工上保险是法定的义务，不取决于当事人的意愿或自愿与否，而且商业保险不能替代社会保险。

（1）养老保险。它是为了解决员工在达到国家规定的解除劳动义务的劳动年龄界限，保障年老体弱者在退出劳动岗位后继续生活而建立的一种社会保险制度。这是员工享有的基本社会保障之一。

（2）医疗保险。它是由政府制定、用人单位和职工共同参加的一种社会保险。它是按照用人单位和职工的承受能力来确定的基本医疗保障水平。基本医疗保险费用由用人单位和职工共同缴纳。

（3）生育保险。它是指可以报销与生育有关的费用。报销范围包括生育津贴、生育医疗费用、计划生育手术医疗费用、国家和本市规定的其他与生育有关的费用。

（4）失业保险。它是指国家通过立法强制实行的，由社会集中建立基金，对因失业而暂时中断生活来源的劳动者提供物质帮助的制度。它是社会保障体系的重要组成部分，是社会保险的主要项目之一。失业保险基金主要来源于社会筹集，由单位、个人和国家三方共同负担，缴费比例、缴费方式相对稳定。

（5）工伤保险。它包括工伤医疗、工伤补偿、工伤康复、工伤预防等方面的保险，体现组织对员工的福利保障。

（6）住房公积金。它是指国家机关、国有企业、城镇集体企业、外商投资企业、城镇私营企业及其他城镇企业、事业单位、民办非企业单位、社会团体及其在职职工缴存的长期住房储备金，用于职工日后支付购买、建造自住用房，翻修、大修自住住房等费用的具有储备金性质的资金。根据规定，住房公积金只能用于职工住房的消费和职工住房建设资金的融通，不得挪作他用。

学史明理　　　　　　　　直通职场

任务实训

一、实训目的

1．了解福利、保险的基本组成部分，掌握福利制度的制定原则。
2．明确本项目学习目标与要求。

二、实训要求

1．分组进行，7～9人一个小组，并选出组长。
2．实训形式：制作报告和PPT，并上台进行团体演讲。

三、实训内容

分组选择一家公司，结合所学知识对其福利制度进行梳理分析，对其优缺点等相关内容进行评述。

四、总结分析

汇报完成后，小组互评，教师点评。

任务四　薪酬管理的基本决策

薪酬管理作为人力资源管理的一项重要职能，必须服从并服务于企业的人力资源管理战略，支持企业的经营战略。因此,企业在进行薪酬管理时,首先应该根据企业的发展战略与企业的人力资源管理战略,确定企业的薪酬战略。然后,根据薪酬战略设计薪酬体系与制度,并据此进行薪酬管理。为了确保薪酬体系达到目标,企业在薪酬管理的过程中,必须制定一些重要决策,具体包括四个方面的决策:薪酬体系、薪酬水平、薪酬构成、薪酬结构。

一、薪酬体系

薪酬体系是指企业以什么为基础来确定薪酬。目前常见的薪酬体系有两种:职位薪酬体系与能力薪酬体系。职位薪酬体系与能力薪酬体系之间的区别如表 7-6 所示。

表 7-6 职位薪酬体系与能力薪酬体系之间的区别

比较项目	职位薪酬体系	能力薪酬体系
薪酬基础	以员工所在职位为基础	以员工掌握的能力为基础
价值决定	职位价值的大小	员工能力的高低
管理者关注的重点	职位对应薪酬,员工与职位匹配	能力对应薪酬,员工与能力相连
员工关注的重点	追求职位晋升,以获得更高报酬	寻求能力的增多或提升,以获得更高报酬
程序	职位分析,职位评价	能力分析,能力评价
工作变动	薪酬随着职位变动	薪酬保持不变
培训作用	是工作需要,而不是员工意愿	是增强工作适应性和增加报酬的基础
员工晋升	需要职位空缺	不需要职位空缺,只要通过能力认证或测试
优点	1. 清晰的期望 2. 进步的感觉	1. 鼓励员工持续学习 2. 灵活性高,便于人员水平流动
缺点	1. 潜在的官僚主义 2. 潜在的灵活性不足	对成本控制的能力要求较高

职位薪酬体系是指根据对每一职位价值的评价来确定其基本薪酬,是以"职位"为中心的薪酬体系。当采用职位薪酬体系时,企业需要首先对每一职位的价值进行评价,然后根据评价结果来确定每一职位的薪酬。职位薪酬体系是目前全世界使用最广泛的薪酬体系。职位薪酬体系最大的特点是对"职位"而不对"人",主要考虑职位的价值大小,不考虑个人技能与业绩水平的影响。职位薪酬体系的优点包括:员工的薪酬与其所在的职位一致,容易被员工接受或者向员工解释;在薪酬管理过程中,重点关注职位,而不是人,操作相对简单;能够激励员工为了更高价值的职位而努力工作;等等。但是,其缺点也很明显,包括:不能反映员工之间能力与贡献的区别;如果员工晋升渠道受阻,其工作积极性会受到影响;等等。

能力薪酬体系则是指根据对每一个员工能力(或者技能、胜任特征)的评价来确定其基本薪酬,是以"人"为中心的薪酬体系。具体的形式可能因评价内容的不同而有所不同。如果评价的是员工技能,就称为技能薪酬体系;如果评价的是员工胜任特征,就称为胜任特征薪酬体系。能力薪酬体系的出现是薪酬设计思路的一次重大变革,虽然能力薪酬体系实施的步骤和职位工资基本相同,但进行职位评价的基础不再是职位本身的工作职责和所要求的任职资格,而是员工所掌握的与职位的工作内容有关的知识、技能或者所具备的完成工作任务的能力;职位评价的结果不再是职位价值的相对大小,而是员工技能水平的差异;薪酬等级设计的基础也不再是职位的等级,而是技能的等级。这样,基本薪酬设计就由以"职位"为中心转向以"员工"为中心。相比职位薪酬体系，能力薪酬体系在很多方面更具优势，例如：它可以促使员工主动学习，有助于学习型组织的建立；通过为员工提供多种发展渠道，可避免单一的职位等级晋升所导致的"拥挤效应"等。但是，能力薪酬体系也存在一些潜在的问题，如员工究竟需要具备哪些能力、能力评价的问题、能力培训的问题等。能力薪酬体系适用于那些所从事的工作比较具体，而技能、能力容易界定的操作人员、技术人员等，如高科技企业的研发人员、大学的教师、医院的医生与护士等。

二、薪酬水平

薪酬水平是指企业内部各职位、各部门以及企业整体平均薪酬的高低状况，它反映了企业所支付薪酬的外部竞争性与薪酬成本。企业所定的薪酬水平越高，其在市场上的竞争力就越强，越有可能吸引优秀的人才来企业工作，但是其成本相对来说就会越高；企业所定的薪酬水平越低，其在市场上的竞争力就越弱，成本相对来说也就越低。在传统的薪酬管理中，企业关注的是整体薪酬水平。目前，企业在关注整体薪酬水平的同时，也开始关心各职位的薪酬水平，也就是开始关注不同企业同类职位之间的比较。

在确定薪酬水平时，企业通常可以采用以下四种策略：

（1）领先型策略，即薪酬水平高于市场平均水平的策略。采用这种策略时，企业的薪酬相对而言比较有竞争力，成本相对来说较高。

（2）匹配型策略，即薪酬水平与市场平均水平保持一致。采用这种策略时，企业的薪酬相对而言竞争力中等，成本也是中等。

（3）拖后型策略，即企业的薪酬水平要明显低于市场平均水平。采用这种策略时，企业的薪酬竞争力弱，但成本比较低。

（4）混合型策略，即针对企业内部的不同职位采用不同的策略。例如，对关键职位采用领先型策略；对辅助性职位采用匹配型策略。实际上，很大一部分企业采用混合型策略，以保留关键职位上的员工，同时尽可能降低成本。

三、薪酬构成

薪酬构成是指在员工和企业总体的薪酬中，不同类型薪酬的组合方式。对于企业而言，基本薪酬、可变薪酬与间接薪酬都是经济性支出，但这三种薪酬的作用又不完全相同。基本薪酬在吸引、保留人员方面效果比较显著，而在激励人员方面效果一般；可变薪酬在吸引、激励人员方面效果比较显著，而在保留人员方面效果中等；间接薪酬在保留人员效果方面比较显著，而在吸引、激励人员方面效果一般。企业在薪酬管理的过程中，应该考虑这三种薪酬在员工总薪酬中所占的比例。根据这三者所占比例的不同，可以划分为三种模式：高弹性薪酬模式、高稳定薪酬模式、调和型薪酬模式。

高弹性薪酬模式是一种激励性很强的薪酬模式，其中，可变薪酬是薪酬的主要组成部分，基本薪酬处于次要地位，所占比例相对较小。此种薪酬模式适用于企业初创时期，固定人工成本开支低，可变薪酬比重大，容易对员工产生较强的激励作用。但是，这种模式也会造成员工对企业缺乏安全感和归属感，易产生短期行为。

高稳定薪酬模式是一种稳定性很强的薪酬模式，基本薪酬占主导地位，可变薪酬占较低比重。员工收入稳定，绩效差异所造成的薪酬差异不会过大。这种情况下，员工稳定性较高，但薪酬激励功能较弱，企业承担的固定人工成本较高。

调和型薪酬模式兼具激励性和稳定性，其中，基本薪酬和可变薪酬所占比例基本相当。这种薪酬结构设计注重员工的业绩、个人资历和组织经营状况的有机统一，员工的稳定性较强，同时能关注业绩和组织的长远发展。

四、薪酬结构

薪酬结构是指企业内部的薪酬等级数量、每一等级的变动范围及不同薪酬等级之间的关系等。薪酬结构反映企业内部各个职位之间薪酬的区别，对于员工而言具有重要的价值。在薪酬管理中，会根据员工的职位（或者能力）确定员工的薪酬等级，这一等级确定后，员工的薪酬也就基本确定。薪酬结构的设计会直接影响员工的薪酬，以及今后员工薪酬变动的可能性与区间。因此，企业的薪酬结构设计得比较合理时，会对员工的吸引、保留与激励产生积极作用，反之则会带来负面影响。

典型的薪酬结构有窄带薪酬（即传统的垂直型薪酬结构）和宽带薪酬（见图7-2）。窄带薪酬等级多，每一个等级的薪酬区间相对较小。员工要想大幅度提高薪酬，必须通过提高自己的薪酬等级来实现。宽带薪酬等级少，每一个等级的薪酬区间比较大。员工不需要提高薪酬等级，就有可能实现薪酬的大幅度提高。下面对宽带薪酬进行简单介绍。

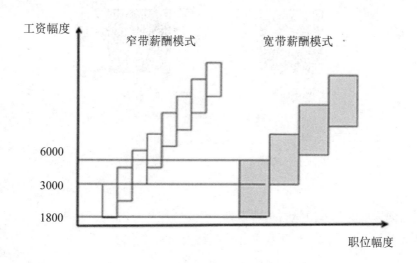

图7-2 窄带薪酬模式与宽带薪酬模式

所谓宽带薪酬，是指对多个薪酬等级及其薪酬变动范围进行重新组合，从而变成只有少数的薪酬等级以及相应的较宽薪酬变动范围。一般来说，每个薪酬等级的最高值与最低值之间的区间变动比率要达到100%或100%以上。典型的宽带薪酬可能只有4个等级的薪酬级别，每个薪酬等级的最高值与最低值之间的区间变动比率则可能为200%～300%。可以说，宽带薪酬是对传统的、有大量等级的、垂直型薪酬结构的一种改进或替代。宽带薪酬可以应用于职位工资体系，更适用于技能工资体系。事实上，宽带薪酬是技能（能力）工资体系赖以建立和有效运营的一个重要平台。

宽带薪酬的优点有:

(1) 宽带薪酬支持扁平型组织结构。它打破了传统薪酬结构所维护和强化的等级观念,减少了工作之间的等级差别,有利于企业提高效率以及创造参与型与学习型的企业文化,同时有助于企业保持自身组织结构的灵活性和有效地适应外部环境的能力。

(2) 宽带薪酬能引导员工重视个人技能的增长和能力的提高。采用宽带薪酬,即使在同一个薪酬宽带内,企业为员工所提供的薪酬变动范围也相当大,这样,员工就不需要为了职位晋升等方面的问题斤斤计较,只要注意培养企业所需要的那些技术和能力就可以获得相应的报酬。

(3) 宽带薪酬有利于职位轮换与调整。采用宽带薪酬,由于薪酬的高低由能力来决定,而不是由职位来决定,员工会更愿意通过相关职能领域的职务轮换来提高自己的工作能力,以求获得更高的薪酬。

(4) 宽带薪酬能密切配合劳动力市场上的供求变化。宽带薪酬是以市场为导向的,它使员工从注重内部公平转向更注重个人发展以及自身在外部劳动力市场上的价值。

(5) 宽带薪酬有利于管理人员及人力资源专业人员的角色转变。采用宽带薪酬,部门经理在薪酬决策方面拥有更多的权力和责任,可以对下属的薪酬定位给予更多的意见和建议。这种让部门经理与人力资源专业人员共同决策的模式,有利于部门经理利用薪酬杠杆来引导员工达成企业的目标,也能让人力资源专业人员脱身于附加值不高的事务性工作,更好地扮演战略伙伴和咨询顾问的角色。

采用宽带薪酬,薪资预测和管理的难度会加大。浮动范围扩大使得预测值的误差扩大,导致人工成本控制难度增加。因此,企业在决定引进宽带薪酬时,一定要做好各方面的准备工作,以避免带来负面影响。

学史明理

直通职场

任务实训

一、实训目的

1. 掌握企业薪酬管理的基本决策与基本内容。
2. 明确薪酬体系、薪酬构成、薪酬水平、薪酬结构的相关概念。

二、实训要求

1. 分组进行,7~9人一个小组,并选出组长,团队合作。
2. 实训形式:制作报告和PPT,并上台进行演讲。

三、实训内容

选择一家自己感兴趣的上市公司,从其向外界披露的薪酬制度入手,结合公司目前的发展状况,分析其薪酬体系、薪酬水平、薪酬构成和薪酬结构属于哪种类型。

四、总结分析

汇报完成后,小组互评,教师点评。

任务五 奖惩管理

奖惩是指公司经营管理中对突出成绩的奖励和对严重错误行为的惩罚。组织的奖惩管理就是为了调动员工工作的积极性并促进其发展,将对员工的奖惩与组织目标有机地结合起来的一系列管理活动。良好的奖惩管理不仅能够激励员工努力工作,而且能够形成公平合理的组织氛围,将员工的工作绩效与组织目标融为一体。

一般而言,对员工的奖励依据以员工日常的业绩考核和素质考核结果为主,其他因素为辅。对员工的处罚,要坚持以思想教育为主、以惩罚为辅的原则。

一、奖惩的原则

组织对员工的奖惩一般遵循平等、适当、精神与物质鼓励相结合、教育与惩罚相结合的原则。

(一)平等的原则

企业或组织为了更好地调动员工的积极性和热情,就要做到奖惩分明,做到公正、平等。制定了奖惩制度,企业就要严格按照奖惩制度来办理,不能擅自改动奖惩条例,须做到一视同仁。

(二)适当的原则

组织不仅要做到奖罚分明,而且要在奖励或惩罚员工的时候,尽量采用适当的方式,恰到好处地实行奖惩。组织制定奖惩条例的目的并非在于奖或惩,而是通过奖励来激励更多的员工为组织做出贡献,通过惩罚来约束和规范员工的行为,同时也是为了激励员工。

(三)精神鼓励与物质鼓励相结合,教育与惩罚相结合的原则

员工奖惩管理的目的是激发员工的工作积极性和热情,所以在实行奖惩的时候,不仅要从员工生理需要的角度,也要从员工心理需要的角度来奖励或惩罚。组织可以通过文件通报、信息、会议以及网络等宣传媒介,对先进事迹进行表扬,对不良行为进行批评,从而达到弘扬正气、抵制歪风的目的,形成奋发向上、你追我赶的良好气氛。

 小资料

企业在奖励员工过程中常犯的错误

美国著名管理专家拉伯福将企业在奖励员工方面最常犯的,也是最应该避免的十大错误归纳

如下：

（1）需要有好业绩，却去奖励那些看起来最忙、工作最久的人。

（2）要求工作的质量，却设下不合理的完工期限。

（3）希望对问题有治本的答案，却奖励治标的方法。

（4）光谈对公司的忠诚度，却不提供工作保障，而是付最高的薪水给最新进的员工或威胁要离职的员工。

（5）需要事情简化，却奖励使事情复杂化和制造琐碎的人。

（6）要求和谐工作环境，却奖励那些最会抱怨且光说不做的人。

（7）需要有创意的人，却责罚那些敢于独行的人。

（8）光说要节俭，却以最大的预算增幅，来奖励那些将他们所有的资源耗得精光的职员。

（9）要求团队合作，却因奖励团队中的某一成员而牺牲了其他人。

（10）需要创新，却处罚未能取得成功的创意，而且奖励墨守成规的行为。

二、奖惩管理办法

（一）对员工的奖励

一般而言，组织对员工的优秀行为的奖励主要包括对员工的嘉奖、记功、奖金及升迁或晋级等。

1．应予以嘉奖的情况

（1）品德良好，足为同事表率，并具有先进事迹者。

（2）有利于本公司或公众利益的行为，并有先进事迹者。

2．视情节轻重应予以记功或记大功的情况

（1）细心维护公司财物及设备，使节省费用有显著成效者。

（2）担任临时重要任务，能如期完成，并达到预期目标者。

（3）及时制止重大意外事件或变故的发生者。

3．应予以发放奖金的情况

（1）对工作及管理等方面有重大改善，因而提高质量或降低成本者。

（2）对公司设备维护恰当，或抢修工作提前完成，因而增加了企业效益者。

（3）对工作或管理的方法做重大改革的建议或发明，经采纳施行而成效显著者。

（4）对采购销售、会计处理、人力运用等方法有重大改善，因而降低成本或增加收入可明确计算其价值者。

（5）对因天灾、人祸或有损害公司利益的事件，能奋勇维护或预先防止，使公司免遭损失者。

以上三项的奖金数额，应视其贡献大小由组织决定。

4．应予以晋级或升迁的情况

（1）一年内记功两次以上者。

（2）对自己业务表现出卓越的才能，品德优良，服务成绩特优，且有具体事迹者。

（3）工作上有特殊功绩，使公司增加收益或减少损失者。

（二）对员工的惩处

一般而言，组织对员工不好的行为的处罚主要包括警告、记过、降级及免职等。

1. 应予以解聘或免职的情况

   （1）假借职权、营私舞弊者。
   （2）盗窃公司财物，挪用公款，故意损毁公物者。
   （3）携带违禁品进入工作场所者。
   （4）在工作场所聚赌或者斗殴者。
   （5）不服从主管的指挥调遣，且有威胁行为者。
   （6）泄露公司机密，捏造谣言或酿成意外灾害，致使公司遭受重大损失者。
   （7）品行不端，严重损害公司信誉者。
   （8）连续旷工3天或全年旷工7天以上者。
   （9）记大过2次者。
   （10）模仿上级主管人员签字，盗用印信者或擅用公司名义，使公司受损者。

2. 应予以降级、记大过处分的情况

   （1）直属主管对所属人员明知舞弊有据，而予以隐瞒庇护或不为举发者。
   （2）故意浪费公司财物或办事疏忽使公司遭受损失者。
   （3）违抗命令，或有威胁侮辱主管的行为，情节轻者。
   （4）泄露机密或虚报事实者。
   （5）品行不端、有损公司信誉者。
   （6）在物料仓库或危险场所违背禁令，或吸烟引火者。
   （7）全年旷工达4天以上者。

3. 应予以记过处分的情况

   （1）疏忽过失致使公物损害者。
   （2）工作不力，屡错不改者。
   （3）在工作场所酗酒闹事，影响秩序者。

4. 应予以警告处分的情况

   （1）遇非常事变，故意规避者。
   （2）在工作场所内喧哗或口角，不服管教者。
   （3）办事不力，在工作时间内偷闲懈怠者。
   （4）浪费物料者。
   （5）科室主任以上人员，当月内迟到、早退累计5次以上者。

学史明理

直通职场

任务实训

一、实训目的

1. 掌握奖惩管理的原则，了解奖惩管理的基本办法。
2. 能够制作简单的奖惩条例。

二、实训要求

1. 分组进行，5~7人一个小组，选出组长，团队协作完成。
2. 实训形式：制作报告和PPT，并上台演讲。

三、实训内容

请尝试为万科集团旗下物业公司的安保人员制定奖惩条例。可选择某个具体小区进行量身打造，也可为其旗下所有物业公司的安保人员制定通行奖惩条例。

四、总结分析

汇报完成后，小组互评，教师点评。

项目八　员工劳动关系管理

学习目标

知识目标：理解劳动关系和特殊劳动关系的概念；掌握劳动关系认定的标准；掌握劳动合同的类型和内容；掌握劳动合同订立、履行、变更、解除和终止的条件；掌握劳动争议处理程序。

能力目标：能够区分劳动关系和劳务关系；能够识别和处理劳动合同争议。

素质目标：培养学生公正、法治的社会主义核心价值观，帮助学生树立知法懂法意识；从党史中学习党的人力资源管理智慧，培养学生正确的人才观。

思维导图

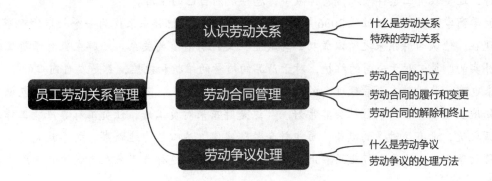

案例导入

在河南省新乡市和许昌市有一家神奇的连锁商超，名叫胖东来。这家名字普通甚至有点土气的商超，名气虽然远不如其他著名的连锁超市，但在河南人的心中，胖东来的地位无人能及。2015年胖东来由于店铺到期想撤出河南新乡，市民自发请愿，惊动副市长挽留。

胖东来被外界贴上众多标签："一家从不内卷的商超"，每周二不开门营业，只为了让员工好好休息；"零售界海底捞"，店里没有的商品可以专门为你进货，不想要了任意退换，出现服务问题，则赔偿包你满意；"良心企业"，社会责任感极强，新冠肺炎疫情初期以进价卖货，老板带头捐款，洪灾来临收留被困群众，组织员工参与救援，并再次慷慨解囊。

在胖东来企业文化的宣传里，"爱和自由"赫然在目，胖东来创始人于东来反复告诉员工：要热爱生活，要快乐自己，才能成就他人；要发自内心地喜欢，才能创造美好，才能有幸福人生。

在网络上，胖东来最为人熟知的一个传言是，胖东来要求员工不得加班，一旦发现，就扣5000元。虽然一位员工向笔者否认了这个夸大的罚款规则，但有一个事实是，胖东来至今保持着周二闭店的习惯。这项政策从2011年开始实施，一直延续至今。胖东来宣称："我们的员工及管理人员实现全年综合休假130天以上，每个工作日工作不超过6个小时！"

林海冲是胖东来的一名售货员，18岁高中毕业，他就来胖东来工作，至今已有4年时间。去年春节期间，胖东来给员工们放了40天的假期，比往年多了10天，并且规定一定要长途旅行。林海冲第一站去了丽江，第二站去了兰州。他有一台单反相机，在丽江拍了很多照片。发到朋友圈时，配文是"幸福的意义"。

进入胖东来前，张燕在另一家超市当过销售员，那时候一星期只休息一天，有时候还不休息。回忆起那段日子，她觉得心情压抑。在胖东来工作，她感觉到周围都是家人。她说起了一个故事，有一次孩子考得不太好，张燕特别生气，和孩子大吵了一架。回到公司，她和同事们聊起此事，"她们会开导我说，'你可以换一种方式跟他说，你当时考试没考好？是不是信心不足？'"这让张燕很感动："我来这里不是为了钱而挣钱，我是为了幸福和快乐而挣钱。"

在于东来的东来讲堂里，分享的大多是积极向上、成就幸福生活的主题。林海冲说，胖东来每个月都会进行2~3次的培训，培训的内容可能与零售有关，但大多数时候，可能是超出零售的，如爱情和婚姻。这些培训全方位展现出于东来本人的价值观，他觉得企业要想经营好，不能只解决具体的问题以求生存，还要教员工怎样做人，怎样做事，怎样规划自己的生活。

郑州大学商学院教授周阳敏从2006年开始调研胖东来，他把胖东来视为一个长期的观察目标，一直持续到现在。他认为胖东来之所以成功，与其企业文化有着重要关系。"胖东来对于员工的管理方法都是很朴实的。员工对于公司的维护，对于产品的质量的维护和把控，都是发自内心的。"

于东来也有一些对胖东来管理理念的阐释："真心成就别人，不要让你的团队背着包袱去做事，让团队轻松地去做经营，结果往往会非常好。"这是胖东来对员工好，让员工有尊严地工作的原因。没有了后顾之忧，没有了过多的欲望，员工就会踏踏实实、尽心尽力地做事，效率就高了。"我们一个人的工作效率可能要比这个行业高不止一倍，甚至更高，所以这样算下来人力资源的费用还是低的。"于东来坦言。

而除了文化上的关怀和周二闭店、假期多这些福利，胖东来真正留住员工的，还是相对较高的工资。据媒体报道，一名胖东来的前高管透露，胖东来的利润分配机制为"三三三"制，即每年的利润里，30%用于社会捐献，30%用于下一年的垫付成本，剩下30%按照级别分给所有员工。于东来深信提供给员工相对高的工资，以及额外的福利，例如超出一般社会标准的个人就医、买房补贴、额外假期等，既不会给商超这种强现金流业态造成过高的人力成本压力，又能给员工足够的关怀，让他们产生幸福感和归属感，以维持员工的稳定。

稳定的团队，稳定的服务质量，稳定的客群，以及强烈的社会责任感，这就是胖东来成为优秀企业的原因吧。

资料来源：邬宇琛. 周二不营业，员工年休假140天，神奇的胖东来为什么走不出河南？[EB/OL]. （2022-2-18）[2022-7-22]. https://baijiahao.baidu.com/s?id=1725063852597242605&wfr=spider&for=pc.

思考：

为什么胖东来能创造如此好的口碑和业绩？为什么胖东来的员工对企业有很高的忠诚度和归属感？

启示：

人力资源是企业最重要和最宝贵的资源，但人又是最难控制的因素。只有建立良好和谐的劳资关系，保障员工的权益，提高他们的满意度，才能如胖东来一样激发员工的工作热情，建设一支稳定且强有力的团队，保证企业目标的达成。

任务一　认识劳动关系

2015年4月，中共中央、国务院印发《关于构建和谐劳动关系的意见》，意见强调，劳动关系是生产关系的重要组成部分，是最基本、最重要的社会关系之一。劳动关系是否和谐，事关广大职工和企业的切身利益，事关经济发展与社会和谐。我国通过完善劳动关系各方面的立法，力争构建和谐的劳资关系。其中1995年1月1日实施的《中华人民共和国劳动法》（以下简称《劳动法》）以及2008年1月1日实施的《中华人民共和国劳动合同法》（以下简称《劳动合同法》）是我国调整劳动关系的基本法律，它们共同约束着劳资双方的劳动关系。

一、什么是劳动关系

劳动关系

（一）劳动关系的含义和特征

1. 劳动关系的含义

劳动关系是指用人单位和劳动者依法签订劳动合同而在双方之间形成的法律关系。劳动者必须加入用人单位，成为该单位的一员，并参加单位的生产劳动，遵守单位内部的劳动规则；而用人单位则必须按照劳动者的劳动数量或质量给付其报酬，提供工作条件，并不断改进劳动者的物质文化生活。

用人单位包括企业、个体经济组织、民办非企业单位、国家机关、事业单位、社会团体等。劳动者是指达到法定年龄、具备一定的劳动能力，能够从事某种社会劳动获取收入作为主要生活来源的自然人。

2. 劳动关系的特征

劳动关系具有以下特征：

（1）经济的依赖性。劳动者以劳动力交换企业的工资报酬，企业则将劳动者的劳动转换成产品与服务。

（2）主体的特定性。劳动关系的主体是特定的，只能一方是劳动者，另一方是提供生产资料的用人单位。

（3）法律地位的平等性。劳动者与用人单位都是劳动力市场的主体，双方都要遵循平等自愿、协商一致的原则来订立劳动合同，建立劳动关系。双方法律地位平等，均须履行各自的义务并享有权利。

（4）管理上的隶属性。劳动关系一经建立，劳动者就成为用人单位的雇员，用人单位就成为劳动力的支配者和管理者，劳动者必须听从用人单位的领导、命令和指挥，并要遵守用人单位内部的规章制度，这使得劳动关系具有隶属性。

根据劳动关系的定义和特征，可以得出以下判断双方是否建立劳动关系的标准：

（1）劳动者的劳动是一种附属性劳动，在劳动时间、持续长度、劳动地点、劳动成果等方面均受到雇主相关规则约束和管理。

（2）劳动过程中的主要劳动条件，如工具、设备、场所、材料等是由他人提供。

（3）所从事的劳动属于用人单位业务的组成部分。

（4）工作履行与工作绩效受到用人单位的控制和评价。

当然，判断劳动者是否与用人单位存在劳动关系，并不一定要求其符合上述所有的标准，但其中劳动的附属性或依附性是必须具备的特征。

（二）劳动法律关系的含义和构成要素

1. 劳动法律关系的含义

劳动法律关系是指劳动法律法规在调整劳动关系过程中所形成的雇员与雇主之间的权利和义务关系，即雇员与雇主在实现现实的劳动过程中所发生的权利和义务关系。显然，如果没有国家意志的干预，劳动关系就完全根据当事人双方的意志形成，是纯粹的双方行为。当劳动关系受到法律确认、调整和保护时，劳动关系也就不完全取决于劳动者和用人单位双方的意志。任何一方违反法律规范，都将承担法律责任。

劳动关系经劳动法律规范、调整和保护后，即转变为劳动法律关系，雇主和雇员双方有明确的权利和义务。这种受到国家法律规范、调整和保护的雇主和雇员之间以权利和义务为内容的劳动关系即劳动法律关系，它与劳动关系最主要的区别在于劳动法律关系体现了国家的意志。

2. 劳动法律关系的构成要素

构成劳动法律关系的三个要素分别为主体、内容和客体。

劳动法律关系的主体是指劳动法律关系双方当事人，即用人单位和劳动者。

劳动法律关系的内容是指主体依法享有的权利和承担的义务。根据《劳动法》的规定，劳动者享有的权利为平等就业和选择职业、获取劳动报酬、休息休假、获得劳动安全卫生保护、接受职业技能培训、享受社会保险和福利、提请劳动争议处理等权利；劳动者承担的义务为按质按量完成劳动任务、提高职业技能、执行劳动安全卫生规程、遵守劳动纪律和职业道德等。用人单位的权利为要求劳动者履行劳动义务、制定和完善规章制度、依法奖惩职工等；用人单位的义务为按时足额支付劳动报酬、提供教育培训、做好劳动保护等。

劳动法律关系的客体是指主体权利和义务所指向的对象，即劳动法律关系所要达到的目的和结果，如劳动报酬、保险福利、工作时间、休息休假、劳动安全卫生等。

（三）事实劳动关系

尽管《劳动法》和《劳动合同法》都明确规定，建立劳动关系时应当签订书面劳动合同，但在现实生活中，仍有一部分劳动关系没有依照这一法律规定建立，从而形成了事实劳动关系。事实劳动关系是指劳动者与用人单位之间并不存在书面的劳动合同，而存在事实上的用工关系。或者说劳动者与用人单位已经建立了劳动关系，但没有签订书面的劳动合同，或者签订的书面劳动合同无效的劳动关系即事实劳动关系。虽然事实劳动关系也受到法律的保护，但由于其复杂性、特殊性和隐匿性而使得劳动者维权较为困难。

事实劳动关系一般有以下几种情形。

1. 无书面劳动合同而形成的事实劳动关系

（1）用人单位自始至终都未与劳动者签订书面劳动合同。

（2）原劳动合同期满，用人单位与劳动者以口头形式或者行为表示继续劳动关系，而没有续签书面劳动合同。

无书面形式的劳动合同是导致事实劳动关系发生的最主要的原因。用人单位如果未与劳动者签订劳动合同，则认定双方存在劳动关系时可以参照下列证据：

（1）工资支付凭证或记录（职工工资发放花名册）、缴纳各项社会保险的记录。

（2）用人单位向劳动者发放的"工作证""服务证"等能够证明其身份的证件。

（3）劳动者填写的用人单位招工招聘"登记表""报名表"等招用记录。

（4）考勤记录。

（5）其他劳动者的证言等。

2. 无效劳动合同而形成的事实劳动关系

劳动合同构成要件或相关条款缺乏或者违法，事实上成为无效合同，但是双方依照这一合同规定已经建立的劳动关系。我国《劳动合同法》第二十六条规定以下三种情形的劳动合同无效：

（1）以欺诈、胁迫的手段或者乘人之危，使对方在违背真实意思的情况下订立或者变更劳动合同的。

（2）用人单位免除自己的法定责任、排除劳动者权利的。

（3）违反法律、行政法规强制性规定的。

无效的劳动合同自订立起就没有法律效力。对于因无效劳动合同而形成的事实劳动关系，《劳动合同法》第二十八条规定："劳动合同被确认无效，劳动者已付出劳动的，用人单位应当向劳动者支付劳动报酬。劳动报酬数额，参照本单位相同或者相近岗位劳动者的劳动报酬确定。"

下面通过一个案例来了解事实劳动关系的处理方法。

案例 8-1

没有签订书面劳动合同，双方是否建立了劳动关系

王某是某家具公司新招聘的一名女职工，岗位是行政助理，月薪 4000 元。王某入职后工作表现良好，但公司一直未与王某签订书面的劳动合同，也未给她缴纳社保。3 个月后的一天，王某在下班途中因他人违反交通规则而发生交通事故，导致小腿骨折。王某找到公司的老板要求认定工伤，但老板称，并没有与其签订劳动合同，双方没有建立劳动关系，不需承担责任，并告诉王某今后不用再来上班了。王某一气之下向劳动争议仲裁委员会申请仲裁。

那么请问：公司的做法合理吗？

解析：显然公司的做法是不对的，它应当向王某承担责任。这是因为，公司虽然没有与王某签订书面的劳动合同，但王某已经加入该公司，成为公司的一员，并参加公司的生产劳动，服从公司的管理。同时，公司也为其支付了劳动报酬。因此，王某提供了有偿的劳动，且与公司形成了从属关系，即使没有签订书面劳动合同，他们之间也已经形成了事实的劳动关系。根据《劳动法》规定，用人单位有义务为王某缴纳社保，公司没有给王某缴纳工伤保险，不影响王某的工伤认定，此时其相应的工伤待遇不由工伤保险基金支付，而应全部由家具公司承担。

资料来源：程延园，王甫希.劳动关系[M].5版.北京：中国人民大学出版社，2021：237.

二、特殊的劳动关系

（一）劳务关系

灵活用工管理

 案例 8-2

家庭保姆或钟点工等家政服务人员是否受《劳动合同法》保护

张丽今年 20 岁，2020 年 3 月通过老乡介绍，来到李某家做家政服务员，主要工作是做家务，并照顾 80 岁的老人。由于老人的生活理念与张丽不符，双方经常发生口角，张丽于 2020 年 6 月提出辞职，并且向李某要求支付 3 个月的工资。李某不但不支付工资，反而要求张丽赔偿自己的损失，因为 5 月中旬因张丽使用不当，导致李某家的家电损坏。张丽一气之下，向劳动仲裁部门申请仲裁。请同学们思考一下，张丽的主张是否能够得到支持呢？

解析： 由于作为雇主的李某是自然人，无法充当用人单位的角色，因此李某不符合劳动关系的主体要求。且张丽作为家政服务员，工作具有极强的自主性，所以双方建立的并不是劳动关系而是劳务关系，也就不在《劳动合同法》的调整范畴之内。双方应按照民事合同中的劳务合同进行赔偿处理。张丽也不应向劳动仲裁部门申请仲裁，而应向法院提起诉讼。李某应当支付张丽这 3 个月的劳务费用，张丽应当对因主观过错使用不当而给李某家造成的家电损失进行相应的赔偿。

资料来源：邹杨，荣振华.劳动合同法理论与实务[M].2版.大连：东北财经大学出版社，2012：20-21.

根据上述案例，我们会发现，劳动关系与劳务关系虽然只有一字之差，区别却非常大。

1. 劳务关系的含义和类型

劳务关系是指由两个或两个以上的平等主体通过劳务合同建立的一种民事权利义务关系，是劳动者与用工者根据口头或书面约定，由劳动者向用工者提供一次性或者特定劳动服务，用工者依约向劳动者支付劳务报酬的一种有偿服务法律关系。

常见的劳务关系主要有以下几种形式：

（1）发包承包方式。它是指用人单位将某项工程发包给某个人或某几个人，或者将某项临时性或一次性工作交给某个人或某几个人，双方订立劳务合同形成劳务关系。从事这类劳务的人员一般是自由职业者，因身兼数职，劳务人员多通过中介机构存放档案，个人缴纳社保，企业无须负责。

（2）劳务派遣方式。它是指用人单位向劳务输出公司提出所需人员的需求，由劳务输出公司向用人单位派遣劳务人员，双方订立劳务派遣合同，形成较为复杂的劳务关系。具体来说，用人单位与劳务输出公司是一种劳务关系，劳动者与劳务输出公司是一种劳动关系，而与其所服务的用人单位也是一种劳务关系。对这种劳务关系的情形，有人称为"租赁劳动力"。

（3）临时劳务方式。它是指企业中的待岗、下岗、内退、停薪留职人员，在外从事临时且有经济报酬的工作而与其他用人单位建立的劳务关系。由于劳务人员与原单位的劳动关系依然存在，所以与新的用人单位只能签订劳务合同，建立劳务关系。

（4）退休返聘方式。它是指已经办过离退休手续的离退休人员，又被用人单位聘用后，双方签订聘用合同。这种聘用关系现已明确为劳务关系。

2. 劳务关系与劳动关系的区别

（1）法律依据不同。劳动关系主要由《劳动法》和《劳动合同法》规范和调整，且建立劳动关系必须签订书面的劳动合同；劳务关系主要由《中华人民共和国民法典》（以下简称《民法典》）规范和调整，建立劳务关系的双方当事人是否要签订书面劳务合同，由当事人双方协商确定。

（2）主体不同。劳动关系的主体具有特定性，一方是符合法定条件的用人单位，另一方是符合劳动年龄且具有劳动能力的自然人；劳务关系的主体不具有特定性，当事人双方可以都是自然人，也可以都是用人单位，还可以是用人单位和自然人。法律法规对劳务关系主体的要求，不如对劳动关系主体要求得那么严格。

（3）隶属关系不同。在劳动关系中，用人单位与劳动者之间存在隶属关系，即劳动者加入该用人单位，成为用人单位的职工，接受用人单位的管理；而在劳务关系中，当事人之间不存在隶属关系，提供劳务的一方不是用工方的职工，双方当事人都有很强的自主性。如案例 8-2 中，家政服务员张丽不可能是李某的职工，两名当事人之间也不可能存在劳动关系。

（4）承担义务不同。劳动关系中用人单位必须按照法律法规和地方规章制度等为劳动者承担社会保险义务；劳务关系中用工方不存在必须承担劳务者社会保险的义务。另外，劳务关系中劳务者在提供劳务过程中受到损害的则根据不同情况区别对待；劳务者因工作对第三人构成侵害的，则由用工方承担责任；劳务者因提供劳务导致自身受到损害的，则根据双方当事人之间的过错来承担相应的责任。

（5）人事管理的不同。劳动关系中，用人单位对违规违纪的劳动者可以采取如降职、撤职和解除劳动关系等处分；劳务关系中，用工方虽然也有不再使用劳务者的权利，或者要求劳务者承担一定的经济责任，但不含用工方取消劳务者职工"身份"这一形式。

（6）报酬支付的不同。劳动关系中，用人单位要严格按照劳动法律法规对劳动者的劳动报酬、福利待遇等方面进行保障，以及承担相应的社会保险责任。在劳动报酬给付上要遵循按劳分配、同工同酬的原则，且要遵守当地有关最低工资标准的规定；劳务关系中，报酬的支付则完全由双方当事人根据权利和义务平等、公平等原则协商确定。

（二）劳务派遣

案例 8-3

劳务派遣工遭遇车祸，谁应该负责任

常某是某劳务派遣公司派遣至某食品公司的员工。2021 年 9 月常某在下班途中遭遇非自身原因导致的车祸，经工伤部门鉴定，认定为工伤 7 级。常某要求劳务派遣公司、食品公司向其支付工伤待遇。劳动派遣公司以社保应由食品公司缴纳、劳务派遣协议约定由食品公司支付工伤待遇为由拒绝了常某的要求。食品公司则认为常某是劳务派遣员工，与自己仅仅是劳务关系，也拒绝了常某的要求。于是，常某申请了劳动仲裁。

解析： 根据《劳动合同法》规定，劳务派遣公司属于用人单位，食品公司属于用工单位。被派遣员工发生工伤的，用人单位和用工单位都需要承担责任。这种连带责任是法律对于被派遣员工的一项特殊保护措施。

资料来源：程延园，王甫希.劳动关系[M]. 5 版. 北京：中国人民大学出版社，2021：247.

1. 劳务派遣的含义

所谓劳务派遣，又称人才派遣、人才租赁，是指劳务派遣单位与劳动者签订劳动合同，与用工单位签订劳务派遣协议，将劳动者派遣至用工单位从事约定的生产劳动的一种特殊用工形式。在劳务派遣中，劳动者与派遣单位之间签订劳动合同，形成劳动关系，但并不发生劳动力给付的事实；派遣单位与用工单位之间签订劳务派遣协议，形成劳务关系；劳动力给付事实发生在劳动者与用工单位之间，双方形成劳务关系。

劳务派遣以其灵活的用工模式弥补了传统用工模式的不足，适应了市场经济灵活用工需求。劳务派遣制度现已成为劳动力市场上用工方式的重要组成部分。

2. 劳务派遣单位与用工单位承担的义务

在劳务派遣中，用人单位需要承担的义务有：

（1）签订劳动合同的义务。由于全日制用工对劳动者来说，职业稳定性、安全性更高，因此也更有利于保护劳动者合法权益，为此，《中华人民共和国劳动合同法实施条例》（以下简称《劳动合同法实施条例》）第三十条明确规定："劳务派遣单位不得以非全日制用工形式招用被派遣劳动者。"同时，为更好地保护劳动者的权益，《劳动合同法》第五十八条规定，劳务派遣单位与被派遣劳动者之间只能签订固定期限劳动合同，而且劳动合同期限不得低于两年。

（2）告知劳动者的义务，即劳务派遣单位应当将劳务派遣协议内容告知被派遣劳动者。劳务派遣协议应当约定派遣岗位和人员数量、派遣期限、劳动报酬和社会保险费的数额与支付方式以及违反协议的责任。

（3）支付劳动报酬义务。实际使用劳动力的用工单位不直接支付报酬给劳动者，而是由劳务派遣单位转支付。但需要注意的是，即使用工单位没有依法向劳务派遣单位支付劳动报酬，劳务派遣单位也应当依法先行垫付，然后再追究用工单位的法律责任，即劳动者有权及时足额地获取劳动报酬。

（4）禁止向被派遣劳动者收取费用的义务。劳务派遣单位不是职业介绍的中介机构，不得向被派遣劳动者收取任何费用。

（5）承担连带赔偿责任的义务。在被派遣劳动者的合法权益受到损害时，如劳动者遭受工伤或被拖欠劳动报酬等，劳务派遣单位应当与用工单位承担连带赔偿责任。连带责任是指劳动者在主张权利时，既可以向劳务派遣单位主张，也可以向实际用工单位主张，还可以向两者同时主张。无论是向谁主张权利，劳务派遣单位和用工单位都不得拒绝。这在《劳动合同法》第九十二条中有明确的规定。

（6）保障被派遣劳动者参加或组织工会的义务。

（7）禁止自我派遣的义务。在实践中，有些用人单位自己成立劳务派遣单位，然后向本单位或所属单位派遣劳动者，企图利用劳务派遣的方式逃避用人单位应当承担的法定义务，使得劳动者由正式工变为派遣工，这无疑损害了劳动者的合法权益。对此，《劳动合同法》第六十七条明确规定："用人单位不得设立劳务派遣单位向本单位或者所属单位派遣劳动者。"此处的"用人单位不得设立劳务派遣单位"既包括用人单位自己出资设立的劳务派遣单位，也包括用人单位与其他企业、机构等设立的劳务派遣单位。

（8）依法解除、终止劳动合同时支付经济补偿金的义务。

（9）违法解除、终止劳动合同时支付赔偿金的义务。

用工单位所需承担的义务有：

（1）提供劳动条件和劳动保护的义务。

（2）确保被派遣劳动者同工同酬的义务。《劳动合同法》第六十三条规定："被派遣劳动者享有与用工单位的劳动者同工同酬的权利。用工单位应当按照同工同酬原则，对被派遣劳动者与本单位同类岗位的劳动者实行相同的劳动报酬分配办法。用工单位无同类岗位劳动者的，参照用工单位所在地相同或者相近岗位劳动者的劳动报酬确定。"工资支付的依据应该是工作岗位，而不是身份。同工同酬的规定可以形成公平、公正的劳动环境，具备合理性。

（3）支付加班费、绩效奖金，提供与工作岗位相关的福利待遇的义务。

（4）对被派遣劳动者进行工作岗位所必需的培训的义务。

（5）连续用工的实行正常的工资调整机制的义务。这也是被派遣劳动者同工同酬权利的要求和体现。

（6）禁止用工单位转派遣的义务。《劳动合同法》第六十二条明确规定："用工单位不得将被派遣劳动者再派遣到其他用人单位。"这主要是为了避免形成更为复杂的劳资关系，导致管理难度增加。

（三）非全日制用工

案例 8-4

劳动者与两个用人单位签订非全日制劳动合同的，发生冲突该如何处理

袁某 2018 年从某理工大学计算机专业毕业。毕业后袁某与霞飞公司签订了 3 年的劳动合同，担任网络游戏设计师，每天至少在公司工作 3 小时，但袁某每年至少要为公司设计 2 套游戏，并投入使用。此后，袁某又与茂源商务公司签订劳动合同，担任网络产品开发部经理，不需每天到公司报到，但每月须在公司进行业务指导 20 小时。后因茂源商务公司网络产品出现问题，袁某为了处理问题，导致其不能按约定到霞飞公司上班，年底也只开发出 1 套游戏。霞飞公司申请仲裁，要求袁某赔偿损失。

解析：《劳动合同法》第六十八条规定："非全日制用工，是指以小时计酬为主，劳动者在同一用人单位一般平均每日工作时间不超过四小时，每周工作时间累计不超过二十四小时的用工形式。"本案中，袁某与两家公司签订的劳动合同均属于非全日制用工的劳动合同，且都合法，具有法律效力。

根据《劳动合同法》第六十九条第二款规定："从事非全日制用工的劳动者可以与一个或者一个以上用人单位订立劳动合同；但是，后订立的劳动合同不得影响先订立的劳动合同的履行。"本案中，袁某与茂源商务公司之间后订立的劳动合同的履行已经实际影响到袁某与霞飞公司先订立的劳动合同的履行，显然损害了霞飞公司的利益，因此，袁某需要对霞飞公司承担赔偿责任，茂源商务公司承担连带责任。

资料来源：邹杨，荣振华.劳动合同法理论与实务[M]．2版．大连：东北财经大学出版社，2012：190-191．

1．非全日制用工的含义

非全日制用工是比全日制用工更灵活的一种用工形式。它是指以小时计酬为主，劳动者在同一用人单位一般平均每日工作时间不超过 4 小时，每周工作时间累计不超过 24 小时的用工形式。《劳动合同法》规定了非全日制用工的使用范围，非全日制用工只限于用人单位用工，不包括个人用工形式。个人的非全日制用工属于民事雇佣关系，受民事法律法规调整。用人单位与非全日制劳动者之间，建立的是劳动关系。

非全日制用工以形式灵活、便捷，能够同时适应用人单位灵活用工和劳动者自主择业的实际需要，而成为促进就业的重要途径。

2．非全日制用工的特征

非全日制用工具有以下特点：

（1）可以订立口头协议。为保证非全日制用工的灵活性，促进就业，《劳动合同法》允许双方既可以采用口头协议形式，也可采用书面形式。

（2）可以形成一个以上的劳动关系。非全日制就业人员在一家用人单位往往工作时间较短，获得的劳动报酬也非常有限，所以法律允许他们在多个用人单位任职，比较灵活。《劳动合同法》第六十九条第二款规定："从事非全日制用工的劳动者可以与一个或者一个以上用人单位订立劳动合同；但是，后订立的劳动合同不得影响先订立的劳动合同的履行。"

（3）不得约定试用期。

（4）解除合同限制少。《劳动合同法》第七十一条规定："非全日制用工双方当事人任何一方都可以随时通知对方终止用工。终止用工，用人单位不向劳动者支付经济补偿。"

（5）工资支付最长不超过 15 天。《劳动合同法》第七十二条规定："非全日制用工小时计酬标准不得低于用人单位所在地人民政府规定的最低小时工资标准。非全日制用工劳动报酬结算支付周期最长不得超过十五日。"即非全日制用工不得按月支付工资。

（6）除了工伤保险，其他社保自行缴纳。在非全日制用工中，用人单位只需为劳动者缴纳工伤保险，其他险种由劳动者自行缴纳。

学史明理

直通职场

任务实训

一、实训目的

1. 学会界定劳动关系和特殊劳动的关系。
2. 学会处理劳动关系中产生的冲突。

二、实训要求

1. 分组进行：每3~5人一组，选取一名组长。
2. 实训形式：情境演练。

三、实训内容

1. 情境内容

张某于2021年从某市中学正式退休。退休回家后，除了看电视无其他事情可做，于是他决定重新再找份工作。某日，张某在报纸上看到，某私立中学招聘教师，于是前去应聘。该私立中学对张某的各方面都很满意，于是双方签订了为期三年的劳动合同。张某上班第5个月，不小心从讲台上掉下来摔倒，导致骨折，为此，张某要求私立中学按工伤处理，并且支付其养病期间的劳动报酬。私立中学见张某骨折，就要求与张某解除合同，并且不赔偿张某的损失。双方争执不下，张某请求劳动仲裁委员会予以仲裁。请问：此案件该如何处理？

资料来源：邹杨，荣振华.劳动合同法理论与实务. [M]. 2版. 大连：东北财经大学出版社，2012：22.

2. 每组演练（时间在20~25分钟）

各组按照情境内容自行分配角色，对情境中的劳动争议进行处理。

四、总结分析

完成情境演练后，小组互评，教师点评。

任务二 劳动合同管理

劳动合同

劳动合同是劳动者与用人单位之间维系劳动关系的纽带，对促进劳动者和用人单位之间和谐稳定的劳动关系发挥着举足轻重的作用。对于用人单位而言，劳动合同是完成一定生产劳动过程的必要条件；对于劳动者而言，劳动合同是劳动者参与劳动过程、完成劳动任务并获取劳动报酬等权益的保障。

一、劳动合同的订立

（一）认识劳动合同

案例 8-5

未签书面劳动合同试用期内被辞退，该怎么办

王向南于 2021 年 3 月 1 日应聘到一家家具企业做销售工作，单位告诉他试用期三个月，试用期内每月的工资为 3200 元，试用期满后每月的工资为 4000 元，没有其他约定，也没有和王向南签订书面的劳动合同。三个月后，单位告诉王向南因其工作表现不佳，不符合录用条件，决定辞退他。王向南很气愤，他认为自己在试用期内工作非常努力，而且销售额也一直较高，不能算作工作表现不佳，因此不接受辞退的决定，双方产生争议。那么王向南该如何维护自己的合法权益呢？

解析：根据《劳动合同法》第十条规定："建立劳动关系，应当订立书面劳动合同。已建立劳动关系，未同时订立书面劳动合同的，应当自用工之日起一个月内订立书面劳动合同。"根据《劳动合同法》第八十二条第一款规定："用人单位自用工之日起超过一个月不满一年未与劳动者订立书面劳动合同的，应当向劳动者每月支付二倍的工资。"因此，本案中，家具公司应当在 2021 年 4 月 1 日之前同王向南签订书面合同，否则就要支付 2 倍的工资。根据《劳动合同法》第十九条第四款规定，试用期包含在劳动合同期限内。劳动合同仅约定试用期的，试用期不成立，改期限为劳动合同期限。因此家具公司与王向南约定的试用期是无效的，在此情况下，公司无权以王向南在试用期内表现不佳为由而将其辞退，公司辞退王向南是一种违法行为。根据《劳动合同法》第八十七条规定："用人单位违反本法规定解除或者终止劳动合同的，应当依照本法第四十七条规定的经济补偿标准的二倍向劳动者支付赔偿金。"因此，王向南有权要求家具公司支付一个月的工资作为赔偿。

1. 劳动合同的含义

劳动合同又称"劳动契约"或"劳动协议"，是劳动者与用人单位之间确立劳动关系、明确双方权利和义务的书面协议。

2. 劳动合同的类型

劳动合同根据其期限可以分为三种：固定期限劳动合同、无固定期限劳动合同和以完成一定工作任务为期限的劳动合同。

（1）固定期限劳动合同，是指用人单位与劳动者约定合同终止时间的劳动合同。固定期限劳动合同必须对劳动合同履行的起始时间和终止时间有具体明确的规定。合同期限届满，双方当事人的劳动关系即行终止。如果双方同意，还可以续订合同，延长期限。

（2）无固定期限劳动合同，是指用人单位与劳动者约定无确定终止时间的劳动合同。无固定期限劳动合同一经签订，双方就建立了一种相对稳固和长远的劳动关系，只要不出现法律规定的条件，劳动合同就不能解除。与固定期限劳动合同相比，无固定期限劳动合同更有利于保护劳动者的权益，更有利于保护劳动者就业稳定；对于用人单位而言，有利于建立稳定的人力资源队伍，对于用人单位生产经营具有积极作用。

《劳动合同法》第十四条规定:"有下列情形之一,劳动者提出或者同意续订、订立劳动合同的,除劳动者提出订立固定期限劳动合同外,应当订立无固定期限劳动合同:(一)劳动者在该用人单位连续工作满十年的;(二)用人单位初次实行劳动合同制度或者国有企业改制重新订立劳动合同时,劳动者在该用人单位连续工作满十年且距法定退休年龄不足十年的;(三)连续订立二次固定期限劳动合同,且劳动者没有本法第三十九条和第四十条第一项、第二项规定的情形,续订劳动合同的。"

只要出现上述三种情形,在劳动者主动提出续订劳动合同,或者用人单位提出续订劳动合同且劳动者同意的情况下,就应当订立无固定期限劳动合同。此时,劳动者的意志和选择优先于用人单位的意志和选择,续订劳动合同意愿的主动权掌握在劳动者手中,无论用人单位是否同意续订劳动合同,只要劳动者提出,用人单位就必须同意续订,而且是订立无固定期限劳动合同。当然,用人单位提出续订劳动合同,劳动者也有权不同意。

案例 8-6

无固定期限劳动合同是"铁饭碗"吗

小张和老王是某家具厂的职工。一天,厂里安排小张和老王值夜班。小张和老王到车间转了一圈,认为没什么事,就回到值班室打牌。不巧,厂领导从此经过发现二人值班时间玩牌,按照厂里的规章制度,值班时间玩牌属严重违纪行为,完全可以解除劳动合同。于是,第二天单位分别书面通知小张和老王解除劳动合同。老王不服,找单位理论:"小张是固定期限劳动合同可以解除,我是无固定期限劳动合同凭什么也要解除呢?"那么,你觉得老王的理由合理吗?说说原因。

解析:显然,老王的理由当然不成立。无固定期限劳动合同是指没有约定终止日期的劳动合同,即用人单位不能以"合同到期届满"为由,终止劳动合同。但是,在出现法律规定的情形时,可以解除无固定期限劳动合同,这与解除固定期限劳动合同的条件完全一致。案例中,老王值班时玩牌属于严重违纪行为,符合《劳动合同法》第三十九条第二款的情形,即劳动者严重违反用人单位的规章制度,用人单位可以与劳动者解除劳动合同。所以,无固定期限劳动合同并不是"铁饭碗",在出现法律规定的情形时,一样可以予以解除和终止。

(3)以完成一定工作任务为期限的劳动合同,是指用人单位与劳动者约定以某项工作的完成为合同期限的劳动合同。实际上这类合同也属于一种固定期限的劳动合同,只不过与固定期限劳动合同相比,其终止时间的表现形式不同而已。订立这类合同,有利于用人单位根据需要安排劳动力,也为发挥劳动者的专长和志趣提供了便利。

3. 劳动合同的内容

必备条款,又称法定条款,它是劳动合同必须具备的条款。若不具备法定条款的,劳动合同不能成立。法定条款包括:

(1)用人单位的名称、住址和法定代表或者主要负责人。

(2)劳动者的姓名、住址和居民身份证或者其他有效身份证件号码。

(3)劳动合同期限。

（4）工作内容和工作地点。

（5）工作时间和休息休假。我国现行的工时制度规定，劳动者每天劳动时间不超过 8 小时，每周劳动时间不超过 40 小时，延长劳动时间一般每天不超过 1 小时，最长不超过 3 小时，每月累计延长劳动时间不超过 36 小时。每周必须安排一天的休息时间。按照《劳动法》的规定，延长劳动时间需要向劳动者支付不低于原工资标准 150%的报酬，休息日加班又不能安排补休的向劳动者支付不低于原工资标准 200%的报酬，法定假日劳动向劳动者支付不低于原工资标准 300%的报酬。

案例 8-7

"自愿加班"不需要支付加班费吗

严桐在成大贸易公司就职，作为办公室文秘，负责外文翻译和打印工作。由于公司对外业务繁忙，外来函件和文稿较多，因此严桐一天也不得闲，而且常常在即将下班的时候，接到一些需要立刻处理的外来函件与文稿，甚至有时候在周末也不得不到公司加班，处理完上述事务，以备公司领导在周一的例会上使用。然而，当严桐向公司提出支付加班费时，公司领导却说："公司并未安排你加班，你加班是自愿行为，当然没有加班费。"严桐对此不服，到劳动仲裁委员会申请仲裁。那么，公司需要支付加班费吗？

解析：《劳动合同法》第三十一条规定："用人单位应当严格执行劳动定额标准，不得强迫或者变相强迫劳动者加班。用人单位安排加班的，应当按照国家有关规定向劳动者支付加班费。"本案中，公司对外业务繁忙，外来函件与文稿较多，严桐在法定的 8 小时工作时间内根本完成不了这些工作量，不得已选择加班。这正是公司制定了过高的劳动定额标准，变相迫使严桐加班。在此情况下，严桐的"主动"或"自愿"行为，非其本意，实为公司变相强迫劳动者加班而使然。因此，公司需要支付给严桐相应的加班费。

资料来源：邹杨，荣振华.劳动合同法理论与实务[M]．2 版．大连：东北财经大学出版社，2012：94.

（6）劳动报酬。劳动报酬由当事人双方协商确定，且不得低于当地最低工资标准，不得低于用人单位集体合同规定的标准。

（7）社会保险。社会保险具有强制性，用人单位必须无条件承担职工社会保险义务。用人单位在养老保险、医疗保险、失业保险中承担主要缴费义务；在工伤保险、生育保险中承担全部缴费义务。

（8）劳动保护、劳动条件和职业危害防护。劳动保护是国家和单位为保护劳动者在劳动生产过程中的安全和健康所采取的立法、组织和技术措施的总称。劳动条件是指劳动者在劳动过程中所必需的物质设备条件。职业危害防护是指为预防、控制和消除职业病危害，防治职业病，保护劳动者健康及其相关权益提供的防护措施。

（9）法律法规规定应当纳入劳动合同的其他事项。

约定条款，又称补充条款，是双方当事人根据具体情况，经协商可以约定的条款。

（1）试用期。根据《劳动合同法》第十九条的规定，劳动合同期限 3 个月以上不满 1 年的，试用期不得超过 1 个月；劳动合同期限 1 年以上不满 3 年的，试用期不得超过 2 个月；3 年以上固定期限和无固定期限的劳动合同,试用期不得超过 6 个月。同一用人单位与同一劳动者只能约定一次试用期。以完成一定工作任务为期限的劳动合同或者劳动合同期限不满 3 个月的,不得约定试用期。试用期包含在劳动合同期限内。劳动合同仅约定试用期的,试用期不成立,该期限为劳动合同期限。根据《劳动合同法》第二十条规定,劳动者在试用期的工资不得低于本单位相同岗位最低档工资或者劳动合同约定工资的 80%,并不得低于用人单位所在地的最低工资标准。根据《劳动合同法》第二十一条规定,在试用期中,除劳动者有本法第三十九条和第四十条第一项、第二项规定的情形外,用人单位不得解除劳动合同。用人单位在试用期解除劳动合同的,应当向劳动者说明理由。

案例 8-8

试用期刚过一天,能否以不符合试用期录用条件为由解除劳动合同

关于试用期

王某于 2021 年 1 月 21 日进入某公司,签订了为期三年的劳动合同,并约定试用期至 2021 年 4 月 20 日止。2011 年 4 月 15 日,鉴于王某的试用期即将届满,经公司人力资源部与用人部门沟通,王某明显不符合录用条件,因此用人部门提出了解除劳动合同的建议。按公司规定,解除员工劳动合同,需经人力资源部核实并报公司分管人力资源工作的副总经理批准,但当时还在外地出差的副总答复等回公司上班后再行处理。2021 年 4 月 21 日,该副总回公司上班并批准了解除王某劳动合同的申请。王某却认为自己试用期已经过了,不同意解除理由,申请仲裁。

解析:根据《劳动合同法》第三十九条规定,劳动者在试用期间被证明不符合录用条件的,用人单位可以解除劳动合同。但在本案中,王某的试用期已经过了一天,那么此时,公司就不能以试用期内不符合录用条件为由解除劳动合同了,否则就属于违法行为。在实践中,企业要注意,因试用期届满,即便企业未与员工办理转正手续,但事实上员工已属于转正状态,那么企业则不能以试用期不符合录用条件为由解除劳动合同。另外,即使劳动者在试用期内"不符合录用条件",还需用人单位承担举证责任,有了充分确切的证据证明,才可以解除,而不能毫无理由和凭证就解除劳动合同。

资料来源:潘辉.HR 劳动关系经典管理案例[M].北京:中国法制出版社,2019:74-75.

(2)培训。培训协议是指企业为劳动者提供专项培训费用,对其进行专业技术培训时,双方约定的有关培训费用、服务期限、违约金及违约金支付等内容的合同。它主要防止劳动者接受用人单位出资培训后提前结束服务期,而给用人单位带来较大损失。培训协议有利于保护用人单位利益,防止核心员工随意跳槽。但是如果用人单位为新招聘的员工进行岗前培训、安全教育培训、一般技能培训以及转岗培训等情况下,虽然用人单位也要支付培训费用,但这些都是用人单位的法定义务,不是针对个别劳动者的专项培训费用,故不能与劳动者约定服务期。

《劳动合同法》第二十二条规定:"用人单位为劳动者提供专项培训费用,对其进行专业技术培训的,可以与该劳动者订立协议,约定服务期。劳动者违反服务期约定的,应当按照约定向用人单位支付违约金。违约金的数额不得超过用人单位提供的培训费用。用人单位要求劳动者支付的违约金不得超过服务期尚未履行部分所应分摊的培训费用。用人单位与劳动者约定服务期的,不影响按照正常的工资调整机制提高劳动者在服务期期间的劳动报酬。"

（3）保守商业秘密。商业秘密是指不为民众所知悉，能为权利人带来经济利益，具有实用性并经权利人采取保密措施的技术信息和经营信息，如生产工艺配方、工艺流程、技术诀窍、设计图纸等技术信息，管理方法、产销策略、客户名单、货源信息等经营信息。商业秘密对企业发展至关重要，它关乎企业的竞争力和生产优势，有的甚至直接影响到企业的生存。因此有必要事先与涉及本单位商业秘密的劳动者约定保守商业秘密的义务，防止给用人单位造成巨大损失。

《劳动合同法》第二十三条规定："用人单位与劳动者可以在劳动合同中约定保守用人单位的商业秘密和与知识产权相关的保密事项。对负有保密义务的劳动者，用人单位可以在劳动合同或者保密协议中与劳动者约定竞业限制条款，并约定在解除或者终止劳动合同后，在竞业限制期限内按月给予劳动者经济补偿。劳动者违反竞业限制约定的，应当按照约定向用人单位支付违约金。"

竞业限制，又称竞业禁止。竞业限制的人员限于用人单位高级管理人员、高级技术人员和其他负有保密义务的人员。它是指这些人员在解除或终止劳动合同后，不得到与本单位生产或经营同类产品、从事同类业务的具有竞争关系的用人单位工作；也不得自营或同他人经营同类产品，开展同类业务。竞业禁止的期限不得超过 2 年。

案例 8-9

用人单位未支付竞业限制经济补偿，劳动者是否需要承担竞业限制违约责任

2013 年 7 月，乐某入职某银行，在贸易金融事业部担任客户经理。该银行与乐某签订了为期 8 年的劳动合同，明确其年薪为 100 万元。该劳动合同约定了保密与竞业限制条款，约定乐某须遵守竞业限制协议约定，即离职后不能在诸如银行、保险、证券等金融行业从事相关工作，竞业限制期限为 2 年。同时，双方还约定了乐某若严重违反规章制度而与乐某解除劳动合同，但一直未支付乐某竞业限制经济补偿。2019 年 2 月，乐某入职当地另一家银行依旧从事客户经理工作。2019 年 9 月，原银行向仲裁委员会申请仲裁。请求裁决乐某支付违反竞业限制义务违约金 200 万元并继续履行竞业限制协议。

解析： 本案中，双方当事人在劳动合同中约定了竞业限制条款，劳动合同解除后，竞业限制约定对于双方当事人发挥约束力。根据《最高人民法院关于审理劳动争议案件适用法律问题的解释（一）》第三十八条规定：当事人在劳动合同或者保密协议中约定了竞业限制和经济补偿，劳动合同解除或终止后，因用人单位的原因导致三个月未支付经济补偿，劳动者请求解除竞业限制约定的，人民法院应予以支持。在本案中，银行在竞业限制协议履行期间长达 11 个月未向乐某支付经济补偿，造成乐某遵守竞业限制约定却得不到相应补偿的后果。根据公平原则，因用人单位原因未支付经济补偿达三个月，劳动者此后实施了竞业限制行为的，应视为劳动者以其行为提出解除竞业限制约定，用人单位要求劳动者承担违反竞业限制违约责任的不予支持，故依法驳回原银行的仲裁请求。

资料来源：税屋. 人社部函[2020]62 号 人力资源社会保障部 最高人民法院关于联合发布第一批劳动人事争议典型案例的通知[EB/OL].（2020-07-10）[2023-03-22]. https://www.shui5.cn/article/2b/138175.html.

（4）补充保险和福利待遇。用人单位和劳动者除了应当参加社会保险，还可以协商约定补充医疗、补充养老、企业年金和人身意外伤害等保险条款。补充保险的建立以用人单位的经济承受能力而定，由其自愿实行，国家不做强制的统一规定。福利待遇包括住房补贴、通信补贴、交通补贴、子女教育等。

（二）建立劳动关系

案例 8-10

公司发出录用通知函（offer）后可以反悔吗

张某是上海某公司的设计经理，最近北京有家公司在招聘设计总监岗位，其经过面试后拿到了该公司发出的正式录用通知函，并约定了入职时间。张某为此辞掉了现在的工作，然后准备去报到。后其刚到北京，还未报到，公司就通知其撤回录用通知函，原因是该职位已经有了更合适的人员。张某大为恼火，向劳动仲裁委员会提起仲裁，要求北京公司履行与自己的劳动合同。

后经劳动仲裁裁定，北京这家公司赔偿张某再就业期间各项损失一万余元。

解析：企业向员工发放录用通知函，其实是一种要约法律行为，对企业和员工双方进行约束。然而，录用通知函本身不是劳动合同，在一般情况下，双方会另行签订劳动合同。如果双方在条款上产生矛盾，那么劳动合同将取代录用通知函来规范劳动关系当事人。由于录用通知函的本质仅是双方达成聘用意向，在很多情况下，聘用双方会在条款中具体明确员工的录用或入职日期，因此录用通知函虽然成立了，但是在约定的录用日期之前企业与员工的劳动关系还没有形成。那么在此情况下，录用通知函的效力受到《民法典》的调整，企业单方面解除合同在法律上称为违约。如果员工证明其因为企业的违约行为遭受损失，那么企业就应该对该损失承担赔偿责任。

如果企业在发送录用通知函后，员工即履行劳动义务，或者员工能够举证劳动关系的各项权利义务已经运行，那么双方实际上就已经建立劳动关系。企业这时撤销录用就直接成为解除劳动合同的法律行为，这时该行为受《劳动合同法》调整，如果用人单位违反《劳动合同法》随意解除劳动合同，就属于违法行为。

案例中的张某虽然接受了北京公司的录用通知函，但还没有开始履行劳动义务，也就是说双方的劳动关系还没有建立，那么此时，公司取消录用相当于单方面解除合同，属于《民法典》中的违约行为，公司要据此赔偿张某再就业的损失。

资料来源：潘辉. HR 劳动关系经典管理案例[M]. 北京：中国法制出版社，2019：23-24.

1. 劳动关系建立的标志

劳动关系建立又称劳动关系的产生或者发生，是指劳动者与用人单位依法确立劳动关系，从而产生权利和义务。《劳动合同法》第七条规定："用人单位自用工之日起即与劳动者建立劳动关系。用人单位应当建立职工名册备查。"这就是说，从劳动者到用人单位工作的第一天起，或者从用人单位开始使用劳动者劳动的第一天起，无论双方是否订立书面劳动合同，劳动关系都建立了。

在现实操作中，一般会出现一个误区，那就是认为劳动合同的订立就代表着劳动关系的建立，这实际上是错误的。因此，有必要区分劳动关系建立与劳动合同订立的关系：

（1）两者同时产生。如果劳动关系建立之日，即劳动者到用人单位工作之日，劳动合同也于当天一起订立，那么劳动关系建立和劳动合同订立是同一天。

（2）劳动合同订立在前，劳动关系建立在后。如果双方当事人先签订了劳动合同，过了一段时间后，用人单位才开始用工，那么劳动关系建立和劳动合同订立的时间就不一致，劳动关系建立是劳动者实际上岗那天。

（3）劳动关系建立在前，劳动合同订立在后。如果劳动者先到用人单位工作，经过一段时间后，用人单位才与劳动者签订合同，那么劳动关系建立和劳动合同订立的时间也出现不一致，劳动关系建立仍然是劳动者实际上岗那天，而不是劳动合同订立那天。此时，从用人单位实际用工至正式签订劳动合同这一段时期，双方构成了事实劳动关系。

因此，无论是上述哪种情况，劳动关系建立的标志都是用工之日，而非签订劳动合同之日。确定建立劳动关系的时间起点意义重大，从双方建立劳动关系时起，双方才开始享有各自的权利，履行各自的义务。建立劳动关系之日，也是开始计算劳动者工资、劳动者在本单位工作年限之日。

2．劳动合同订立的要求

《劳动合同法》第十条规定："建立劳动关系，应当订立书面劳动合同。已建立劳动关系，未同时订立书面劳动合同的，应当自用工之日起一个月内订立书面劳动合同。"《劳动合同法》第八十二条规定："用人单位自用工之日起超过一个月不满一年未与劳动者订立书面劳动合同的，应当向劳动者每月支付二倍的工资。"此条规定约定了用人单位不依法订立劳动合同的法律责任。《劳动合同法》第十四条规定："用人单位自用工之日起满一年不与劳动者订立书面劳动合同的，视为用人单位与劳动者已订立无固定期限劳动合同。"

在某些情况下，是劳动者故意拖延不签订劳动合同，想以此获取双倍报酬。对于此种情况，《劳动合同法实施条例》第五条规定："自用工之日起一个月内，经用人单位书面通知后，劳动者不与用人单位订立书面劳动合同的，用人单位应当书面通知劳动者终止劳动关系，无需向劳动者支付经济补偿，但是应当依法向劳动者支付其实际工作时间的劳动报酬。"

订立书面的劳动合同，在劳动关系存续期间，将双方当事人的权利和义务以书面形式固定下来，有利于保护双方的利益。同时，在遇到劳动争议时，这也是重要的法律凭证。

（三）劳动合同无效

1．无效劳动合同的含义

无效的劳动合同，是指当事人所订立的劳动合同不符合法律法规规定，或缺少有效要件，导致全部或部分不具有法律效力的劳动合同。无效劳动合同不能发生当事人预期的法律后果，造成劳动合同无效的责任者还应承担相应的法律责任。无效劳动合同自订立起就不具有法律效力。

《劳动合同法》第二十六条规定了劳动合同无效或部分无效的情形：

（1）"以欺诈、胁迫的手段或者乘人之危，使对方在违背真实意思的情况下订立或者变更劳动合同的。"欺诈是指当事人一方故意隐瞒真实情况或有意制造假象欺骗对方，致使另一方上当受骗，造成与实际情况不符的认识和判断而与之订立或变更劳动合同的行为。胁迫是指以给自然人及其亲友的生命健康、荣誉、名誉、财产等造成损害或者以给法人、其他组织的名誉、荣誉、财产等造成损害为要挟，迫使对方做出违背真实的意思表示而与之订立或变更劳动合同的行为。乘人之危是指一方乘另一方处于危难境地，强迫对方接受不公平的条件，违背真实的意思表示而与之订立或变更劳动合同的行为。

（2）"用人单位免除自己的法定责任、排除劳动者权利的。"这是指用人单位在劳动合同中通过约定不承担法定的义务来企图逃避对于劳动者的法定责任，如不给劳动者缴纳社保、不提供劳动保护、要求员工接受低于最低工资标准的劳动报酬、工伤概不负责等。

（3）"违反法律、行政法规强制性规定的。"包括劳动合同的主体、内容、形式和订立程序等违反法律法规的强制性规定。如招用童工、要求女职工在合同期间内不得结婚生子、双方当事人未经协商或者未经批准采取特殊工时制度等。

2. 无效劳动合同的法律后果

无效劳动合同的确认须由法律规定的专门机关进行，其他任何组织和个人都无权进行。《劳动合同法》第二十六条第二款规定："对劳动合同的无效或部分无效有争议的，由劳动争议仲裁机构或者人民法院确认。"据此，劳动合同无效的确认机关有两个，即劳动争议仲裁委员会和人民法院。

劳动合同被确认无效的，自订立之日起就不具有法律效力。劳动合同部分无效的，不影响其他部分效力的，其他部分仍然有效。

由于劳动者的劳动一旦付出，便不具有返还性，无法产生《劳动合同法》第五十八条规定的返还原物的效果，因此劳动合同被确认无效后，双方当事人还应当承担以下法律后果：

（1）根据《劳动合同法》第二十八条规定："劳动合同被确认无效，劳动者已付出劳动的，用人单位应当向劳动者支付劳动报酬。劳动报酬的数额，参照本单位相同或者相近岗位劳动者的劳动报酬确定。"即虽然劳动合同无效，不具备法律效力，但劳动者依然有权获得劳动所得的报酬。

（2）根据《劳动合同法》第八十六条规定："劳动合同依照本法第二十六条规定被确认无效，给对方造成损害的，有过错的一方应当承担赔偿责任。"

案例 8-11

女员工隐瞒怀孕入职，劳动合同是否无效

2014年8月，应聘某公司行政文员时，A在应聘申请表上的家庭状况中的"子女""是否怀孕"后填写了"无"。该表下面还有一行字：如果上述填写的个人信息存在虚假情况，公司可以立即解除劳动合同，不承担任何法律责任。A签字表示同意。A经过初试、复试，被公司录用为行政文员并签订劳动合同。A入职一个月后忽然请假去医院产检，公司诧异，调查后得知：A应聘时已经怀孕三个月，且应聘前已在妇产医院做过检查。

公司认为：A在应聘时已知自己怀孕，系故意隐瞒怀孕事实，并以A入职时存在欺诈为由而解除了与A的劳动合同。A认为：自己处于孕期，公司不能解除自己的劳动合同。双方因此引发争议，后A申请劳动仲裁，主张公司违法解除劳动合同，要求恢复劳动关系并赔偿损失。

解析：根据《劳动合同法》第二十六规定，以欺诈、胁迫的手段或者乘人之危，使对方在违背真实意思的情况下订立或者变更劳动合同的，劳动合同无效。本案中A入职时，故意向公司隐瞒自己怀孕的信息，且承诺自己所填的个人信息真实。因此公司以A存在欺诈为由而认定劳动合同无效并要求解除劳动合同似乎并无不妥。但是，应聘者入职时隐瞒相关信息是否属于欺诈，要具体问题具体分析：

第一，企业有权了解应聘者与劳动合同直接相关的基本信息，这一般包括应聘者的技能、工作经历、学历等。如应聘者谎报或伪造学历或工作经历等与岗位密切相关的信息，则可视为员工以欺诈手段与企业签订劳动合同，此时，劳动合同可认为是无效的。

第二，如果企业招聘的岗位属于孕妇禁忌岗或不适合孕妇从事的岗位，且企业已告知岗位性质的前提下，则女性应聘者应该按企业要求如实说明是否怀孕。否则，应聘者隐瞒怀孕事实办理入职，则企业日后按上述做法解除劳动合同亦符合法律规定。

第三，若企业招聘岗并非属于孕妇禁忌岗位或者不属于不适合孕妇从事的岗位，则女性应聘者是否怀孕，属于其个人隐私范围，应聘者有权不予提供或不予告知相关信息。虽然这种隐瞒是不诚信的行为，但也只能对其进行道德上的评价，而不能对其进行法律上的欺诈处理，换言之，隐瞒怀孕入职并不必然导致劳动合同无效。

本案中，A 应聘的是行政文员，并非属于孕妇禁忌岗位或不适合孕妇从事的岗位，A 应聘和办理入职时隐瞒怀孕事实不足以构成公司合法解除劳动合同的理由，因此公司的解除劳动合同属于违法解除。

资料来源：潘辉. HR 劳动关系经典管理案例编著[M]. 北京：中国法制出版社，2019：36-38.

二、劳动合同的履行和变更

（一）劳动合同的履行

1. 劳动合同履行的含义及原则

劳动合同履行，是指劳动合同双方当事人按照合同的约定完成各自义务和实现各自权利的法律行为。劳动合同的履行是实现劳动合同目的和价值之所在，只有劳动合同依法履行，劳动合同当事人双方的权利才能得以实现，因此劳动合同履行是劳动合同制度中非常重要和最具有实际意义的内容。

劳动合同履行需要遵循的原则有：

（1）全面履行原则。指劳动合同当事人双方除了按照劳动合同规定的义务履行，还要按照劳动合同规定的时间、地点、方式，按质按量履行全部义务。

（2）亲自履行原则。这是由劳动本身的特点决定的，也是保证劳动关系严肃性和稳定性的需要。劳动合同是特定人之间的合同，即用人单位与劳动者之间签订的劳动合同，它必须由劳动合同明确规定的当事人来履行，劳动合同的双方当事人也有责任履行劳动合同规定的义务，不允许当事人以外的其他人代替履行。

（3）实际履行原则。即除了法律和劳动合同另有规定或者客观上已不能履行的，当事人要按照劳动的规定完成义务，不能用完成别的义务来代替劳动合同约定的义务。例如，用人单位不得以实物来代替货币给劳动者支付工资。

（4）协作履行原则。即劳动合同的双方当事人在履行劳动合同的过程中，有互相协作、共同完成劳动合同规定的义务，任何一方当事人在履行劳动合同遇到困难时，他方都应该在法律允许的范围内，尽力给予帮助，以便双方尽可能地全面履行劳动合同。

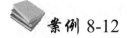

案例 8-12

请人替班行为能否导致解除劳动合同

许友诚系某国有汽车修理厂工人。由于企业效益欠佳，许友诚便在外搞起了第二职业，开始不认真上班，经常到厂里报到完就走。厂领导考虑汽车修理厂不景气，工作也不多，对此是睁一只眼闭一只眼。2021年新厂长上任，对企业进行全方面的改革，并加强了对员工的管理。对此，许友诚开始找人替班，为此厂人事部门还积极与许友诚进行了沟通，要求其亲自上班。但是，许友诚仍是我行我素，不予理睬。鉴于此，2021年年底，厂人事部解除了与许友诚之间的劳动合同。对此，许友诚不服，声称："厂里交给我的任务，我都完成了，凭什么解除我的劳动合同，我非要个说法不可。"于是，许友诚向当地劳动争议仲裁委员会申请仲裁。请问：本案该如何处理呢？

解析： 劳动关系是一种特定主体之间的关系，具有一定的人身依附性，须由当事人自己亲自完成劳动合同义务，即劳动合同履行须遵守亲自履行原则。一般来说，劳动者因特定原因无法上班而临时找人替班，且这种替班在征得用人单位的同意之后，是没有问题的。但在本案中，许友诚为了搞副业，每次都找人替班，且这种找人替班的行为没有征求用人单位的同意，虽然任务是完成了，但是违反了亲自履行的原则，因而厂里有权以劳动者违反劳动合同约定的义务为由解除其劳动合同。

资料来源：邹杨，荣振华.劳动合同法理论与实务[M]. 2版. 大连：东北财经大学出版社，2012：92.

2. 劳动合同履行的要求

（1）用人单位应向劳动者及时足额支付劳动报酬。用人单位拖欠或者未足额支付劳动报酬的，劳动者可以依法向当地人民法院申请支付令，人民法院应当依法发出支付令。

（2）用人单位应当严格执行劳动定额标准，不得强迫或变相强迫劳动者加班。

（3）劳动者拒绝用人单位管理人员违章指挥、强令冒险作业的，不视为违反劳动合同。劳动者对危害生命安全和身体健康的劳动条件，有权对用人单位提出批评、检举和控告。

（4）用人单位变更名称、法定代表人、主要负责人或者投资人等事项，不影响劳动合同的履行。

（5）用人单位发生合并或者分立情况的，原劳动合同继续有效，劳动合同由继承其权利和义务的用人单位继续履行。

案例 8-13

公司被收购，原劳动合同是否可以继续履行

A公司是内蒙古一家全国知名的乳业公司，而B公司是北京市郊的一家乳品公司。因国内乳品行业竞争激烈，像B公司这样不知名的小公司很难生存，A公司看好B公司的奶源基地优势，决定收购B公司，2020年1月10日A公司与B公司达成协议。A公司收购完成后，原B公司的20多名工人找

到 A 公司说：我们都签了五年的劳动合同，合同均未到期，要求安排工作，补发工资。A 公司认为：你们既然是 B 公司的工人，就应找 B 公司解决，在收购协议里 B 公司并没有说还有 20 多名工人，我们没义务接收你们。原 B 公司的 20 多名工人说：B 公司的负责人已经拿转让款走人了，我们只能找你。

那么 A 公司收购 B 公司后，劳动者与 B 公司签订的劳动合同是否继续履行？A 公司有没有义务安置这 20 多名工人呢？

解析：在本案中，B 公司对于 20 多名员工并未进行安置，也未明确告知 A 公司在册人员情况，A 公司对此问题也未尽职调查。在 A 公司与 B 公司没有明确约定的情况下，只能按照法律规定处理。根据《劳动合同法》第三十四条规定："用人单位发生合并或者分立等情况，原劳动合同继续有效，劳动合同由继承其权利和义务的用人单位继续履行。"案例中，A 公司收购了 B 公司，也就是说，它继承了 B 公司所有的权利和义务。那么原来与 B 公司签订的劳动合同继续有效，A 公司有义务接收这 20 多名工人。现实生活中，为了避免风险，公司在收购其他公司前要做好调查，以免出现像案例中被迫安置劳动者或支付其他债务的情况。

资料来源：周英锐，王锁. 劳动关系管理[M]. 北京：清华大学出版社，2014：62.（有改写）

（二）劳动合同的变更

劳动合同变更

1. 劳动合同的变更的含义及条件

劳动合同的变更是指劳动合同依法订立后，在合同尚未履行或者尚未履行完毕之前，经用人单位和劳动者双方当事人协商同意，对劳动合同内容做部分修改、补充或者删减的法律行为。劳动合同的变更是原劳动合同的派生，是双方已存在的劳动权利义务关系的发展。

劳动合同一经依法订立，即具有法律约束力，受法律保护，双方当事人应当严格履行，任何一方不得随意变更劳动合同约定的内容。但是，当事人在订立合同时，有时不可能对涉及合同的所有问题都做出明确的规定；合同订立后，在履行劳动合同的过程中，由于社会生活和市场条件的不断变化，订立劳动合同所依据的客观情况发生变化，使得劳动合同难以履行或者难以全面履行，或者使劳动合同的履行可能造成当事人之间权利义务的不平衡，这就需要用人单位和劳动者双方对劳动合同的部分内容进行适当的调整。否则，在劳动合同与实际情况相脱节的情况下，若继续履行此劳动合同，有可能会对当事人的正当利益造成损害。

劳动合同的变更需要满足一定的条件：

（1）用人单位必须与劳动者协商一致。未经协商一致，用人单位擅自变更劳动合同侵犯劳动者合法权益的，用人单位需要承担相应的法律责任。

（2）必须采用书面形式。通过白纸黑字的形式，明确双方的权利义务，可避免将来发生不必要的劳动争议或纠纷。

劳动合同的变更是对劳动合同法定内容的更改，如工作岗位、劳动报酬、工作地点等，一般来说都不是对劳动合同主体的变更。因此，用人单位变更名称、法定代表人、主要负责人或者投资人等事项，不影响劳动合同的履行。用人单位发生合并或者分立情况的，只属于劳动合同主体的变更，劳动合同内容不变，也不影响劳动合同的继续履行。

2. 劳动合同的变更的情形

（1）订立劳动合同所依据的法律法规已经修改或者废止。劳动合同的签订和履行必须以不得违反法律法规的规定为前提。合同签订时所依据的法律法规发生修改或者废止，合同如果不变更，就可能出现与法律法规不相符甚至违反法律法规的情况，导致合同因违法而无效。因此，根据法律法规的变化而变更劳动合同的相关内容是必要且必须的。

（2）用人单位方面的原因。如用人单位经上级主管部门批准或者根据市场变化决定转产、调整生产任务或者生产经营项目等。用人单位的生产经营不是一成不变的，而是根据上级主管部门批准或者根据市场变化可能会经常调整自己的经营策略和产品结构，这就不可避免地发生转产、调整生产任务或者生产经营项目的情况。在这种情况下，有些工种、产品的生产岗位就可能因此而撤销，或者为其他新的工种、岗位所替代，原劳动合同就可能因签订条件的改变而发生变更。

（3）劳动者方面的原因。如劳动者的身体健康状况发生变化、劳动能力部分丧失、所在岗位与其职业技能不相适应、职业技能提高了一定等级等，造成原劳动合同不能履行或者如果继续履行原合同规定的义务则对劳动者明显不公平。

（4）客观方面的原因。这种客观原因的出现使当事人原来在劳动合同中约定的权利义务的履行成为不必要或者不可能。这时应当允许当事人对劳动合同有关内容进行变更，主要有：①由于不可抗力的发生，原来合同的履行成为不可能或者失去意义。不可抗力是指当事人所不能预见、不能避免并不能克服的客观情况，如自然灾害、意外事故、战争等。②由于物价大幅度上涨等客观经济情况变化致使劳动合同的履行会花费太大代价而失去经济上的价值。这是民法的情势变更原则在劳动合同履行中的运用。

3. 劳动合同的变更的法律效力

变更后的劳动合同对双方当事人均具有法律效力。用人单位和劳动者应当依照变更后的劳动合同的内容履行各自的义务。变更后的劳动合同内容不具有溯及力，即对已经履行的部分不发生效力，仅对将来发生效力。对于劳动合同未变更的部分，劳动合同双方还应当继续履行。

用人单位如何行使用工自主权合法调整劳动者工作岗位和地点

孙某于2017年8月入职某模具公司，工作地点为某市某区，岗位为"后勤辅助岗"，具体工作内容为"财务、预算管理和其他行政性工作"。入职后，孙某被安排在模具公司位于某城区的门店从事财务、人事等辅助性工作。2019年7月，基于公司生产经营和管理需要，为减轻各门店负担，模具公司将各门店的财务工作统一转回公司总部的财务处集中管理。模具公司与孙某沟通协商，提出安排其到门店其他岗位工作，但均被孙某拒绝。后公司安排孙某到位于相邻城区的公司总部从事人事相关工作，孙某到岗后不久就要求公司将其调回原工作地点和原岗位工作，双方由此发生争议，孙某提出仲裁。

解析：本案的争议焦点是模具公司对孙某调整工作岗位和工作地点是否属于合法行使用工自主权。用人单位作为市场主体，根据自身生产经营需要而对劳动者的工作岗位、工作地点进行适当调整是行使用工自主权的重要内容，对其正常生产经营不可或缺。但同时，用人单位用工自主权的行使也要符合劳动法律法规。在实践中，工作岗位或地点调整的合理性一般考虑以下因素：是否基于用人单位生产经营需要；是否属于劳动合同约定的较大变更；是否对劳动者有歧视性、侮辱性；是否对劳动报酬及其劳动条件产生较大影响；劳动者是否能够胜任调整的岗位；工作地点做出不便调整后，用人单位是否提供必要协助或补偿措施等。

本案中，模具公司根据生产经营需要，适当调整孙某的工作岗位和地点，对孙某并无针对性；同时模具公司也就调整方案与孙某进行了沟通协商，给出了多种选择方案，体现了对孙某劳动权益的尊重；调整后的人事岗位与孙某原先的岗位性质相近，孙某也完全能够胜任；最后，虽然工作地点有了变动，但仍处于交通便利的城区，不足以认定对其产生较大的不利影响，对其劳动权益也构不成侵害，故孙某的诉求不合理。

资料来源：税屋．人社部函[2020]62号 人力资源社会保障部 最高人民法院关于联合发布第一批劳动人事争议典型案例的通知[EB/OL]．（2020-07-10）[2023-03-22]．https://www.shui5.cn/article/2b/138175.html．

三、劳动合同的解除和终止

（一）劳动合同的解除的含义

劳动合同的解除

劳动合同的解除是指劳动合同订立后，尚未全部履行以前，由于某种原因导致劳动合同一方或双方当事人提前消灭劳动关系的法律行为。

（二）劳动合同的解除的类型

劳动合同的解除分为协议解除和单方面解除两种。其中，单方面解除又分为用人单位的单方面解除和劳动者的单方面解除两种。

1. 协议解除

《劳动合同法》第三十六条规定："用人单位与劳动者协商一致，可以解除劳动合同。"不同的一方提出解除劳动合同的动议，其法律后果是不一样的。如果是劳动者首先提出解除劳动合同，并与用人单位协商一致解除的，用人单位无须向劳动者支付经济补偿金。但如果是用人单位首先提出解除劳动合同，并与劳动者协商一致解除的，用人单位应当向劳动者支付经济补偿金。

2. 劳动者单方面解除劳动合同的情形

（1）提前30日书面通知解除劳动合同。《劳动合同法》第三十七条规定："劳动者提前三十日以书面形式通知用人单位，可以解除劳动合同。劳动者在试用期内提前三日通知用人单位，可以解除劳动合同。"

这一规定赋予劳动者辞职权，劳动者有权根据自己的意愿，选择适合的职业，同时也尊重了用人单位的合法权益，以便用人单位有时间寻找替代人选。提前30天通知既是劳动者单方面解除劳动合同的条件，也是解除合同的程序。通过提前30天书面通知形式解除劳动合同的，劳动者无须征得用人单位同意，劳动合同即可解除。此时，用人单位无须支付经济补偿金，但劳动者没有按照提前通知的程序解除劳动合同的，劳动者也应当承担相应的违约责任。

（2）用人单位违法，劳动者随时解除劳动合同。《劳动合同法》第三十八条规定："用人单位有以下情形之一的，劳动者可以解除劳动合同：（一）未按照劳动合同约定提供劳动保护或者劳动条件的；（二）未及时足额支付劳动报酬的；（三）未依法为劳动者缴纳社会保险费的；（四）用人单位的规章制度违反法律、法规的规定，损害劳动者权益的；（五）因本法第二十六条第一款规定的情形致使劳动合同无效的；（六）法律、行政法规规定劳动者可以解除劳动合同的其他情形。用人单位以暴力、威胁或者非法限制人身自由的手段强迫劳动者劳动的，或者用人单位违章指挥、强令冒险作业危及劳动者人身安全的，劳动者可以立即解除劳动合同，不需事先告知用人单位。"

在这些情形下，由于用人单位违法，劳动者可以随时解除劳动合同，不需要提前通知用人单位，更不需要征得用人单位同意。此时，用人单位须向劳动者支付经济补偿金。

案例 8-15

员工辞职需要用人单位同意吗

离职是否需要提前通知

李琦大学毕业后进入某企业从事研发工作，单位与李琦签订了无固定期限的劳动合同。由于该企业待遇相对较低，工资不够还房贷和车贷，李琦便产生了辞职的念头。公司却说，劳动合同是双方平等协商订立的，李琦要单方面解除合同，必须经过公司同意。李琦为此很苦恼，因为他知道公司是不会轻易放人的。那么公司的理由成立吗？

解析：根据《劳动合同法》第三十七条规定："劳动者提前三十日以书面形式通知用人单位，可以解除劳动合同。"上述规定实际上赋予了劳动者无限辞职权，它意味着：劳动者辞职时，用人单位是不能附加条件的，30日通知期满后，即使用人单位不批准，劳动者也可以离职。这对保障劳动者自由择业权利，保证劳动力资源顺畅流动具有重要的意义。本案中，李琦只要依法提前30天书面通知公司，无论公司是否同意，都可以解除劳动合同。

3．用人单位单方面解除劳动合同的情形

（1）过失性解除。因劳动者存在严重的过错，用人单位可以单方面即时解除劳动合同。《劳动合同法》第三十九条规定："劳动者有下列情形之一的，用人单位可以解除劳动合同：（一）在试用期间被证明不符合录用条件的；（二）严重违反用人单位的规章制度的；（三）严重失职，营私舞弊，给用人单位造成重大损害的；（四）劳动者同时与其他用人单位建立劳动关系，对完成本单位的工作任务造成严重影响，或者经用人单位提出，拒不改正的；（五）因本法第二十六条第一款第一项规定的情形致使劳动合同无效的；（六）被依法追究刑事责任的。"

在这些情形下，由于劳动者主观上具有严重的过失，因此用人单位无须提前通知即可解除劳动合同，且不需向劳动者支付经济补偿金。

（2）非过失性解除。即劳动者本身不存在任何过失，但由于特定情况的出现导致原劳动合同履行发生困难，对此用人单位可以经过预告通知后解除劳动合同。《劳动合同法》第四十条规定："有下列情形之一的，用人单位提前三十日以书面形式通知劳动者本人或者额外支付劳动者一个月工资后，可以解除劳动合同：（一）劳动者患病或者非因工负伤，在规定的医疗期满后不能从事原工作，也不能从事由用人单位另行安排的工作的；（二）劳动者不能胜任工作，经过培训或者调整工作岗位，仍不能胜任工作的；（三）劳动合同订立时所依据的客观情况发生重大变化，致使劳动合同无法履行，经用人单位与劳动者协商，未能就变更劳动合同内容达成协议的。"

非过失性解除中，劳动者本身并无主观上的过失，而是由于劳动者自身的客观原因或某些外部环境的变化导致劳动合同无法继续履行。此时用人单位解除劳动合同,需要按照提前30天以书面形式通知劳动者本人,或额外支付劳动者1个月的工资作为代通知金的解除程序来进行,并且要向劳动者支付经济补偿金。如果用人单位违反非过失性解除的情形规定,或者没有按照解除程序解除劳动合同的,属于违法解除,应当依法向劳动者支付赔偿金,赔偿金的标准是二倍的经济补偿金。

(3)经济性裁员。这是指用人单位在遭遇经济上的困难时,通过裁减人员以达到摆脱困境的目的。《劳动合同法》第四十一条规定:"有下列情形之一,需要裁减人员二十人以上或者裁减不足二十人但占企业职工总数百分之十以上的,用人单位提前三十日向工会或者全体职工说明情况,听取工会或者职工的意见后,裁减人员方案经向劳动行政部门报告,可以裁减人员:(一)依照企业破产法规定进行重整的;(二)生产经营发生严重困难的;(三)企业转产、重大技术革新或者经营方式调整,经变更劳动合同后,仍需裁减人员的;(四)其他因劳动合同订立时所依据的客观经济情况发生重大变化,致使劳动合同无法履行的。裁减人员时,应当优先留用下列人员:(一)与本单位订立较长期限的固定期限劳动合同的;(二)与本单位订立无固定期限劳动合同的;(三)家庭无其他就业人员,有需要扶养的老人或者未成年人的。用人单位依照本条第一款规定裁减人员,在六个月内重新招用人员的,应当通知被裁减的人员,并在同等条件下优先招用被裁减的人员。"

经济性裁员须向劳动者支付经济补偿金。经济性裁员要严格按照人数限制即裁减人员20人以上或者裁减不足20人但占企业职工总人数10%以上,以及裁员程序即用人单位提前30日向工会或者全体职工说明情况,听取工会或者职工的意见后,裁减人员方案经向劳动行政部门报告来进行,否则,即使符合裁员的适用情形,也属于违法解除劳动合同,需要支付2倍于经济补偿金的赔偿金。

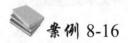

案例 8-16

员工试用期没有完成业绩,可以认定不符合录用条件吗

2007年年底,宏达商厦招聘服装部销售总监,其录用条件是:年龄45周岁以下,大学营销专业毕业,具有5年以上的服装业经营从业经验。喻可为前去应聘,经过层层选拔,最后脱颖而出。2008年1月1日,喻可为与宏达商厦签订为期3年的劳动合同,试用期为6个月,工资方式为基本工资加销售提成。3个月后,宏达商厦单方面向喻可为出具书面的解除劳动合同通知书。喻可为前去询问缘故,宏达商厦答复:每年的1~3月份是服装销售旺季,而你在该季度的营销方案极不成功,没有完成商厦的季度最低营销指标,商厦据此足以认定你不符合我们的录用条件,从而有权在试用期内单方面解除劳动合同。对此,喻可为认为自己刚来商厦不久,对商厦也需要有了解和适应过程,在第一季度销售业绩一般,也理所当然,故而不同意商厦的观点,要求商厦继续履行劳动合同,遭到商厦拒绝。双方之间发生纠纷,请问本案该如何处理?

解析:根据《劳动合同法》第三十九条规定,劳动者在试用期被证明不符合录用条件的,用人单位可以解除劳动合同。但在本案中,宏达商厦的录用条件非常明确,即年龄45周岁以下,大学营销专业毕业,具有5年以上的服装业经营从业经验。其录用条件中并不包括"季度最低营销指标"这一项。由此可见,宏达商厦混淆了"录用条件"与"不能胜任工作岗位"这两个概念。喻可为在第一季度的销售业绩没有达到商厦的要求,最多只能认定为其不能胜任工作岗位,而不是不符合录用条件。因此,宏达商厦以试用期不符合录用条件为由解除劳动合同不成立。

录用条件看似不重要，但是方便用人单位后期进行人员管理，也会降低用人单位的诉讼风险，因此用人单位应予以重视，在前期明确界定录用条件并公示。

资料来源：邹杨，荣振华. 劳动合同法理论与实务[M]. 2版. 大连：东北财经大学出版社，2012：130.

用人单位可以"末位淘汰制"为由解除劳动合同吗　　"末位淘汰制"合法吗

2020年年底，某家具公司董事长从外地考察归来，为了加快企业发展，实现产品销量增长的目标，于是决定借鉴外地知名公司经验，在公司推行"末位淘汰制"，即每季度各部门排名最末位的一名员工会被认定为不能胜任工作，将被辞退。小杨一向销售业绩不错，每季度都能超额完成任务，但由于其他同事都在争相追赶业绩，小杨的总排名还是排在了最后。2021年4月，小杨接到了单位解除劳动关系的通知书。小杨不服，向劳动争议仲裁委员会申请仲裁。

解析：根据《劳动合同法》第四十条规定，劳动者不能胜任工作，经过培训或者调整工作岗位，仍不能胜任工作的，用人单位可以解除劳动合同。但是首先要清楚"不能胜任工作"的标准。不能胜任工作是指劳动者不能按要求完成劳动合同中约定的任务。在本案中，小杨每季度不仅能完成销售业绩，还能超额完成任务，因此不能算作不能胜任工作。其次，即使对不能胜任工作的劳动者，用人单位也负有相应的帮助、支持义务。用人单位应在证明其不能胜任工作后，对劳动者进行培训或调整其岗位，如果培训或调岗后，劳动者仍不能胜任工作的，才能依法解除劳动合同。因此，"末位淘汰制"与"不能胜任工作"不能混为一谈，因为排在末位的劳动者不一定是不能胜任工作的，末位淘汰的标准显然不符合要求，公司以该理由解除劳动合同属于违法解除。

现实生活中，有些企业为了增强竞争力，而采取"末位淘汰"制度，这种做法既不合法，又违背了公平公正的评价准则，最终会破坏企业工作的协同性与目标的一致性，造成团队效率低下。

4. 用人单位不得解除劳动合同的情形

为了保障特殊情况下劳动者的合法权益，《劳动合同法》还规定了用人单位不得解除劳动合同的情形。

《劳动合同法》第四十二条规定："劳动者有下列情形之一的，用人单位不得依照本法第四十条、第四十一条的规定解除劳动合同：（一）从事接触职业病危害作业的劳动者未进行离岗前职业健康检查，或者疑似职业病病人在诊断或者医学观察期间的；（二）在本单位患职业病或者因工负伤并被确认丧失或者部分丧失劳动能力的；（三）患病或者非因工负伤，在规定的医疗期内的；（四）女职工在孕期、产期、哺乳期的；（五）在本单位连续工作满十五年，且距法定退休年龄不足五年的；（六）法律、行政法规规定的其他情形。"

用人单位不得解除劳动合同的规定是对特殊情况下的劳动者的一种特别保护。值得注意的是，法律规定劳动者在上述情形下，用人单位不得依据"非过失性解除"和"经济性裁员"的规定情形解除劳动合同。但是如果劳动者存在重大过错，有"过失性解除"的情形的，用人单位仍然可以解除劳动合同。

案例 8-18

用人单位可以与孕期女职工解除劳动合同吗

王某于 2020 年进入某公司上班,从事销售工作。2021 年公司查出王某从客户那收了 5000 元货款,但没有入公司账,而是将售出的产品按赠品销账。按公司规章制度规定,私收货款给公司造成 1000 元以上损失的行为属于严重违纪行为,公司可以解除劳动合同。王某却说,自己已经怀孕,公司不得解除劳动合同。那么公司真的不能与处于孕期的王某解除劳动合同吗?

解析:根据《劳动合同法》第四十二条规定,女职工在孕期、产期、哺乳期的,用人单位不得依据《劳动合同法》第四十条、第四十一条的规定解除劳动合同。但是,这仅是指在"三期"内的女职工无过失的情况下对其有特别的保护。如果"三期"内的女职工出现严重过失,符合《劳动合同法》第三十九条规定情形的,公司完全可以据此解除与其的劳动合同。因此,在本案中,虽然王某处于孕期,但她私收货款 5000 元,是严重违纪行为,属于《劳动合同法》第三十九条中"严重违反用人单位的规章制度"的情形,因此,公司可以不受王某怀孕的限制而解除劳动合同。

(三)劳动合同终止的含义

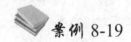

案例 8-19

劳动合同的终止

用人单位可以拒绝为劳动者开具解除劳动合同的证明吗

小张是某家具公司技术骨干,入职时与单位签订了两年期限的劳动合同。一年后,小张为更好地谋求发展准备跳槽,并提前 30 日以书面形式向公司提出辞职。由于小张是公司的技术骨干,因此公司以加薪、升职等方式极力挽留,但小张不为所动,30 日后自行离职。公司遂以劳动合同期未满和小张未完成工作交接为由,拒绝为小张开具解除劳动合同的证明和办理档案与社会保险关系转移手续。为此,双方产生争议。

解析:根据《劳动合同法》第三十七条规定,劳动者提前 30 日以书面形式通知用人单位,可以解除劳动合同。小张单方面解除劳动合同是符合法定程序的,单位不得阻止。另外,虽然劳动者和用人单位之间的权利义务关系随着劳动合同的解除、终止而消灭,但基于诚实守信原则,双方还必须履行各自的附属义务,即根据《劳动合同法》第五十条的规定:用人单位应当在解除或者终止劳动合同同时出具解除或者终止劳动合同的证明,并在 15 日内为劳动者办理档案和社会保险转移手续。劳动者应当按照双方约定,办理工作交接。所以办理档案和社会保险转移手续是用人单位在劳动合同终止或解除后应当履行且具有强制性的法定义务。因此,在本案中,即使小张没有完成工作交接,家具公司也不能以此为理由拒绝为其办理社会保险转移手续和开具解除劳动合同证明。

资料来源:周英锐,王锁.劳动关系管理[M].北京:清华大学出版社,2014:71-72.

劳动合同的终止，是指劳动合同的法律效力依法被消灭，亦即劳动合同所确立的劳动关系由于一定法律事实的出现而终结，劳动者与用人单位之间原有的权利和义务不复存在。

（四）劳动合同终止的情形

劳动合同终止有以下几种情形。

（1）劳动合同期满的。

（2）劳动者开始依法享受基本养老保险待遇的。

（3）劳动者死亡，或者被人民法院宣告死亡或者宣告失踪的。

（4）用人单位被依法宣告破产的。

（5）用人单位被吊销营业执照、责令关闭、撤销或者用人单位决定提前解散的。

（6）劳动者达到法定退休年龄的。《劳动合同法实施条例》第二十一条规定："劳动者达到法定退休年龄的，劳动合同终止。"根据这一规定，在劳动者达到法定退休年龄的情况下，即使劳动合同没有到期，也视为已经自动到期，双方劳动合同自行终止。

（7）法律、行政法规规定的其他情形。

不过，在一些情况下，劳动合同终止会受到限制。根据《劳动合同法》第四十五条规定："劳动合同期满，有本法第四十二条规定情形之一的，劳动合同应当续延至相应的情形消失时终止。但是，本法第四十二条第二项规定丧失或者部分丧失劳动能力劳动者的劳动合同的终止，按照国家有关工伤保险的规定执行。"

（五）经济补偿和赔偿

1. 经济补偿金的概念及标准

劳动合同解除或终止以后，其中一个法律后果就是支付经济补偿金。经济补偿金是指因用人单位的原因导致劳动合同解除或终止后，用人单位依法一次性支付给劳动者的经济上的补助。

经济补偿金的支付标准为：按照劳动者在本单位的工作年限确定，每满1年支付1个月本人工资的经济补偿金。6个月以上不满1年的，按1年计算；不满6个月的，支付半个月。劳动者月工资高于用人单位所在直辖市、设区的市级人民政府公布的本地区上年度职工月平均工资3倍的，向其支付经济补偿的标准按职工月平均工资3倍的数额支付，向其支付经济补偿的年限最高不超过12年。这里所称的"月工资"是指劳动者在劳动合同解除或者终止前12个月的平均工资。

其中，《劳动合同法》对高收入劳动者的经济补偿金设定了两个限制：一是计算经济补偿金的工资基数，即按照当地职工月均工资的3倍计算；二是计算经济补偿金的工作年限，即最高不超过12年，也就是说，劳动者的工作年限即使超过12年，也按照12年计算。

2. 经济补偿金的支付情形

《劳动合同法》第四十六条规定："有下列情形之一的，用人单位应当向劳动者支付经济补偿：

（一）劳动者依照本法第三十八条规定解除劳动合同的；

（二）用人单位依照本法第三十六条规定向劳动者提出解除劳动合同并与劳动者协商一致解除劳动合同的；

（三）用人单位依照本法第四十条规定解除劳动合同的；

（四）用人单位依照本法第四十一条第一款规定解除劳动合同的；

（五）除用人单位维持或者提高劳动合同约定条件续订劳动合同，劳动者不同意续订的情形外，依照本法第四十四条第一项规定终止固定期限劳动合同的。[这一规定要从以下几个方面理解：①本条规定仅适用于固定期限劳动合同，对于无固定期限劳动合同不适用。即无固定期限劳动合同终止时，用人单位不需要支付经济补偿金。②当固定期限劳动合同届满时，用人单位维持或者提高劳动合同约定条件续订劳动合同，劳动者不同意续订的，用人单位也不需要支付经济补偿金。③当固定期限劳动合同届满时，用人单位没有提出续订，或者用人单位降低劳动合同约定条件续订劳动合同，劳动者不同意续订的，用人单位要支付经济补偿金。]

（六）依照本法第四十四条第四项、第五项规定终止劳动合同的；

（七）法律、行政法规规定的其他情形。"

另外，《劳动合同法实施条例》第二十二条规定："以完成一定工作任务为期限的劳动合同因任务完成而终止的，用人单位应当依照劳动合同法第四十七条的规定向劳动者支付经济补偿。"因此，对于以完成一定工作任务为期限的劳动合同的终止，用人单位也须向劳动者支付经济补偿金。

3．赔偿金的含义

赔偿金是指用人单位因违反《劳动合同法》的规定而解除或终止劳动合同时给劳动者造成损失，依法应当给予劳动者一定的费用以补偿损失。显然，经济补偿金的产生存在合法因素，而赔偿金则是因违法行为而产生的。

《劳动合同法》第八十七条规定："用人单位违反本法规定解除或者终止劳动合同的，应当依照本法第四十七条规定的经济补偿标准的二倍向劳动者支付赔偿金。"《劳动合同法实施条例》第二十五条规定："用人单位违反劳动合同法的规定解除或者终止劳动合同，依照劳动合同法第八十七条的规定支付了赔偿金的，不再支付经济补偿。赔偿金的计算年限自用工之日起计算。"

因此，用人单位违法解除或终止劳动合同时，支付了赔偿金，就不用再支付经济补偿金。这是因为二倍于经济补偿金的赔偿金已经具有了补偿和赔偿的双重性质，如果再让用人单位支付经济补偿金，显然违背了公平正义的原则。

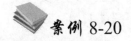
案例 8-20

如何计算经济补偿金

2015年1月1日，彭某进入广州市某日用化工品有限公司工作，月薪为8000元。2017年7月31日，公司因外部竞争激烈，经济效益降低，与全体员工协商一致，变更了劳动合同中有关薪资待遇的条款。从8月1日起，彭某的月薪降为5000元。2018年2月28日，公司为了节省成本，与彭某协商解除劳动合同。但是，双方在经济补偿金的问题上产生了分歧。公司提出，按照彭某现在月工资5000元作为标准支付3个月经济补偿金。而彭某认为，他在公司工作了3年零2个月，公司应当向其支付4个月的经济补偿金，并且应当按照原劳动合同约定的8000元工资标准支付。对此，双方发生争议。那么，本案该如何处理呢？

解析：根据《劳动合同法》中经济补偿金的标准，按照劳动者在本单位的工作年限确定，每满1

年支付 1 个月本人工资的经济补偿金。6 个月以上不满 1 年的，按 1 年计算；不满 6 个月的，支付半个月。因此，彭某在该公司工作 3 年零 2 个月，应该获得 3.5 个月工资的经济补偿金。又根据《劳动合同法》的规定，"月工资"是指劳动者在劳动合同解除或者终止前 12 个月的平均工资。因此，彭某的经济补偿金应该为 3.5×[（8000×6+5000×6）/12]=22 750（元）。

资料来源：邹杨，荣振华. 劳动合同法理论与实务[M]. 2 版. 大连：东北财经大学出版社，2012：137-138. （有改写）

学史明理

直通职场

任务实训

一、实训目的

灵活运用所学知识处理劳动合同在订立、履行、变更、解除和终止过程中产生的争议和冲突。

二、实训要求

1. 分组进行：每 3～5 人一组，选取一名组长。
2. 实训形式：情境演练。各组按照情境内容自行分配角色，对情境中的劳动争议进行处理。

三、实训内容

各组编写一个有关劳动合同争议或纠纷的故事，要求包含本节多个知识点，故事情节完整、合理且能提出争议的最终处理方案。各组根据故事情节进行角色扮演，将故事现场演绎出来。每组演练时间为 20～25 分钟。

四、总结分析

完成情境演练后，小组互评，教师点评。

任务三 劳动争议处理

劳动争议是现实中较为常见的纠纷。国家机关、企事业单位、社会团体等用人单位与职工建立劳动关系后，一般都能相互合作，认真履行劳动合同。但由于各种原因，双方之间产生争议也是难以避免的事情。劳动争议的发生不仅使正常的劳动关系得不到维护，还会使劳动者的合法利益受到损害，不利于社会的稳定。因此，应当正确把握劳动争议的特点，积极预防劳动争议的发生。

一、什么是劳动争议

（一）劳动争议的含义

劳动争议，是指劳动关系的当事人之间因执行劳动法律法规和履行劳动合同而发生的纠纷，即劳动者与所在单位之间因劳动关系中的权利义务而发生的纠纷。

（二）劳动争议的范围

根据《中华人民共和国劳动争议调解仲裁法》（以下简称《劳动争议调解仲裁法》）第二条规定，劳动争议的范围是：①因确认劳动关系发生的争议；②因订立、履行、变更、解除和终止劳动合同发生的争议；③因除名、辞退和辞职、离职发生的争议；④因工作时间、休息休假、社会保险、福利、培训以及劳动保护发生的争议；⑤因劳动报酬、工伤医疗费、经济补偿或者赔偿金等发生的争议；⑥法律、法规规定的其他劳动争议。

根据《最高人民法院关于审理劳动争议案件适用法律问题的解释（一）》第二条的规定，不属于劳动争议案件受理范围的案件包括：①劳动者请求社会保险经办机构发放社会保险金的纠纷；②劳动者与用人单位因住房制度改革产生的公有住房转让纠纷；③劳动者对劳动能力鉴定委员会的伤残等级鉴定结论或者对职业病诊断鉴定委员会的职业病诊断鉴定结论的异议纠纷；④家庭或者个人与家政服务人员之间的纠纷；⑤个体工匠与帮工、学徒之间的纠纷；⑥农村承包经营户与受雇人之间的纠纷。

二、劳动争议的处理方法

根据《劳动法》第七十七条、第七十九条以及《劳动争议调解仲裁法》第五条规定，用人单位与劳动者发生劳动争议，当事人可以协商解决；当事人不愿意协商或协商不成的，或者达成和解协议后不履行的，可以向调解组织申请调解；不愿意调解的或者调解不成的，或者达成调解协议后不履行的，可以依法向劳动争议仲裁委员会申请仲裁；对仲裁裁决不服的，除法律另有规定的除外，可以向人民法院提起诉讼。

由此可见，劳动争议的处理方法有协商、调解、仲裁、诉讼。协商和调解不是劳动争议处理的必经程序，而仲裁是劳动争议处理的必要程序。只有不服仲裁裁决的，才可以向人民法院提起诉讼，不能一发生劳动争议就向人民法院起诉。

（一）协商

协商是劳动合同争议发生后，劳动合同双方当事人在平等自愿的基础上采取自治方式解决纠纷的办法。协商的主体一方是劳动者，另一方是用人单位。劳动者也可以请工会或者授权第三方共同与用人单位协商以达成和解协议。协商具有灵活、方便、快捷等特点，为此，其可以贯穿于劳动争议处理的全过程，既可以是调解、劳动仲裁或诉讼前的协商，也可以是调解、劳动仲裁或诉讼过程中的协商。

（二）调解

调解是指由劳动争议双方或法律指定的中立第三方介入劳动争议的处理，通过第三方斡旋、劝说，帮助双方在互谅互让的基础上达成解决纠纷的合意。调解必须坚持自愿原则，即申请调解自愿、调解过程自愿、达成协议自愿、履行协议自愿。调解可以是在调解组织的主持下调解，也可以是仲裁机构和人民法院的调解。与协商相比，调解最大的特点是有第三方的介入，使纠纷得以快速解决。

1. 调解组织

《劳动争议调解仲裁法》第十条规定："发生劳动争议，当事人可以到下列调解组织申请调解：（一）企业劳动争议调解委员会；（二）依法设立的基层人民调解组织；（三）在乡镇、街道设立的具有劳动争议调解职能的组织。企业劳动争议调解委员会由职工代表和企业代表组成。职工代表由工会成员担任或者由全体职工推举产生，企业代表由企业负责人指定。企业劳动争议调解委员会主任由工会成员或者双方推举的人员担任。"

2. 调解的法律后果

《劳动争议调解仲裁法》第十四条规定："经调解达成协议的，应当制作调解协议书。调解协议书由双方当事人签名或者盖章，经调解员签名并加盖调解组织印章后生效，对双方当事人具有约束力，当事人应当履行。自劳动争议调解组织收到调解申请之日起十五日内未达成调解协议的，当事人可以依法申请仲裁。"

《劳动争议调解仲裁法》第十五条规定："达成调解协议后，一方当事人在协议约定期限内不履行调解协议的，另一方当事人可以依法申请仲裁。"

（三）仲裁

劳动仲裁是指劳动争议仲裁委员会根据当事人的申请，依法对劳动争议在事实上做出判断、在权利义务上做出裁决的一种法律制度。与协商和调解相比，劳动仲裁的裁决结果对劳动合同双方当事人均具有法律约束力，当事人应当按照裁决结果在规定的期限履行，一方当事人逾期不履行的，另一方当事人可以向人民法院申请强制执行。仲裁是向人民法院提起诉讼的前置程序。

1. 有限的一裁终局

《劳动争议调解仲裁法》第四十七条规定："下列劳动争议，除本法另有规定的外，仲裁裁决为终局裁决，裁决书自作出之日起发生法律效力：（一）追索劳动报酬、工伤医疗费、经济补偿或者赔偿金，不超过当地月最低工资标准十二个月金额的争议；（二）因执行国家的劳动标准在工作时间、休息休假、社会保险等方面发生的争议。"

这就是"一裁终局"制度。所谓一裁终局，是指仲裁机构对申请仲裁的纠纷进行仲裁后，裁决立即发生法律效力，用人单位不得就同一纠纷再申请仲裁或向人民法院起诉的制度。也就是说，"一裁终局"制度只针对用人单位，如果是劳动者不服裁决的，可以自收到仲裁裁决之日起15日内向人民法院提起诉讼，因此"一裁终局"是有限制的。

之所以实行"一裁终局"制度，是因为过去的劳动争议处理机制主要问题之一是劳动争议处理周期长、效率低，劳动者维权成本高。一件劳动争议案件如果要经过仲裁、一审、二审的话，往往时间会拖得比较长,某些用人单位就是通过恶意诉讼来拖延劳动争议案件的审理时间。许多劳动者往往因拖不起时间、打不起官司,使合法权益难以得到有效维护,这个问题在社会上表现得比较突出。为了使劳动争议仲裁实现便捷高效,劳动争议调解仲裁委员会做出了有针对性的一裁终局制度设计。一裁终局能让大量的劳动争议案件在仲裁阶段就得到解决,不用再拖延到诉讼阶段,能够有效地缩短劳动争议案件的处理时间,提高劳动争议仲裁效率,保护当事人双方的合法权益。

但是,《劳动争议调解仲裁法》第四十九条规定:"用人单位有证据证明本法第四十七条规定的仲裁裁决有下列情形之一,可以自收到仲裁裁决书之日起三十日内向劳动争议仲裁委员会所在地的中级人民法院申请撤销裁决:(一)适用法律、法规确有错误的;(二)劳动争议仲裁委员会无管辖权的;(三)违反法定程序的;(四)裁决所根据的证据是伪造的;(五)对方当事人隐瞒了足以影响公正裁决的证据的;(六)仲裁员在仲裁该案时有索贿受贿、徇私舞弊、枉法裁决行为的。人民法院经组成合议庭审查核实裁决有前款规定情形之一的,应当裁定撤销。仲裁裁决被人民法院裁定撤销的,当事人可以自收到裁定书之日起十五日内就该劳动争议事项向人民法院提起诉讼。"

因此,如果用人单位能够提出证据证明仲裁裁决有以上情形的,也可以提请法院要求撤销原仲裁裁决。

2. 劳动争议仲裁时效

(1)仲裁时效的起算时间。《劳动争议调解仲裁法》第二十七条第一款规定:"劳动争议申请仲裁的时效期间为一年。仲裁时效期间从当事人知道或者应当知道其权利被侵害之日起计算。"这就是说,当事人应该在知道或者应当知道其权利被侵害之日起一年内,以书面形式向劳动争议仲裁委员会申请仲裁,如果期限届满,那么即丧失申诉权,劳动争议仲裁委员会可以不予受理。之所以设置仲裁时效,是因为有利于及时解决纠纷,也便于及时查清事实真相,避免时间太长难以收集证据。

另外,《劳动争议调解仲裁法》第二十七条第四款规定:"劳动关系存续期间因拖欠劳动报酬发生争议的,劳动者申请仲裁不受本条第一款规定的仲裁时效期间的限制;但是,劳动关系终止的,应当自劳动关系终止之日起一年内提出。"

(2)仲裁时效中断。《劳动争议调解仲裁法》第二十七条第二款规定:"前款规定的仲裁时效,因当事人一方向对方当事人主张权利,或者向有关部门请求权利救济,或者对方当事人同意履行义务而中断。从中断时起,仲裁时效期间重新计算。"发生仲裁时效中断时,已经进行的仲裁时效期间统归无效,重新开始计算时效期间。条款中的"中断时起"应理解为中断事由消除时起,例如权利人申请调解的,经调解达不成协议的,应自调解不成之日起重新计算;达成调解协议的,自义务人应当履行义务的期限届满之日起计算等。

(3)仲裁时效中止。《劳动争议调解仲裁法》第二十七条第三款规定:"因不可抗力或者有其他正当理由,当事人不能在本条第一款规定的仲裁时效期间申请仲裁的,仲裁时效中止。从中止时效的原因消除之日起,仲裁时效期间继续计算。"其中,"不可抗力"是指不能预见、不可避免和不能克服的客观情况,不可抗力的来源既有自然现象,如地震、台风,也包括社会现象,如战争等。当事人无法完成在仲裁时效内应当完成的行为。"正当理由",例如无民事行为或限制民事行为能力的劳动者的法定代理人未确定的,使其无法行使请求权的客观情况。仲裁时效中止的时间不计入仲裁时效,而将仲裁时效中止前后的时效时间合并计算为仲裁时效期间。

（四）诉讼

诉讼是法院依据司法程序对劳动合同争议进行审理并做出裁决的活动。诉讼是劳动争议处理的最后一道程序，其判决结果同样具有法律效力。

根据《劳动争议调解仲裁法》及其司法解释，劳动争议诉讼种类包括：

（1）不服仲裁裁决而起诉。一是对于《劳动争议调解仲裁法》第四十七条规定的一裁终局裁决事项不服，劳动者可以起诉，不服一审判决的，还可以上诉。用人单位无权起诉，但是具备《劳动争议调解仲裁法》第四十九条规定情形的，可向人民法院申请撤销仲裁裁决。二是对《劳动争议调解仲裁法》第四十七条规定以外的情形做出的裁决不服的，当事人双方均可提起诉讼。

（2）申请劳动仲裁但仲裁委员会不予受理，当事人可以向人民法院提起诉讼。劳动争议仲裁委员会认为不符合受理条件情形的，主要有申请的仲裁主体不合格、仲裁申请超过时效、申请仲裁的事项不属于劳动争议等。对于这种起诉，法院将区别情况做出不同处理。

（3）仲裁委员会逾期未做出受理决定或仲裁裁决的，当事人直接提起诉讼，人民法院应当受理。但申请仲裁的案件存在下列事由的除外：移送管辖的；正在送达或送达延误的；等待另案诉讼结果、评残结论的；正在等待仲裁委员会开庭的；启动鉴定程序或者委托其他部门调取证据的；其他正当事由。当事人以仲裁委员会逾期未做出仲裁裁决为由提起诉讼的，应当提交劳动争议仲裁委员会出具的受理通知书或其他已经接受仲裁申请的凭证或证明。

（4）不需要申请调解和仲裁，直接进入诉讼。《最高人民法院关于审理劳动争议案件适用法律问题的解释（一）》第十五条规定："劳动者以用人单位的工资欠条为证据直接提起诉讼，诉讼请求不涉及劳动关系其他争议的，视为拖欠劳动报酬争议，人民法院按照普通民事纠纷受理。"根据《劳动合同法》第三十条第二款规定："用人单位拖欠或者未足额支付劳动报酬的，劳动者可以依法向当地人民法院申请支付令，人民法院应当依法发出支付令。"从而进入民事诉讼督促程序。但如果支付令因用人单位提出异议使督促程序终结的，劳动者不能直接起诉，而应先申请仲裁。

（5）经过调解进入诉讼。原则上当事人经过调解后不能越过仲裁直接起诉，但有例外情形存在。《最高人民法院关于审理劳动争议案件适用法律问题的解释（一）》第五十一条第二款规定："当事人在调解仲裁法第十条规定的调解组织主持下仅就劳动报酬争议达成调解协议，用人单位不履行调解协议确定的给付义务，劳动者直接提起诉讼的，人民法院可以按照普通民事纠纷受理。"

学史明理

直通职场

任务实训

一、实训目的

熟悉劳动争议处理程序。

二、实训要求

1. 分组进行：每 3～5 人一组，选取一名组长。
2. 实训形式：模拟法庭。

三、实训内容

各组准备一个有关劳动争议的案例，按照案例情节模拟法庭审判，处理劳动争议。每组模拟时间在 20～25 分钟。

四、总结分析

完成模拟法庭演练后，小组互评，教师点评。

参 考 文 献

[1] 程延园，王甫希. 劳动关系[M]. 5版. 北京：中国人民大学出版社，2021.
[2] 邹杨，荣振华. 劳动合同法理论与实务[M]. 2版. 大连：东北财经大学出版社，2012.
[3] 周英锐，王锁. 劳动关系管理[M]. 北京：清华大学出版社，2014.
[4] 潘辉. HR劳动关系经典管理案例[M]. 北京：中国法制出版社，2019.
[5] 彭剑锋. 人力资源管理概论[M]. 2版. 上海：复旦大学出版社，2011.
[6] 董克用，李超平. 人力资源管理概论[M]. 5版. 北京：中国人民大学出版社，2019.
[7] 李东. 人力资源管理[M]. 长沙：湖南师范大学出版社，2020.
[8] 安鸿章. 企业人力资源管理师（四级）[M]. 北京：中国劳动社会保障出版社，2020.
[9] 李红雨. 简论由宋至清公共休假制度[J]. 中央民族大学学报，2013（4）：103-108.
[10] 洪香琪，王磊. 谷歌公司薪酬福利管理的借鉴意义[J]. 人才资源开发，2021（2）：83-84.